BENEVENTANUM TROPORUM CORPUS II

Part 3: Preface Chants and Sanctus

RECENT RESEARCHES IN THE MUSIC OF THE MIDDLE AGES AND EARLY RENAISSANCE
Charles M. Atkinson, general editor

A-R Editions, Inc., publishes seven series of musicological editions
that present music brought to light in the course of current research:

Recent Researches in the Music of the Middle Ages and Early Renaissance
Charles M. Atkinson, general editor

Recent Researches in the Music of the Renaissance
James Haar, general editor

Recent Researches in the Music of the Baroque Era
Christoph Wolff, general editor

Recent Researches in the Music of the Classical Era
Eugene K. Wolf, general editor

Recent Researches in the Music of the Nineteenth and Early Twentieth Centuries
Rufus Hallmark, general editor

Recent Researches in American Music
John M. Graziano, general editor

Recent Researches in the Oral Traditions of Music
Philip V. Bohlman, general editor

Each *Recent Researches* edition is devoted to works
by a single composer or to a single genre of composition.
The contents are chosen for their potential interest to scholars
and performers, then prepared for publication according to the
standards that govern the making of all reliable historical editions.

Subscribers to any of these series, as well as patrons of subscribing institutions,
are invited to apply for information about the "Copyright-Sharing Policy"
of A-R Editions, Inc., under which policy any part of an edition
may be reproduced free of charge for study or performance.

Address correspondence to

A-R EDITIONS, INC.
801 Deming Way
Madison, Wisconsin 53717

(608) 836-9000

RECENT RESEARCHES IN THE MUSIC OF THE MIDDLE AGES
AND EARLY RENAISSANCE • VOLUME XXVI

BENEVENTANUM TROPORUM CORPUS II

Ordinary Chants and Tropes for the Mass
from Southern Italy, A.D. 1000–1250

Part 3: Preface Chants and Sanctus

Edited by John Boe

A-R EDITIONS, INC. • MADISON

BENEVENTANUM TROPORUM CORPUS

Edited by
Alejandro Enrique Planchart
and
John Boe

*Recent Researches in the Music
of the Middle Ages and Early Renaissance*

I. Tropes of the Proper of the Mass
from Southern Italy, A.D. 1000–1250
   Volumes XVI and XVII–XVIII

II. Ordinary Chants and Tropes for the Mass
from Southern Italy, A.D. 1000–1250

   Part 1: Kyrie eleison
   Volumes XIX and XX–XXI

   Part 2: Gloria in excelsis
   Volumes XXII and XXIII–XXIV

   Part 3: Preface Chants and Sanctus
   Volumes XXV and XXVI

   Part 4: Pater Noster Chants and Agnus Dei
   with Ite missa est
   Volume XXVII

III. Indexes, Inventories, and Analytical Studies
   Volume XXVIII

Publication of this book has been supported by generous grants from the
National Endowment for the Humanities, an independent federal agency.

© 1996 by A-R Editions, Inc.
All rights reserved
Printed in the United States of America

ISBN 0-89579-368-7
ISSN 0362-3572

∞ The paper used in this publication meets the minimum requirements of
the American National Standard for Information Sciences—Permanence of
Paper for Printed Library Materials, ANSI Z39.48-1984.

Contents

Introductory Essays and Commentary

Foreword — xi

Editorial Methods in Part 3 — xii
   Arrangement of Sanctus Chants, Tropes, and Pros(ul)as — xii
   Definition of Pros(ul)a in the Edition — xii
   Prosa and Prosula — xiii
   Enumeration of Pros(ul)a Elements — xiii
   Common and Proper Prefaces and Attached Sanctus Incipits — xiv
   Correlation with Corpus Troporum — xiv
   Notes — xv

The South Italian Preface Tradition — xvi
   Origins of Texts — xvi
   Sacramentaries and Missals — xvii
   Manuscript Collections and Printed Editions of Preface Texts — xx
   Commentaries for Texts of Prefaces Transcribed in Part 3 — xxii
   The Cursus — xxxiv
   Origins of Chants — xxxvii
   Preface Chant Formulas — xxxviii
   Cassinese Preface Chants — xl
   The Three Preface Chants from St. Peter's, Benevento — xlii
   The Francisca Version of Montecassino 127 and 339 — xliv
   Border-Area Preface Chants — xlv
   Sources of the Cassinese Double Preface-Chant Tradition — xlv
   Notes — lii

The South Italian Sanctus Repertory — lxiii
   Sanctus Repertories in the Manuscripts and Grouping of Sources — lxiii
   European Tropes for Sanctus — lxiii
   Italian Tropes for Sanctus — lxiv
   European Hosanna Prosas and Prosulas — lxv
   South Italian Hosanna Prosulas Imitating Northern Models — lxvi
   Local South Italian Sanctus Tropes — lxvii
   Summary and Comparison with Other Ordinary Trope Repertories — lxviii
   Ordering of the Sanctus Repertory in South Italian Collections — lxix
   Notes — lxxv

Plates — lxxvii

Manuscripts and Publications Cited — lxxx
   List of Manuscript Sigla — lxxx
   List of Cited Works with Abbreviations — lxxxiii

*

The Manuscript Sources of Preface Chants in Part 3 — 1
   Beneventan Sources — 1
   Cassinese Sources — 2
   Border-Area Sources in Roman Minuscule — 6
   Source from Apulia — 7
   Addenda — 8

Mass Preface Chants for the Celebrant from Southern Italy

Page numbers to the left of the commas, in small roman numerals, refer to commentaries for individual preface texts; arabic numbers, to the right, refer to complete prefaces also notated in the preceding volume.

I. Beneventan and Cassinese Common Prefaces		xxii,	11
Fixed Conclusions for Proper Prefaces		xxiii,	24
II. Proper Prefaces in the Missal Lo 3511 from St. Peter's *intra muros*, Benevento		xxiii,	26

In cotidianis diebus

CP 1322	Christmas, Purification, Annunciation	xxiii,	27
CP 863	Lent	xxiv,	27
CP 879	Holy Trinity	xxv,	28
CP 699	For the Dead	xxvii,	29

In festiuitatibus

CP 1294	Epiphany	xxviii,	30
CP 366	Assumption and Nativity of St. Mary	xxviii,	30
CP 1484	Apostles	xxix,	31

In sollemnitatibus

CP 1524	Easter	xxx,	32
CP 1165	Ascension	xxxi,	33
CP 813	Pentecost	xxxi,	33
CP 1200	Holy Cross	xxxii,	35
CP 203	Dedication of the Church	xxxiii,	35
CP 687	Lo 3511 Solemn Chant for the Common Preface Editorially Completed	xliii,	36

III. Common Prefaces of Mixed Traditions from Border Areas and the North		xlv,	38
Fixed Conclusions for Proper Prefaces		xxiii,	44
Pentecost Preface in Vallicelliana B 24		xxxi,	46
IV. Common Preface in the Canosa Missal, Baltimore W 6		xlvi,	47

*

Sanctus
Chants Having Tropes or Pros(ul)as in South Italian Sources

Smaller page numbers, to the left of the commas, refer to individual Sanctus commentaries in the preceding volume; larger numbers, to the right, refer to complete Sanctus notated in the main text following.

Thannabaur 74	*Admirabilis splendor*		
	Indefessas uoces	53,	3
Thannabaur 92	*Altissime Creator* = *Altissimeque rector*		
	Conditor alme Domine	55,	12
Thannabaur 178	**Ante thronum Domini**	60,	20
Thannabaur 45	*Antra modicis deserti*	61,	22

Thannabaur 197	*Caelestia sidera* **Hosanna¹ Plasmatum populum** **Hosanna² Dulcis est cantica**	63,	24
Thannabaur 92	*Conditor alme Domine* (see *Altissime Creator* = *Altissimeque rector*, pp. 15, 12)		
Thannabaur 152 (=154, Vatican I)	*Corona iustitiae* **Gloria Christe omnes resurgamus**	65,	29
Thannabaur 63	*Cui pueri Hebraeorum* (see *Quem cherubim atque seraphim*, pp. 98, 93)		
Thannabaur 154 (152); Vatican I	*Deus fortis*, with cued **Qui uenisti ⟨carnem sumens⟩**	68,	32
Thannabaur 154 (=152); Vatican I	*Deus pater ingenitus* **Qui uenisti carnem sumens**	71,	38
Thannabaur 197 and BTC-Scs 3 (?=Thannabaur 111)	**Dulcis est cantica, Hosanna²** (see pp. 63, 24 and 123, 128)		
Thannabaur 152 (=154, Vatican I)	**Gloria Christe omnes resurgamus** (see *Corona iustitiae*, pp. 65, 29)		
Thannabaur 63	**Hebraeorum pueri ramos** (see *Quem cherubim atque seraphim*, pp. 98, 93)		
Thannabaur ?64 (cf. 60,66,67)	*Hodie Dominus Iesus Christus resurrexit a mortuis* (see pp. 77, 48 and 124, 131)		
Thannabaur ?64 (cf. 60,66,67)	**Hosanna cuncta procedens** (see *Inuisibiliter penetrauit rex*, pp. 77, 48)		
Thannabaur 197 and BTC-Scs 3	**Hosanna² Dulcis est cantica** (see pp. 63, 24, and 123, 128)		
Thannabaur 56; Vatican III	**[Hosanna] Omnes tua gratia** (see *Summe pater de quo*, pp. 110, 106)		
Thannabaur 197 and BTC-Scs 3	**Hosanna¹ Plasmatum populum** (see pp. 63, 24 and 123, 128)		
Thannabaur 226, Var.	**Hosanna Saluifica tuum plasma** (see pp. 104, 104)		
Thannabaur 46, var. 2	*Immortalis et uerus*	74,	46
Thannabaur 74	**Indefessas uoces** (see *Admirabilis splendor*, pp. 53, 3)		
Thannabaur ?64 (cf. 60,66,67)	*Inuisibiliter penetrauit rex* **Hosanna cuncta procedens**	77,	48
Thannabaur 60 (?=66,67)	*Laudatur trina maiestas* (see *Pax in caelo*, pp. 90, 76)		
Thannabaur 213, Var.	**Laudes Deo ore pio** (also see Thannabaur 223, pp. 82, 64)	79,	57
Thannabaur 223; Vatican XV	*Mundi fabricator* *Quem cherubim et seraphim non cessant* **Pie Christe descendisti**	82,	64
Thannabaur 56; Vatican III	**Omnes tua gratia, [Hosanna]** (see *Summe pater de quo*, 110, 106)		
Thannabaur 128	*Pater Deus qui caret initio*	87,	72
Thannabaur 60 (?=66,67)	*Pax in caelo* (=*Laudatur trina maiestas*)	90,	76

Thannabaur 49; Vatican IV	(Perpetuo lumine) = Perpetuo numine	93,	83
Thannabaur 223	**Pie Christe descendisti** (see pp. 82, 64)		
Thannabaur 197 and BTC-Scs 3	**Plasmatum populum, Hosanna[1]** (see pp. 63, 24 and 123, 128)		
Thannabaur 62	Quam pulchra est	96,	90
Thannabaur 63	Quem cherubim atque seraphim + Cui pueri Hebraeorum **Hebraeorum pueri ramos**	98,	93
Thannabaur 223; Vatican XV	Quem cherubim et seraphim non cessant **Pie Christe descendisti** (see pp. 82, 64)		
Thannabaur 86	Quem cuncti angeli	103,	102
	Qui uenisti carnem sumens (see Deus pater ingenitus, pp. 71, 38)		
Thannabaur 226, Var.	**Saluifica tuum plasma, Hosanna**	104,	104
Thannabaur 56; Vatican III	Summe pater de quo [Hosanna] **Omnes tua gratia**	110,	106

Sanctus Chants Lacking Tropes or Pros(ul)as in South Italian Sources

Chants followed by trope titles in parentheses appear in at least one source without trope or pros(ul)a but with them in other sources. Chants not so listed have Sanctus text only in the sources used. Chants with BTC-Scs numbers were not included in Thannabaur's index.

Thannabaur 32; Vatican XVII	114,	111
Thannabaur 41, Var.; Vatican XVIII	116,	114
Thannabaur 49; Vatican IV (see Perpetuo numine, pp. 93, 83)		
Thannabaur ?64 (cf. 60,66,67) (see Inuisibiliter penetrauit rex, pp. 77, 48; also see Hodie Dominus Iesus Christus resurrexit a mortuis, pp. 124, 131)		
Thannabaur 80	119,	117
Thannabaur 81	119,	118
Thannabaur 109	120,	120
Thannabaur 111, Var.	121,	121
Thannabaur 213, Var. (see **Laudes Deo ore pio**, pp. 79, 57)		
Thannabaur 216, Var.	121,	122
Thannabaur 223; Vatican XV (see Mundi fabricator and Quem cherubim et seraphim non cessant, pp. 82, 64)		
BTC-Scs 1	122,	124
BTC-Scs 2	122,	126
Appendix I: BTC-Scs 3 with the Benevento 40 version of **Hosanna[1]** **Plasmatum populum** and **Hosanna[2] Dulcis est cantica**	123,	128
Appendix II: Easter Verses Hodie Dominus Iesus Christus resurrexit a mortuis	124,	131
Acknowledgments	128	
Index of Sanctus Chants by Thannabaur Numbers	129,	134

BENEVENTANUM TROPORUM CORPUS II

Part 3: Main Text

Sanctus Chants Having Tropes or Pros(ul)as in South Italian Sources

Sanctus
Thannabaur 74

Admirabilis splendor
Hosanna[2] Prosula: ***Indefessas uoces***

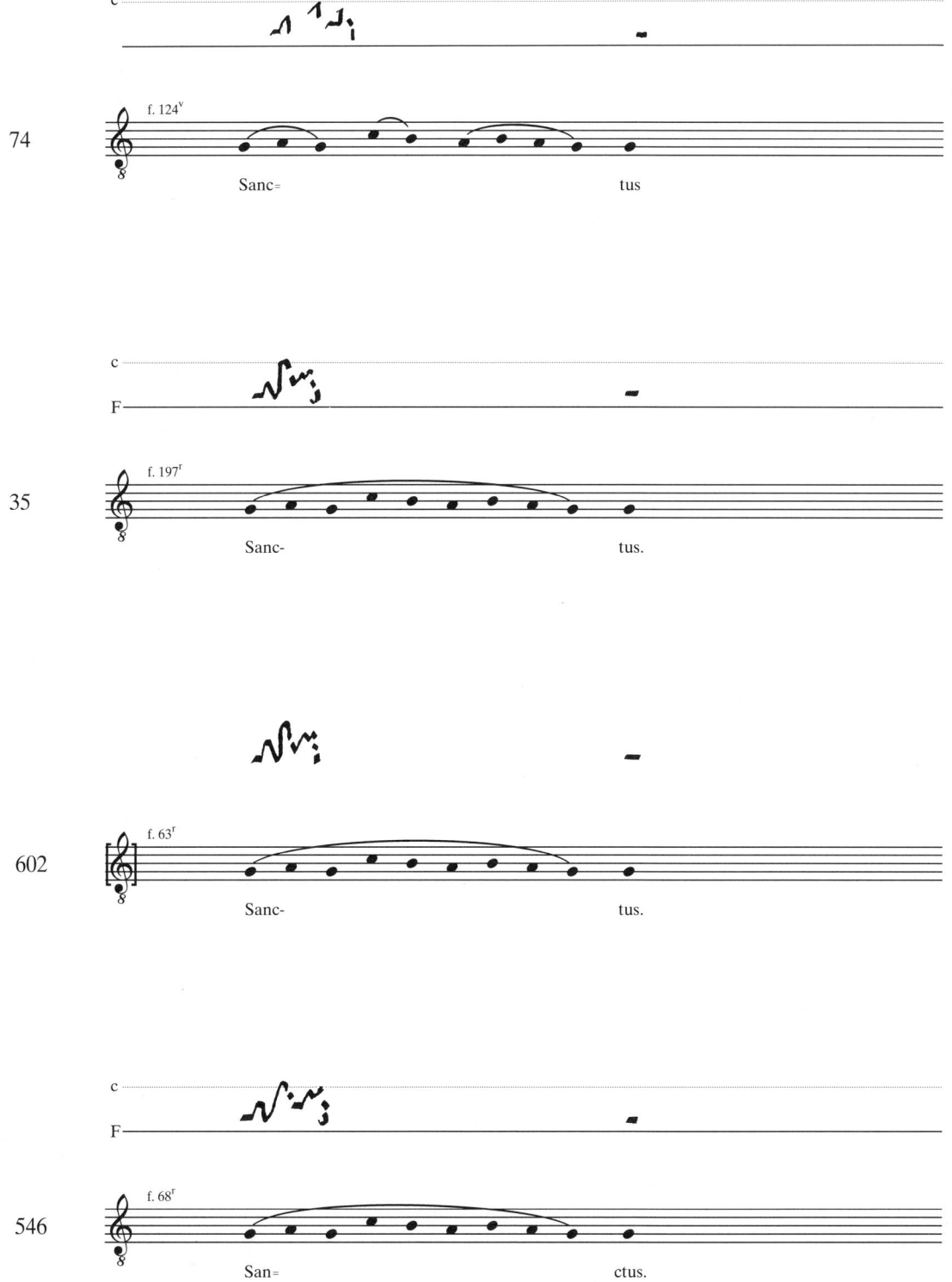

Commentary, see p. 53. Sigla are identified in each individual commentary and in the List of Manuscript Sigla, p. lxxx.
34: Only verses [+[3]] and [3[4]] are transcribed, pp. 6–7 below, from the version in the propers for Christmas Day—see Commentary.

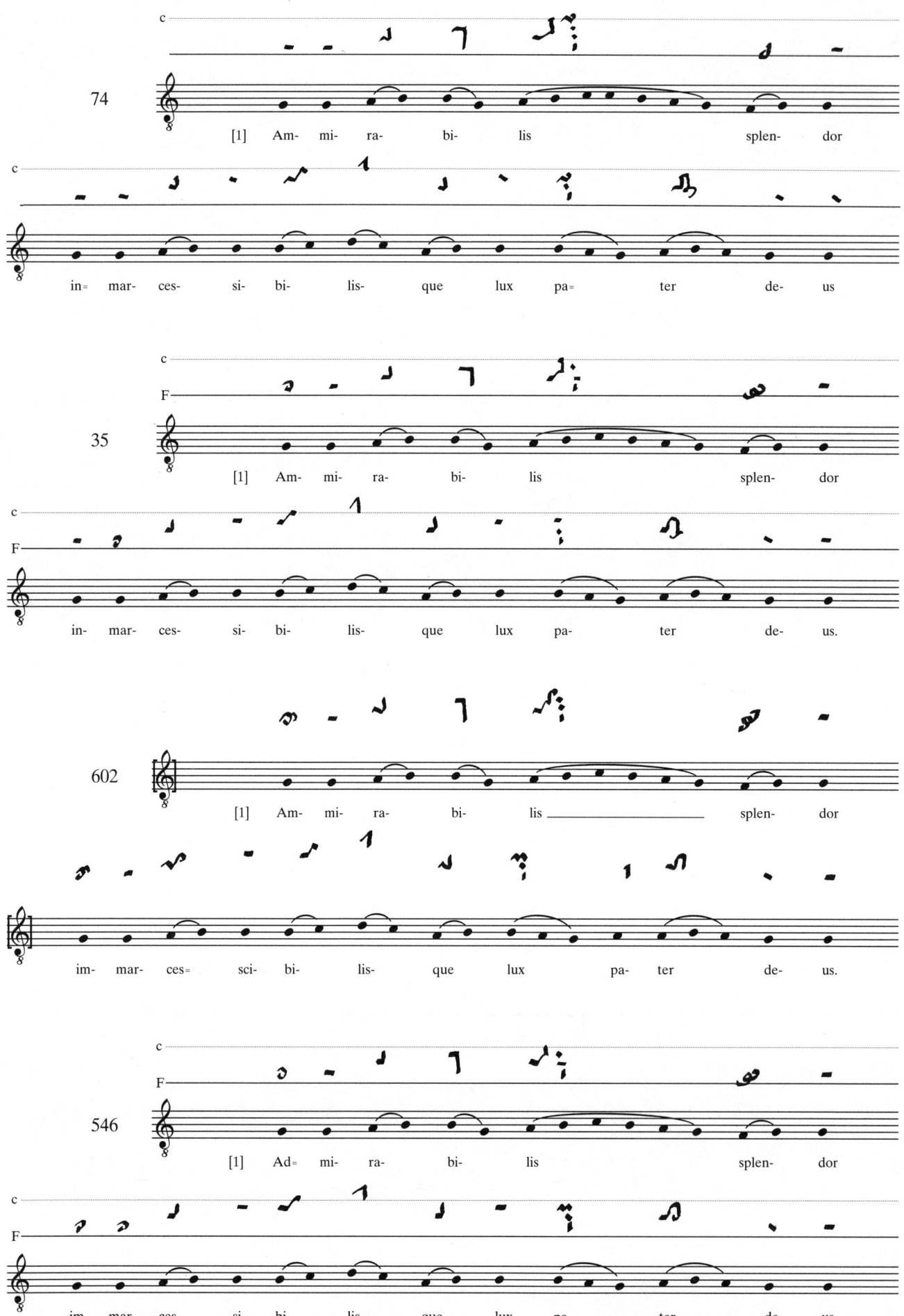

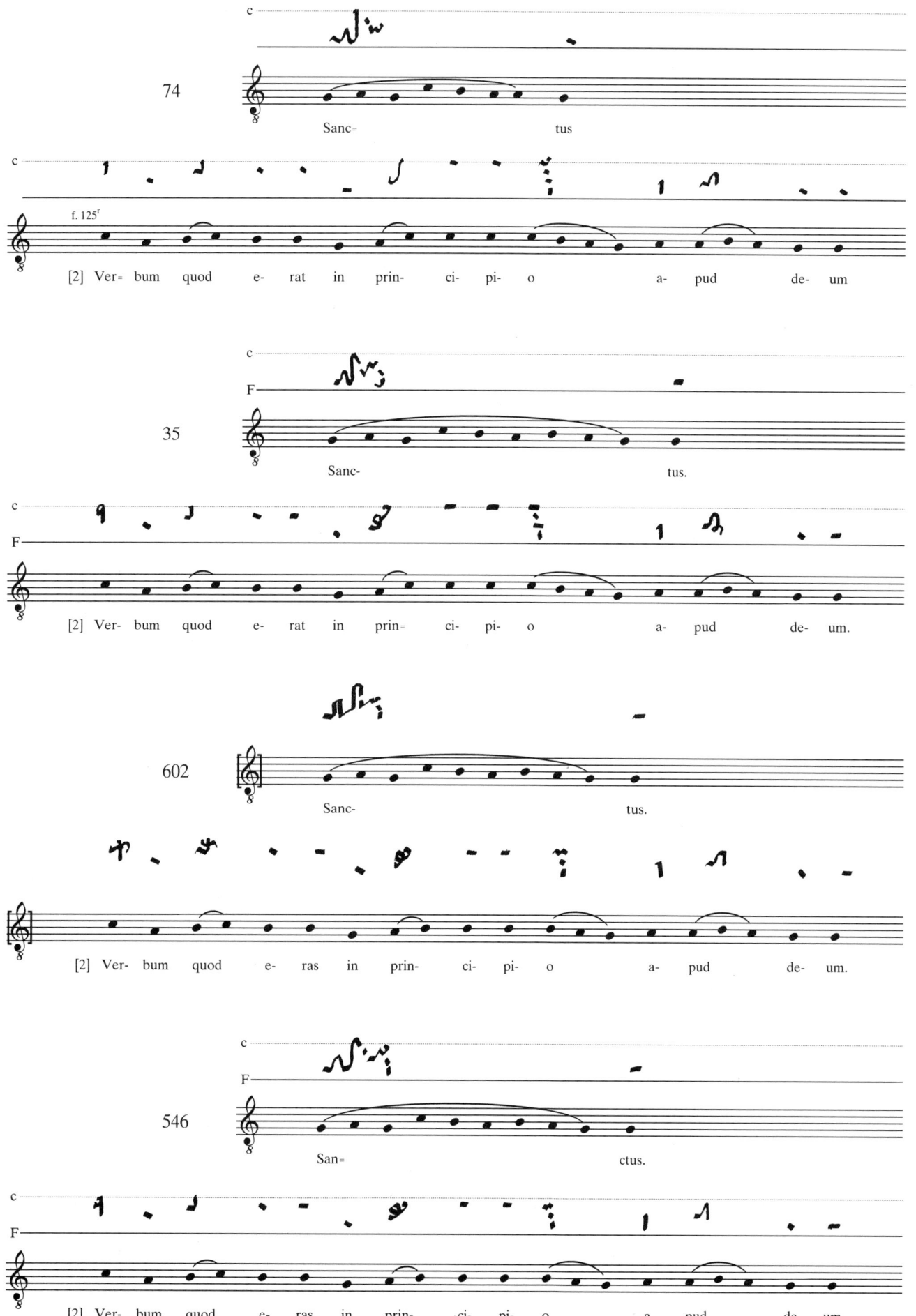

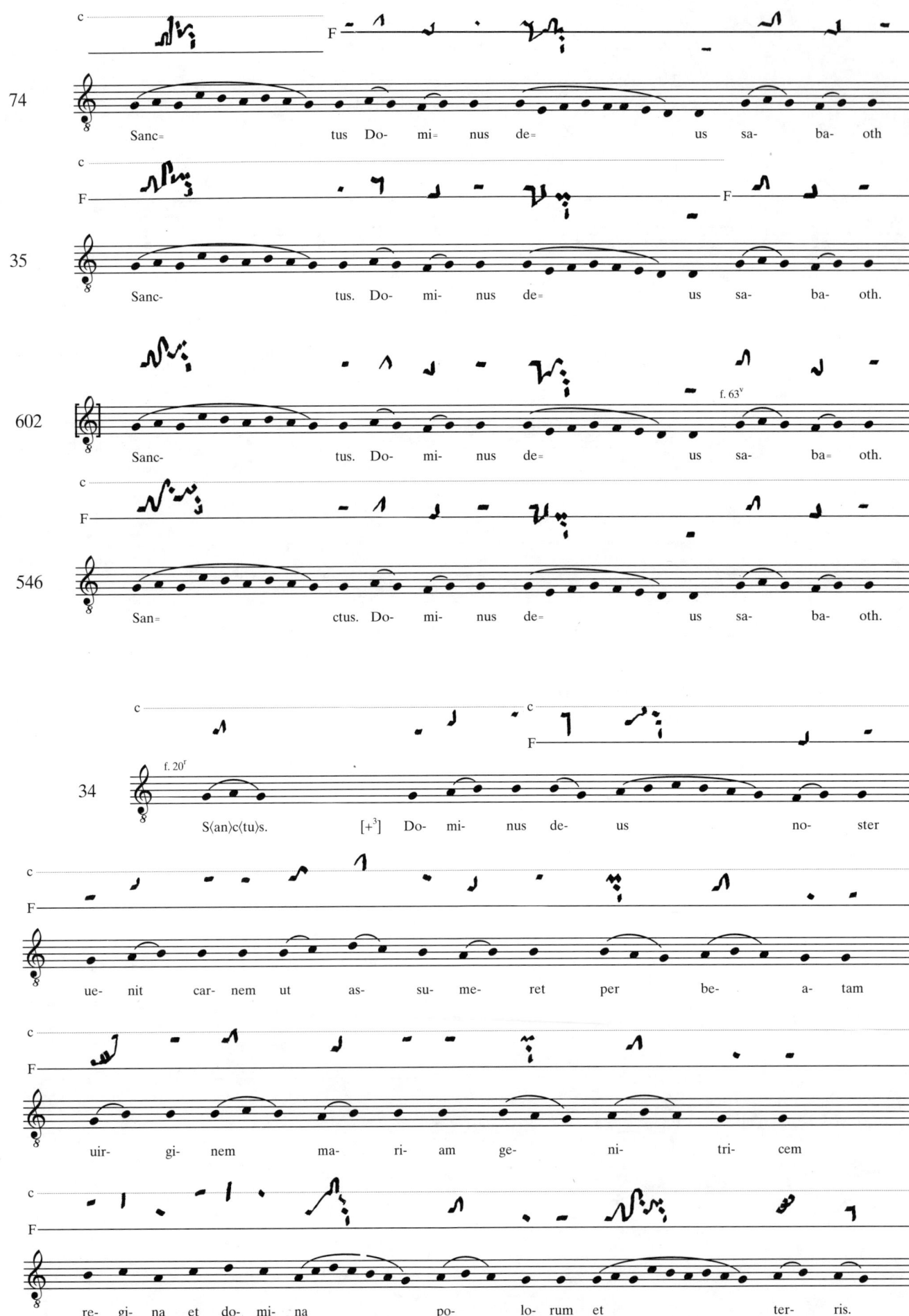

F
74
[3] Pa- ra- cli- tus sanc- tus= que spi- ri- tus
F
35
[3] Pa- ra= cli- tus sanc- tus- que spi- ri- tus.
602
[3] Pa- ra- cli- tus sanc- tus= que spi- ri- tus.
c
F F
546
[3] Pa= ra- cly- tus sanc- tus- que spi- ri- tus.

c
F F
34
Do- mi- nus de- us sa= ba- oth.
F
[3⁴] Pa- ra- cli- tus sanc- tus- que spi- ri- tus.

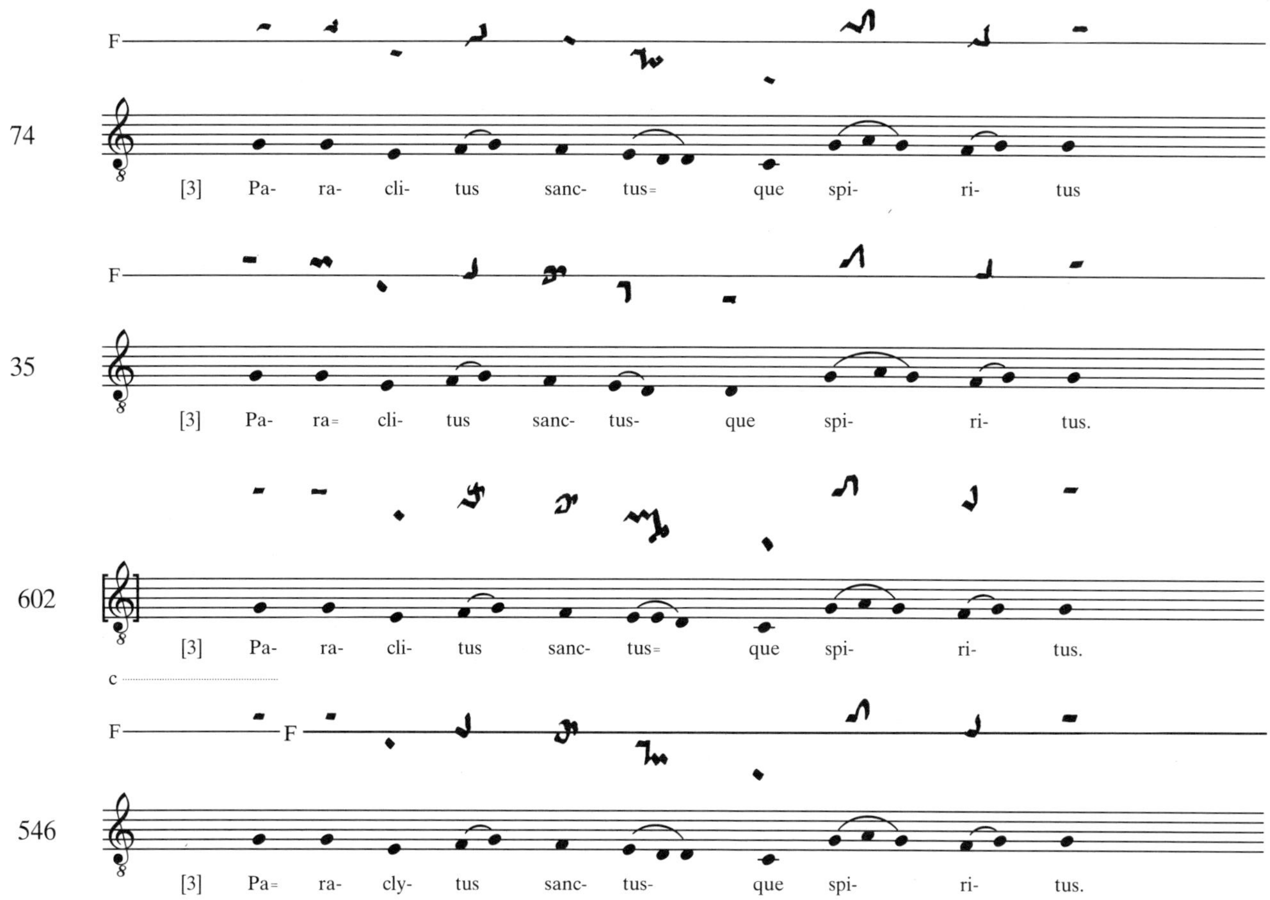

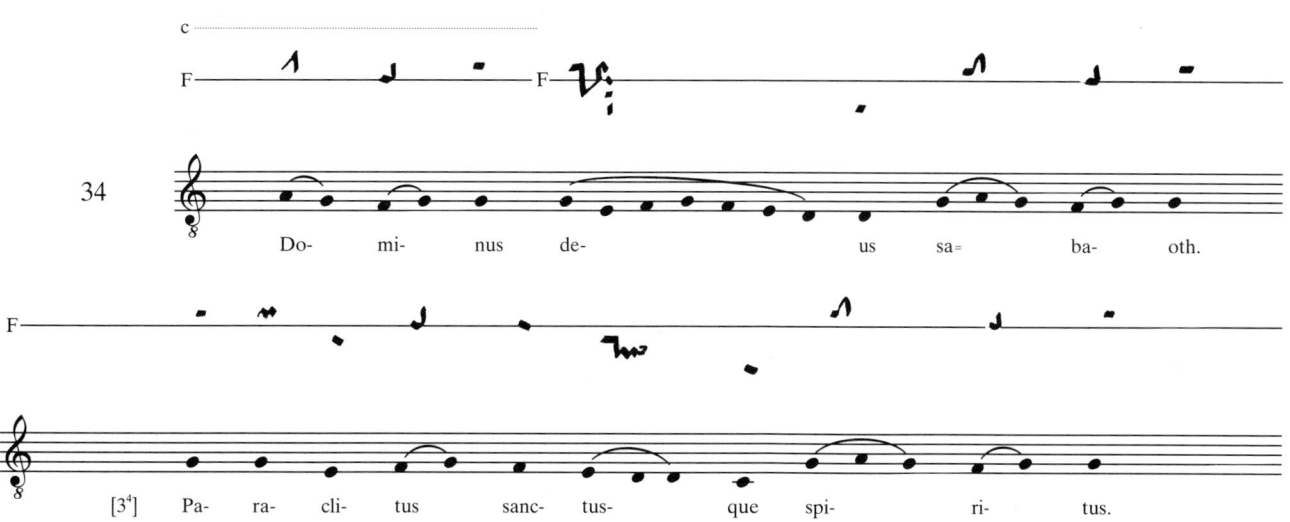

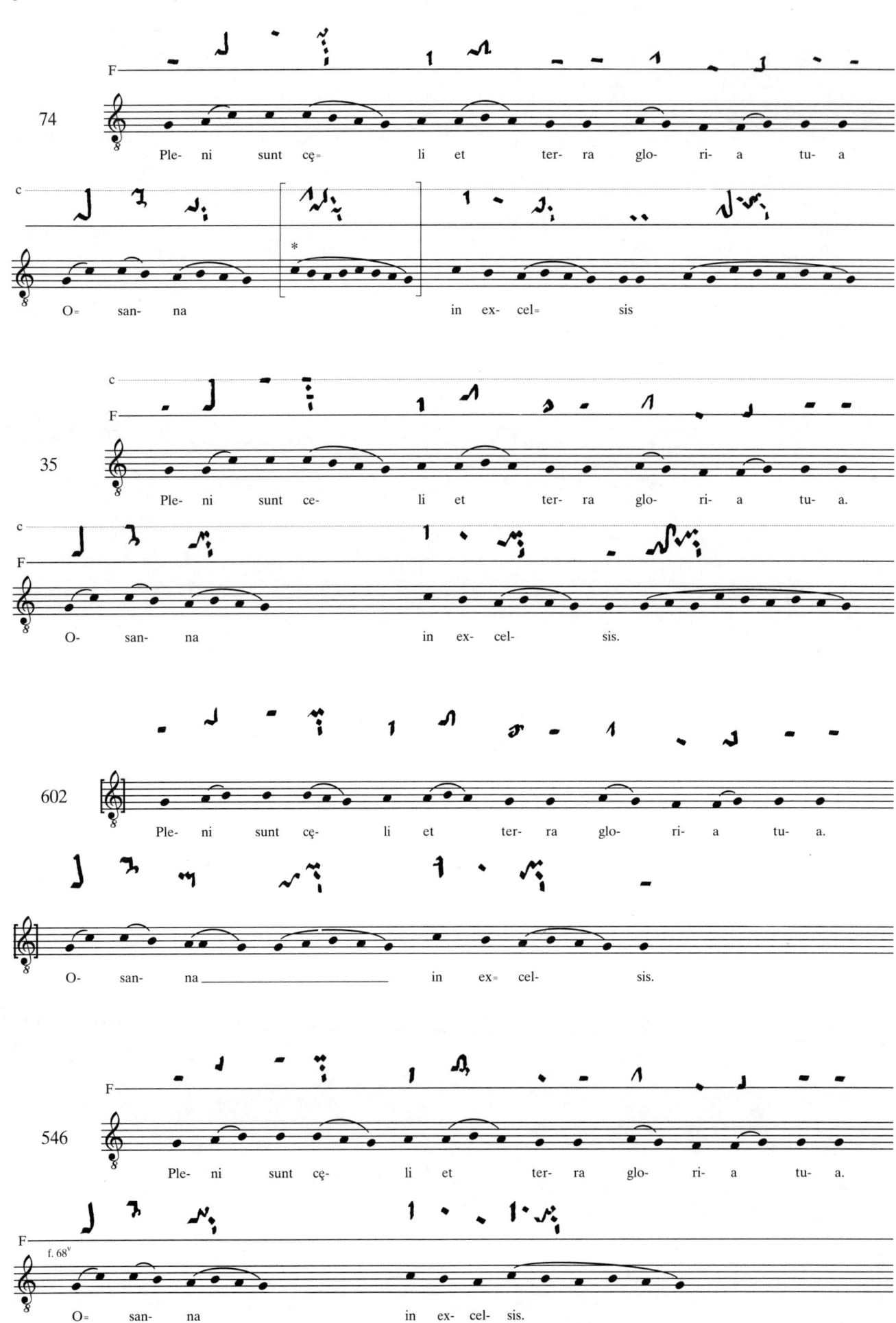

*Insertion in different ink.

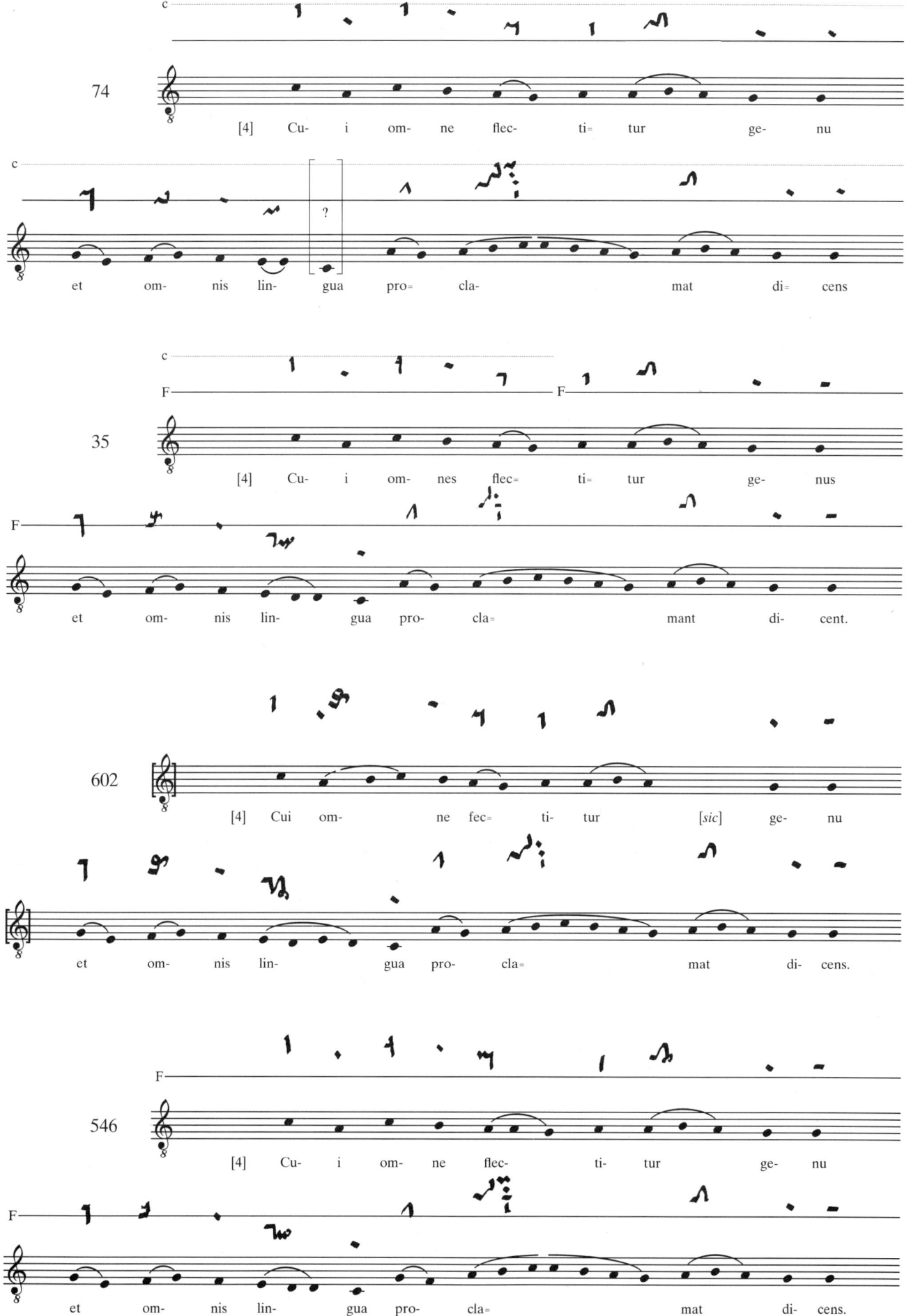

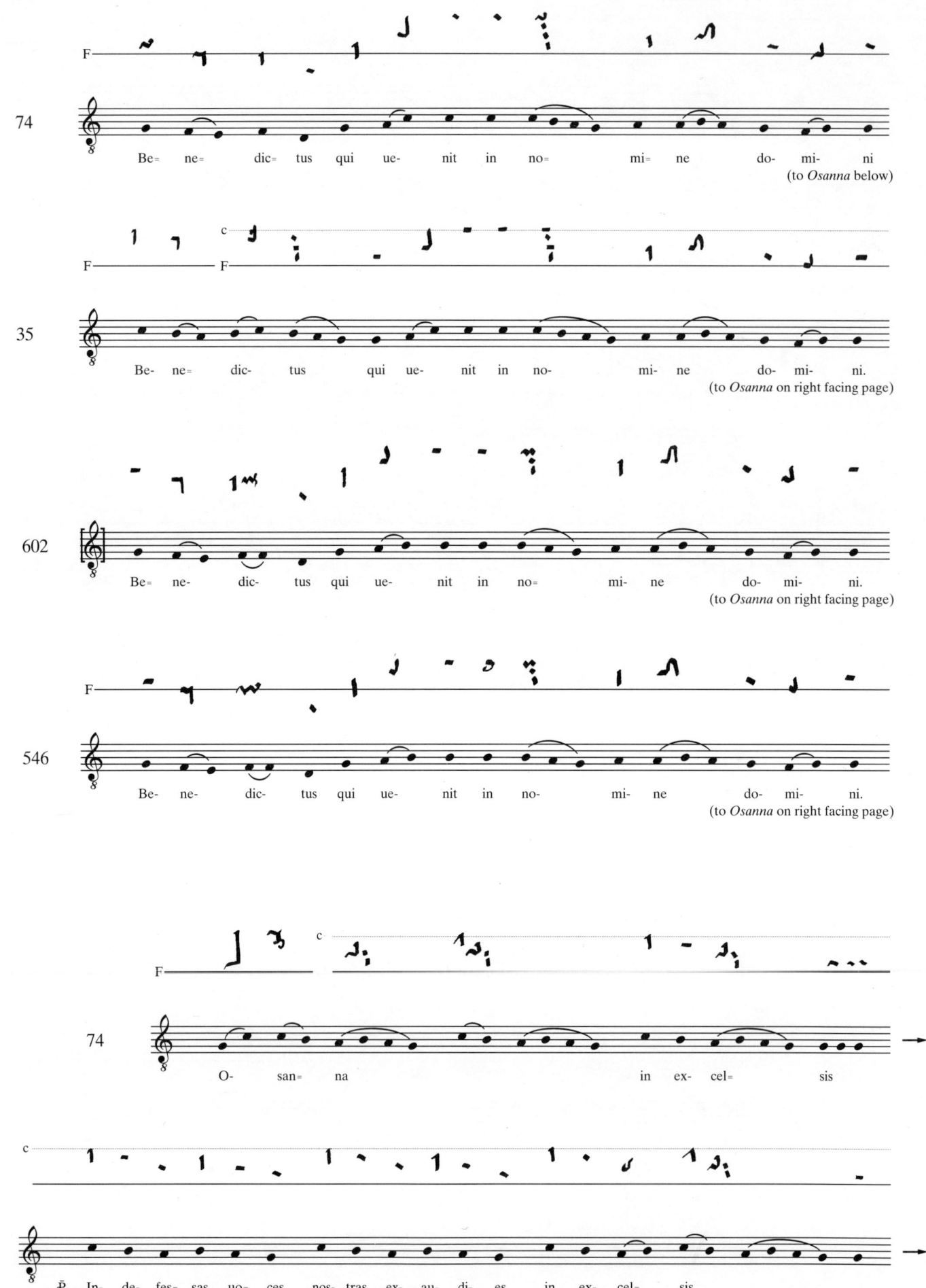

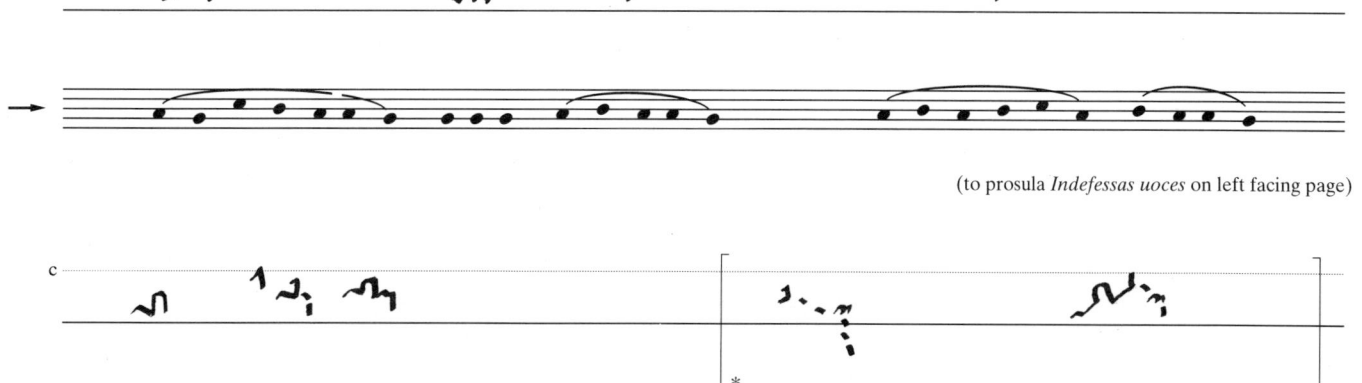

(to prosula *Indefessas uoces* on left facing page)

*Insertion in different ink.

Sanctus
Thannabaur 92

Altissime creator = Altissimeque rector
Hosanna[2] Prosula: **Conditor alme Domine**

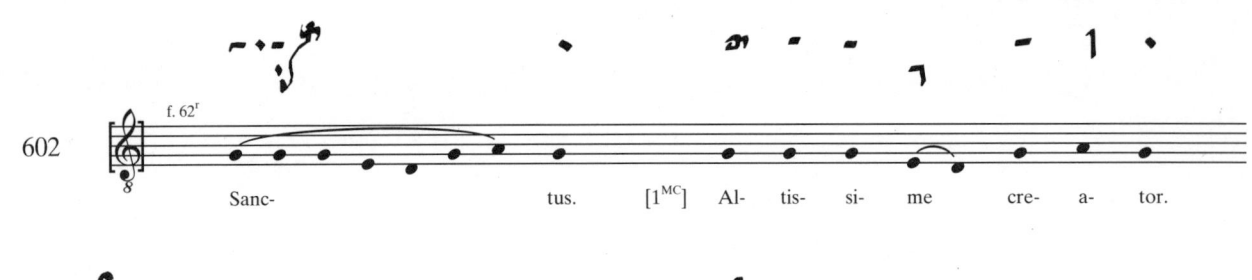

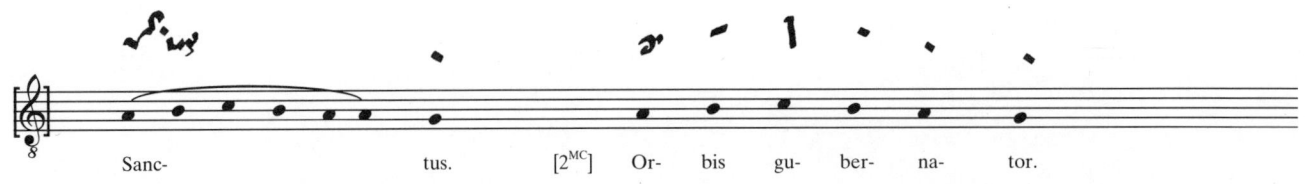

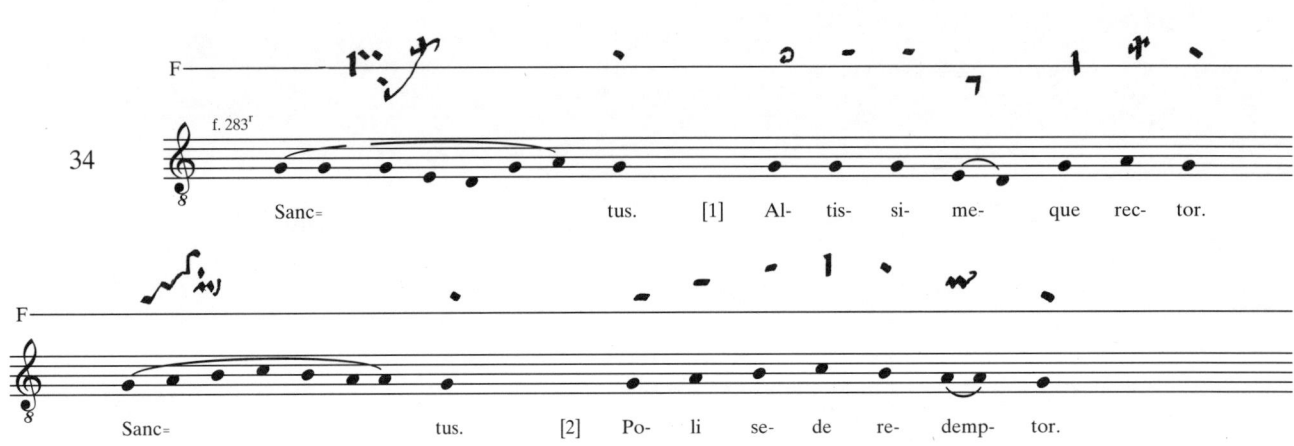

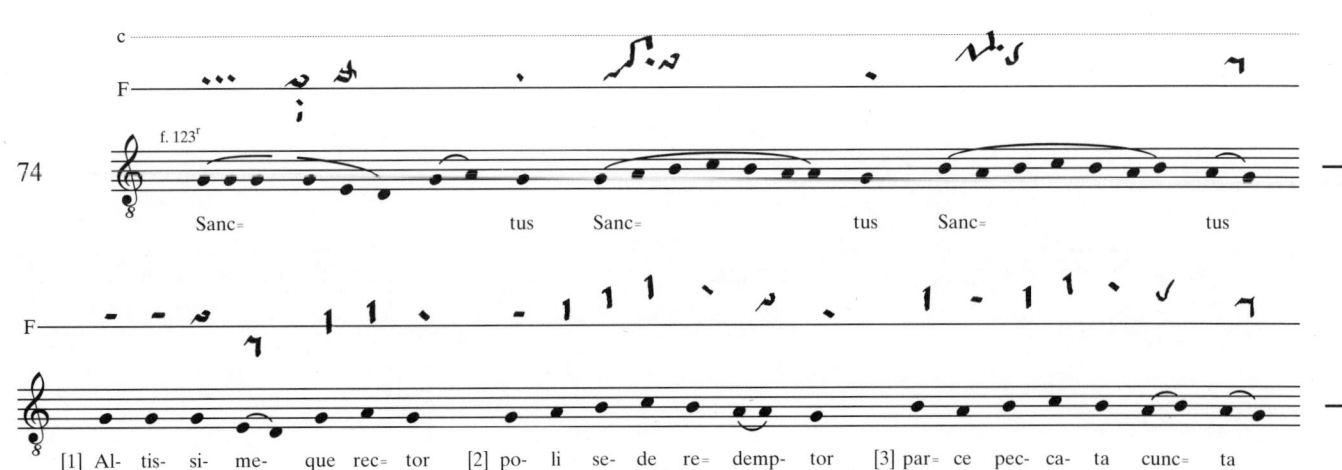

Commentary, see p. 55. The entire Sanctus melody appears to be texted in prosula style. See Commentary.

546: Only Hosanna[2] and its prosula elements [7–14], beginning **Conditor alme domine,** are transcribed, pp. 17–19. See Commentary, where the entire text is given.

35: Only *Pleni sunt . . . gloria tua.* [5] *Repleti sumus,* Hosanna[1], [6] *Hebreorum proles,* and [+] *Dona celestis* are transcribed, pp. 14–16. The beginning of the piece is missing in the MS; see Commentary and notes to the partial version of 35, below.

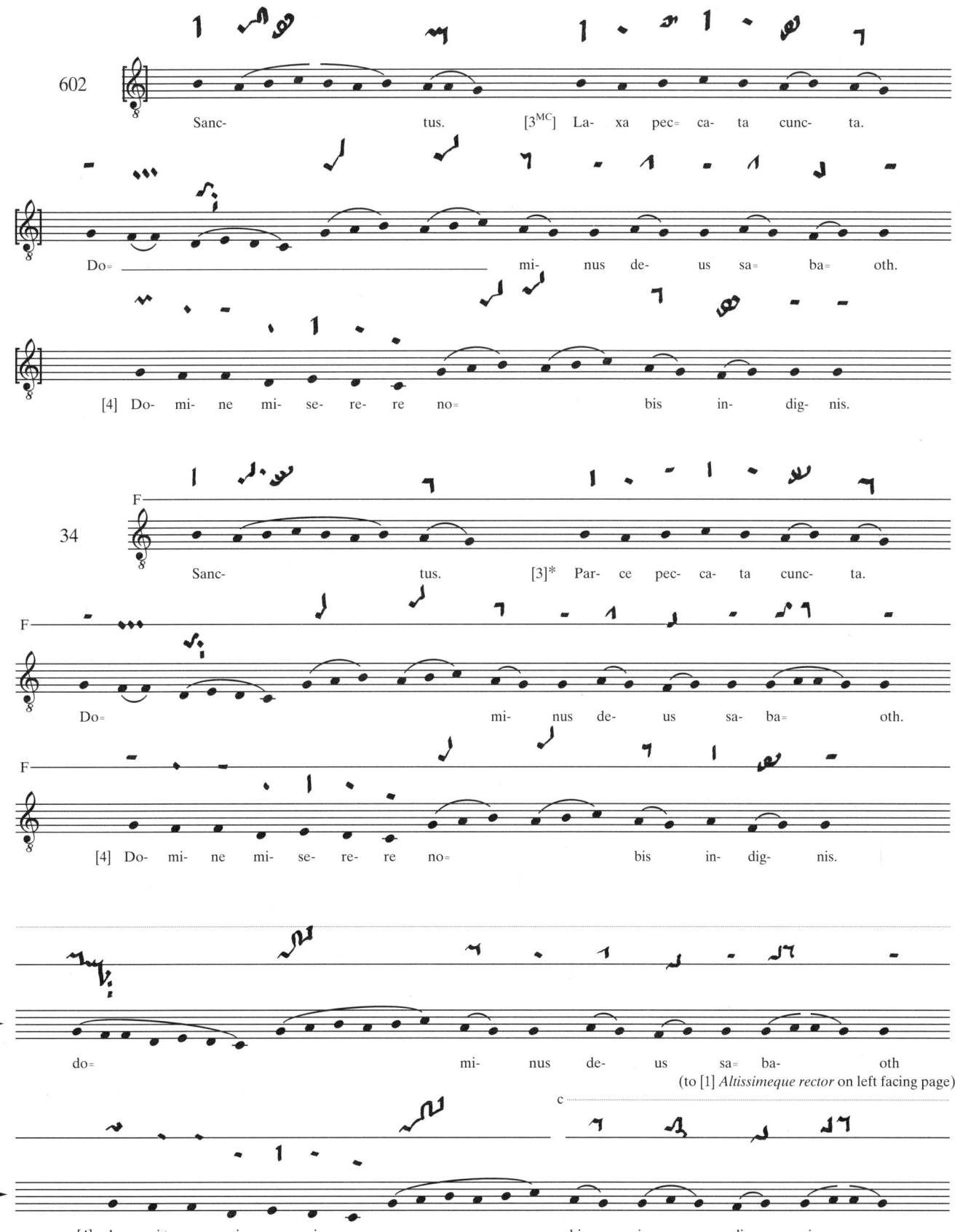

*After a lacuna, the text of 35 begins on fol. 196[r] with [3] *Parce peccata*. The version of 35 is nearly identical with that of 34 until [5] *Repleti sumus*, printed on p. 14.

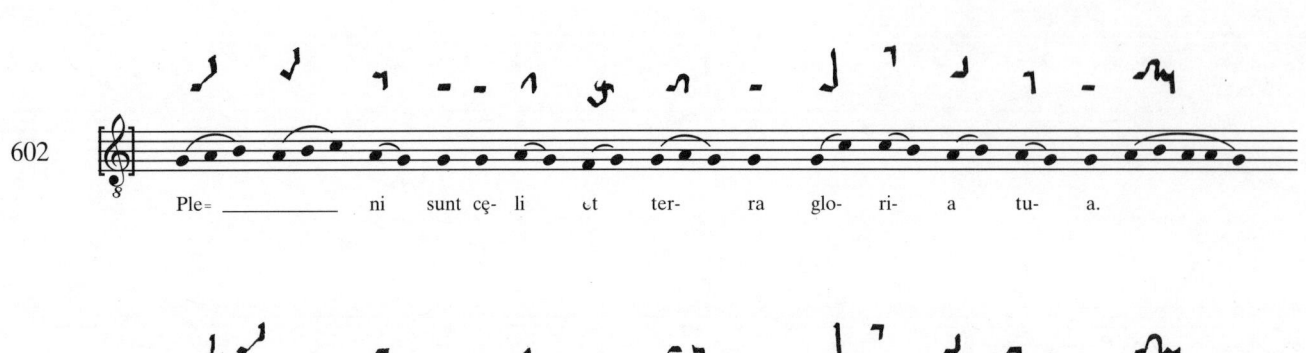

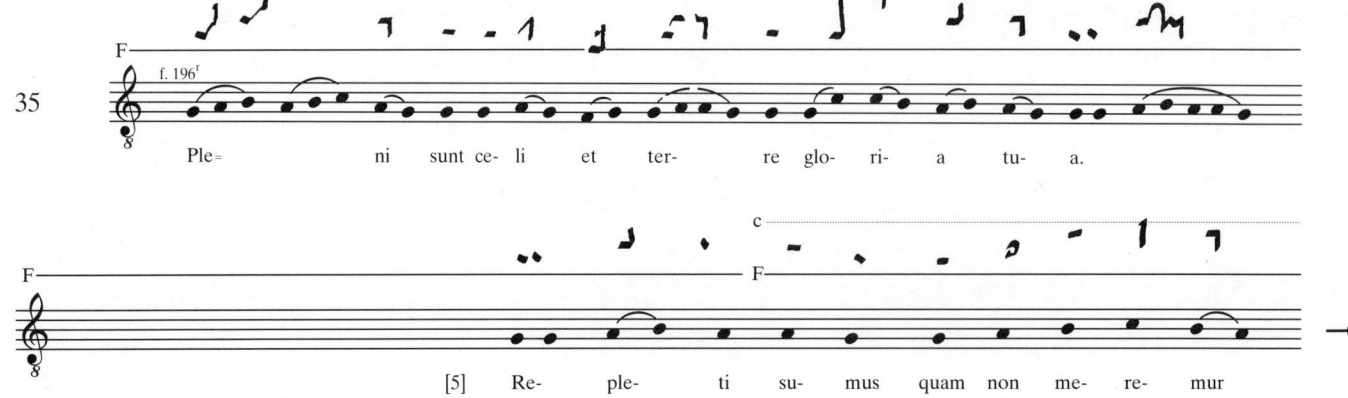

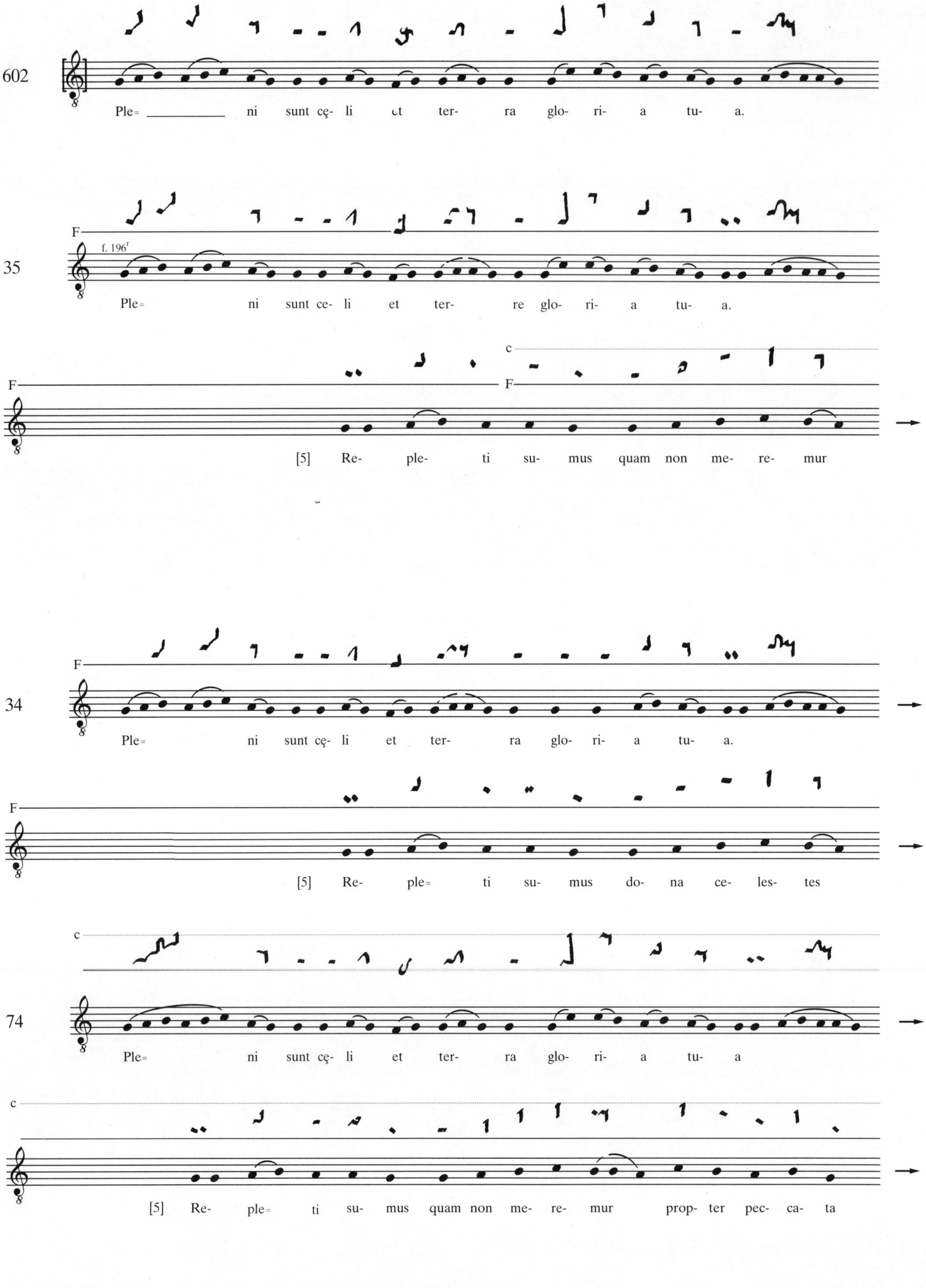
602
Ple= ni sunt cę- li et ter- ra glo- ri- a tu- a.
F
35
f. 196r
Ple= ni sunt ce- li et ter- re glo- ri- a tu- a.
F
c
F
[5] Re- ple- ti su- mus quam non me- re- mur
F
34
Ple= ni sunt cę- li et ter- ra glo- ri- a tu- a.
F
[5] Re- ple= ti su- mus do- na ce- les- tes
c
74
Ple= ni sunt cę- li et ter- ra glo- ri- a tu- a
c
[5] Re- ple= ti su- mus quam non me- re- mur prop- ter pec- ca- ta

*Abbreviated version of the Cassinese [5MC] as in 546. See Commentary.
**Tear in the parchment. The horizontal stroke for "b" is probably the first member of a clivis "ba", whose descending stroke has disappeared.
***Concludes with melodic tag "abbaaG"—omitted by editorial oversight—as in the version of 602 below.

16

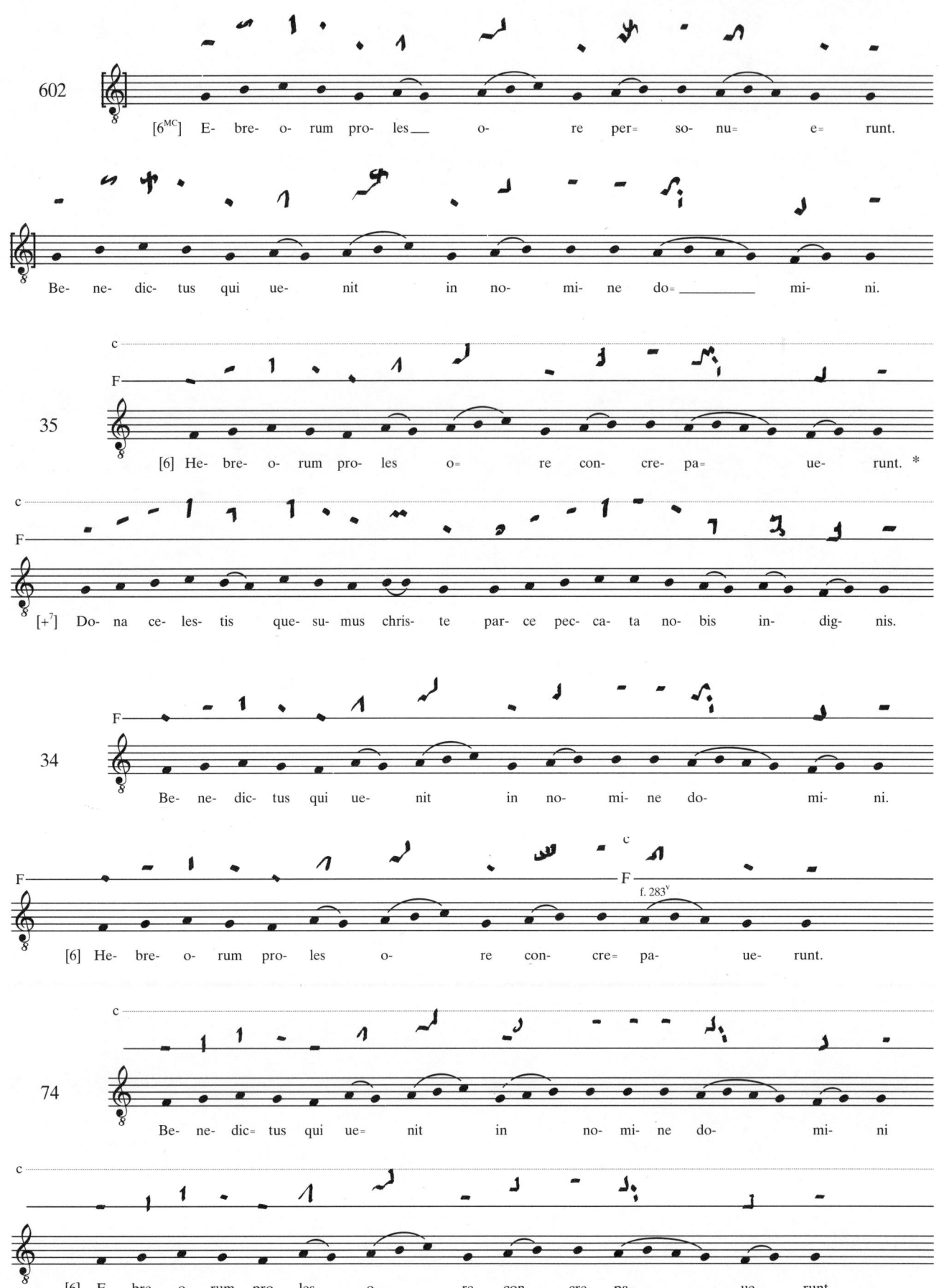

*In 35, *Benedictus qui uenit* (as in the version of 34) follows [6]. *Benedictus qui uenit in nomine domini* in turn is followed by the unique compilation [+7], here printed immediately below [6]. The succeeding Hosanna[2] and the prosula [7–14] that begins **Conditor alme domine** are also nearly identical with the version of 34. See Commentary.

*The combination for three descending notes—clivis plus single note—is foreign to Ben 34, although common elsewhere (e.g. Milan).
**ris inserted over an erasure of a single letter, probably s; a virga for ris was added and the original virga over gu altered to a punctum.

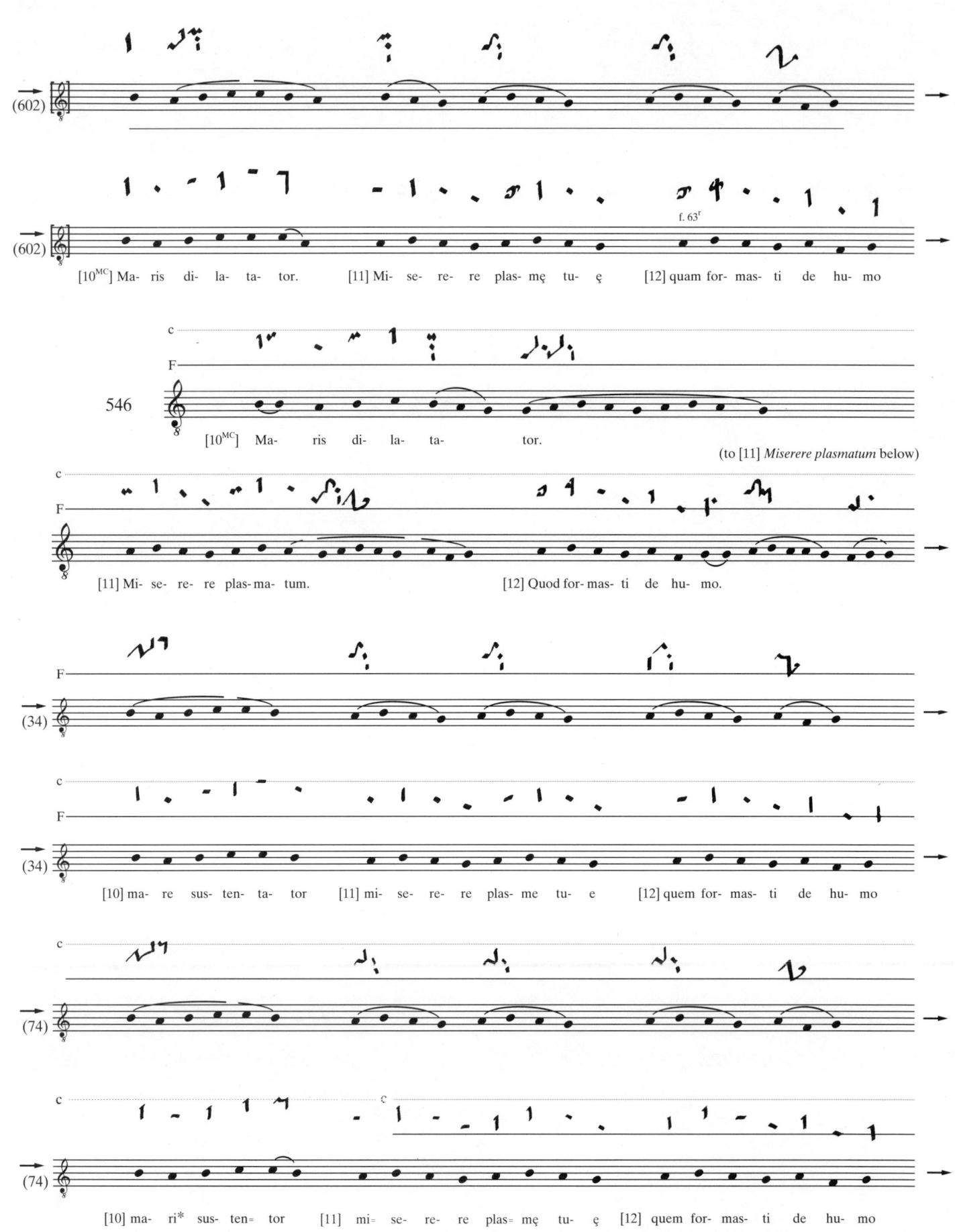

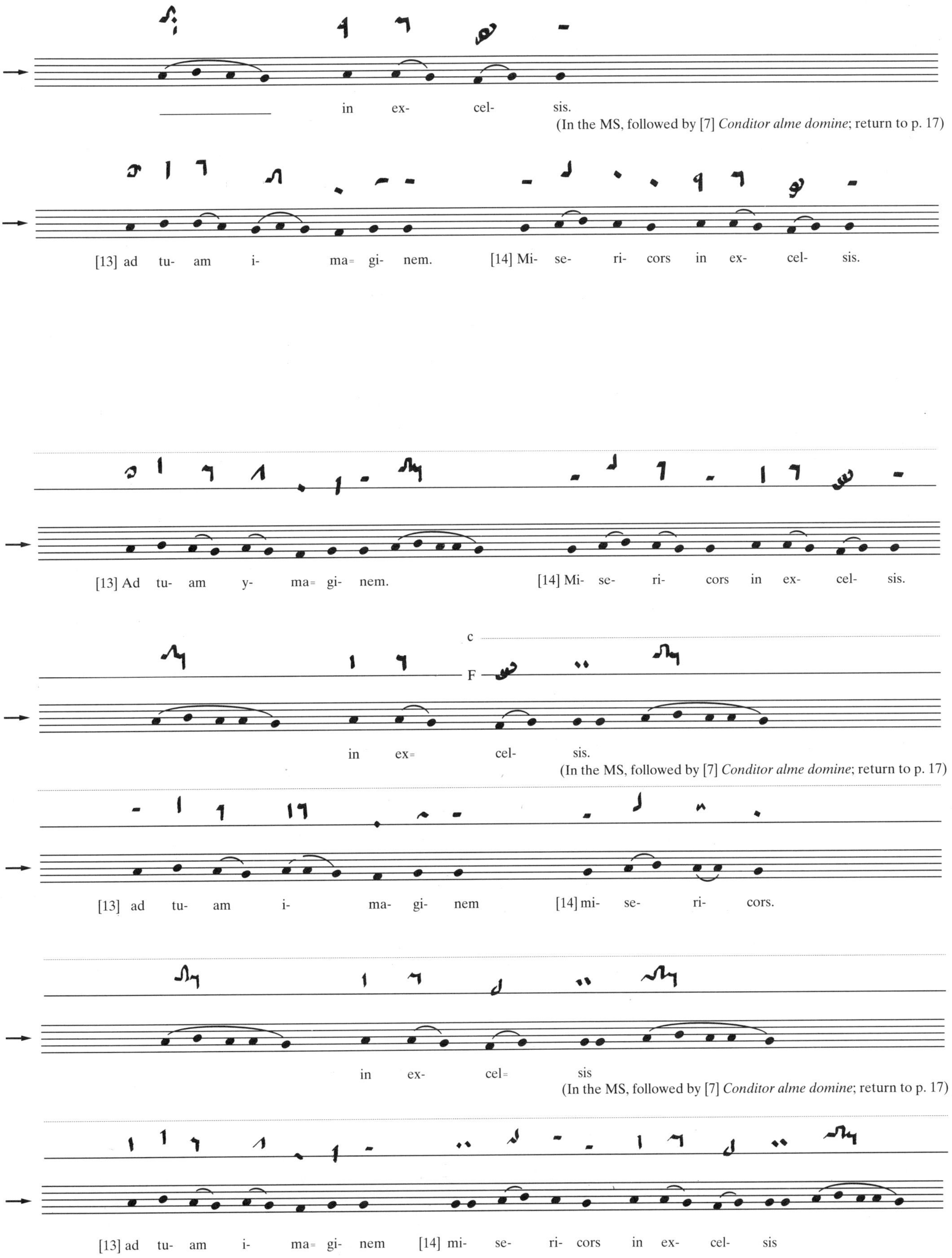
in ex- cel- sis.
(In the MS, followed by [7] Conditor alme domine; return to p. 17)
[13] ad tu- am i- ma= gi- nem. [14] Mi- se- ri- cors in ex- cel- sis.
[13] Ad tu- am y- ma= gi- nem. [14] Mi- se- ri- cors in ex- cel- sis.
c
F
in ex= cel- sis.
(In the MS, followed by [7] Conditor alme domine; return to p. 17)
[13] ad tu- am i- ma- gi- nem [14] mi- se- ri- cors.
in ex- cel= sis
(In the MS, followed by [7] Conditor alme domine; return to p. 17)
[13] ad tu- am i- ma= gi- nem [14] mi- se- ri- cors in ex- cel- sis

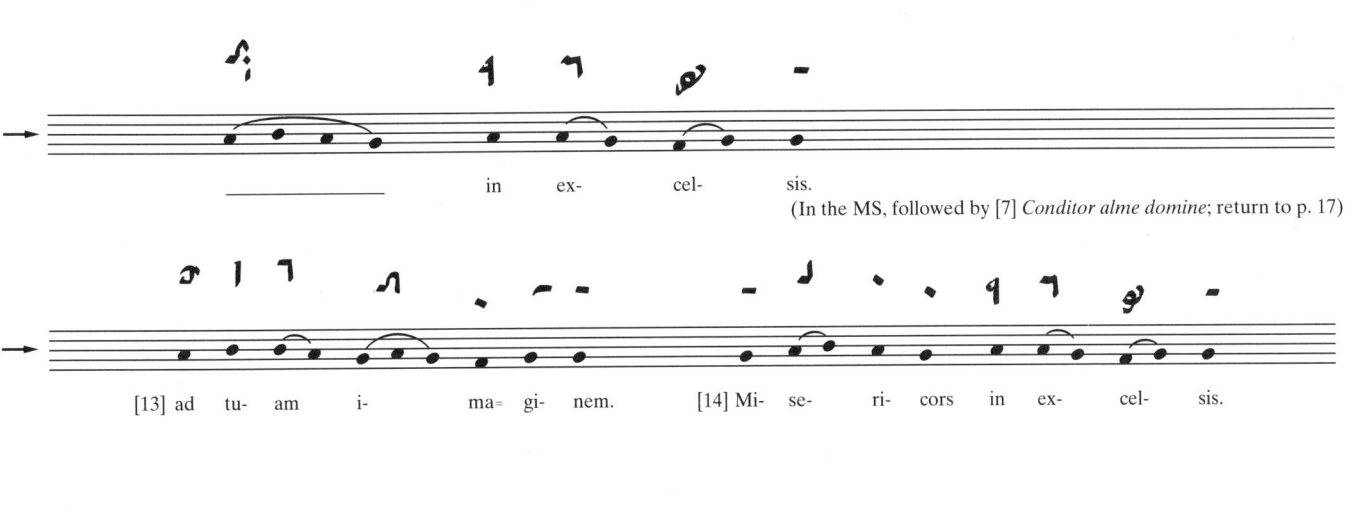

Sanctus
Thannabaur 178

Hosanna[2] Prosula:
Ante thronum Domini

35

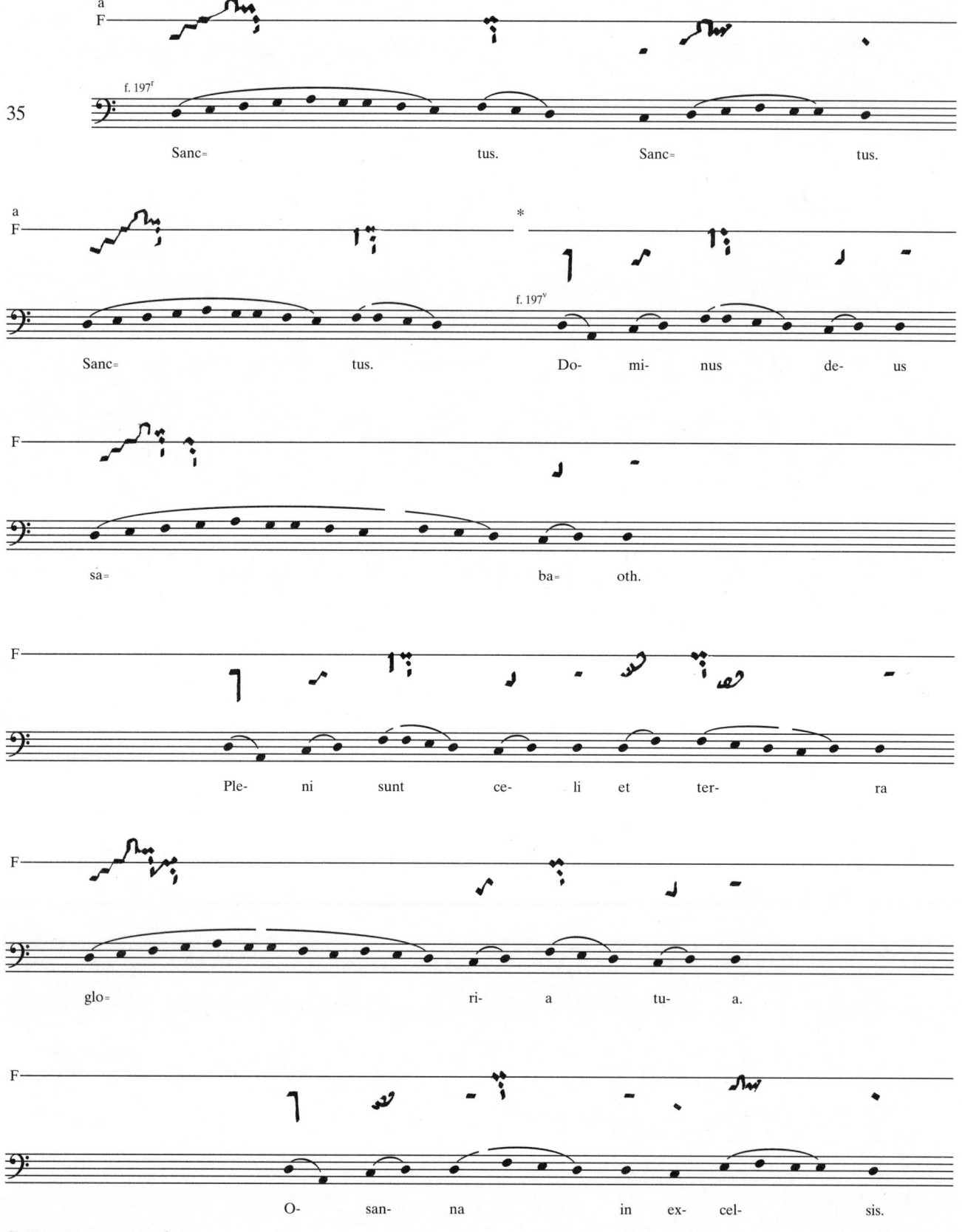

Commentary, see p. 60.

*Clef torn off.

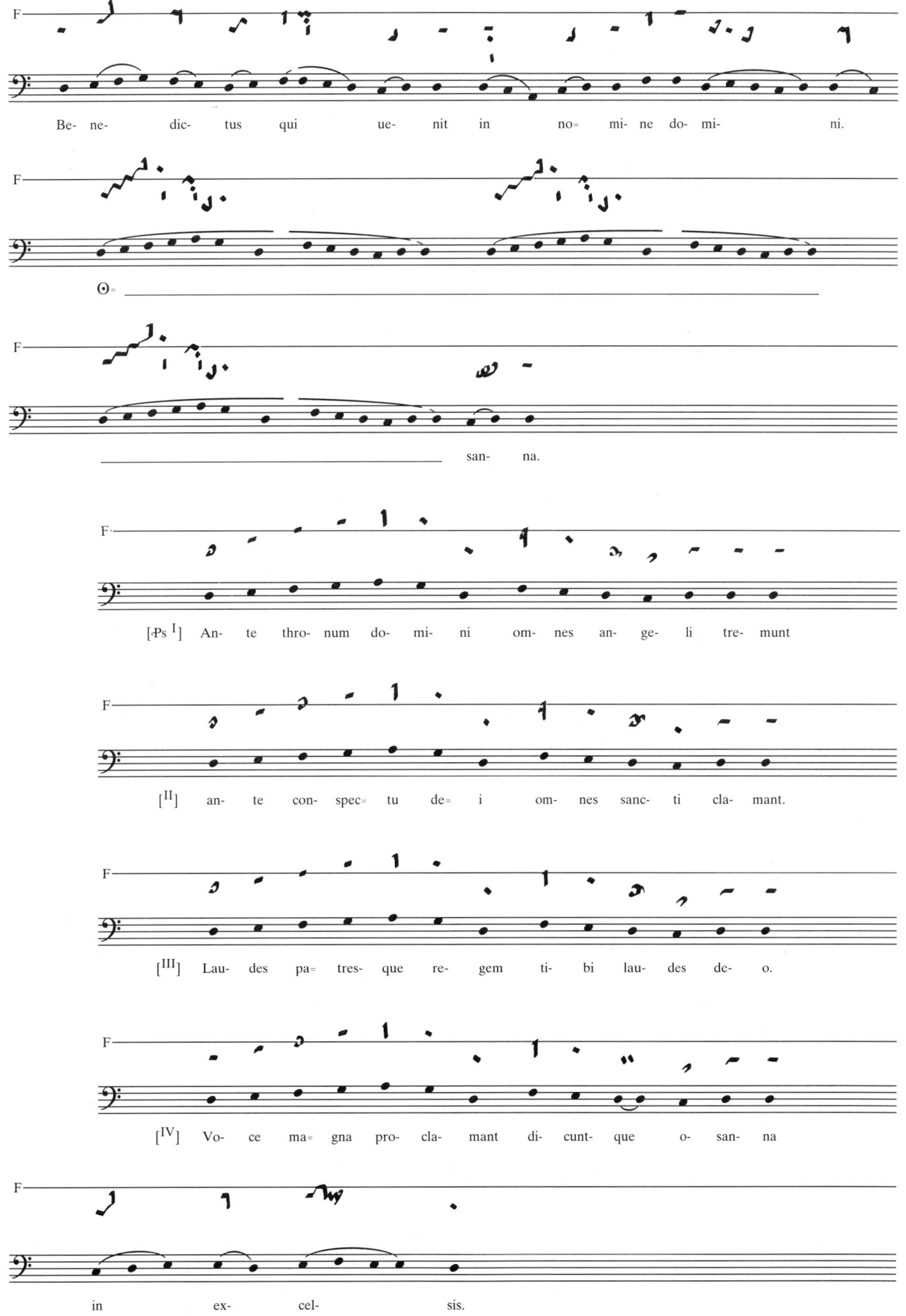

Sanctus
Thannabaur 45

Antra modicis deserti

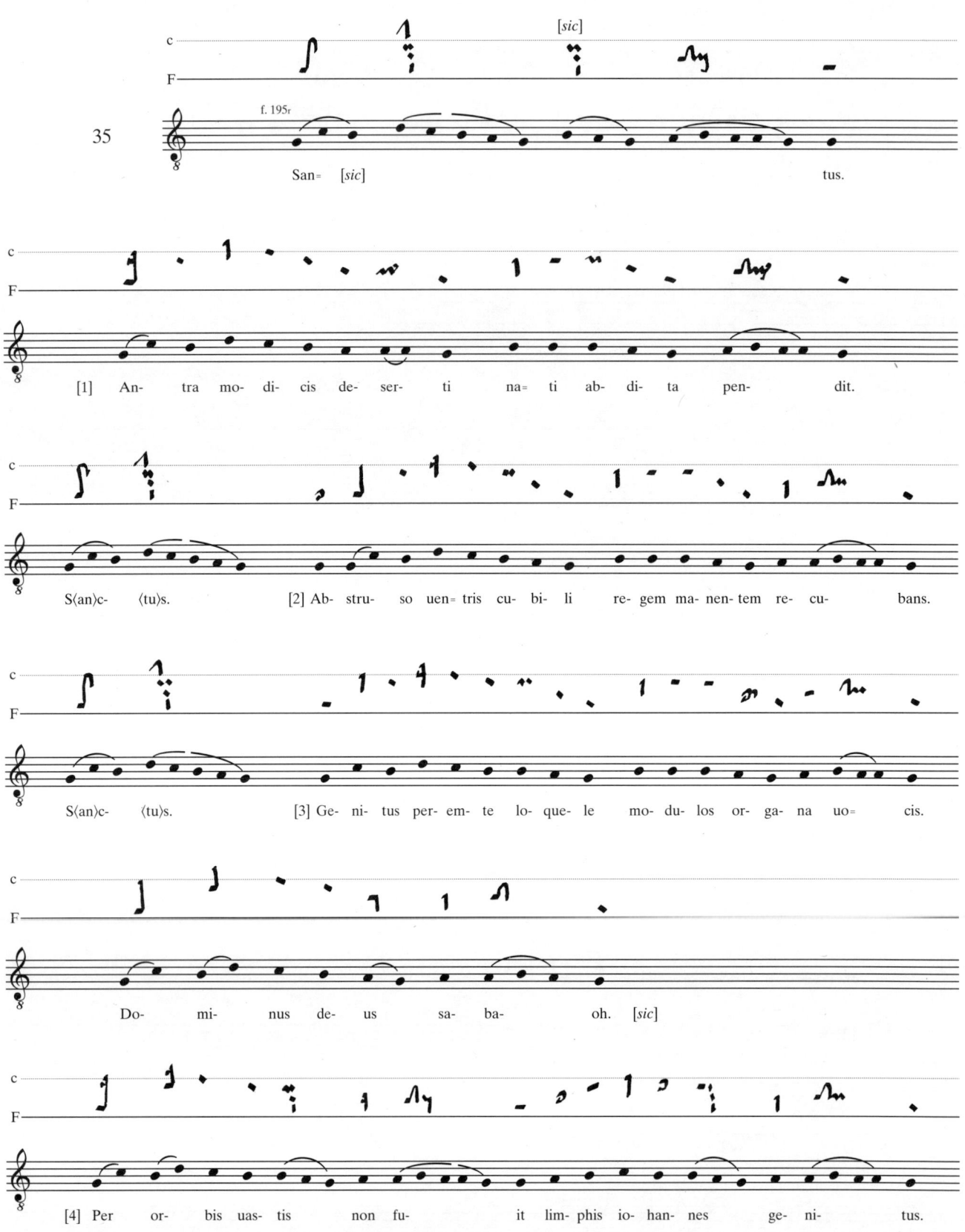

Commentary, see p. 61. The melody for *Sanctus* is texted in prosula style by elements [1–3]; the later Sanctus phrases are followed by elements [4–6], freely underlaid to the preceding melody.

24

Sanctus
Thannabaur 197

Caelestia sidera
Hosanna[1] Prosa: **Plasmatum populum**
Hosanna[2] Prosa: **Dulcis est cantica**

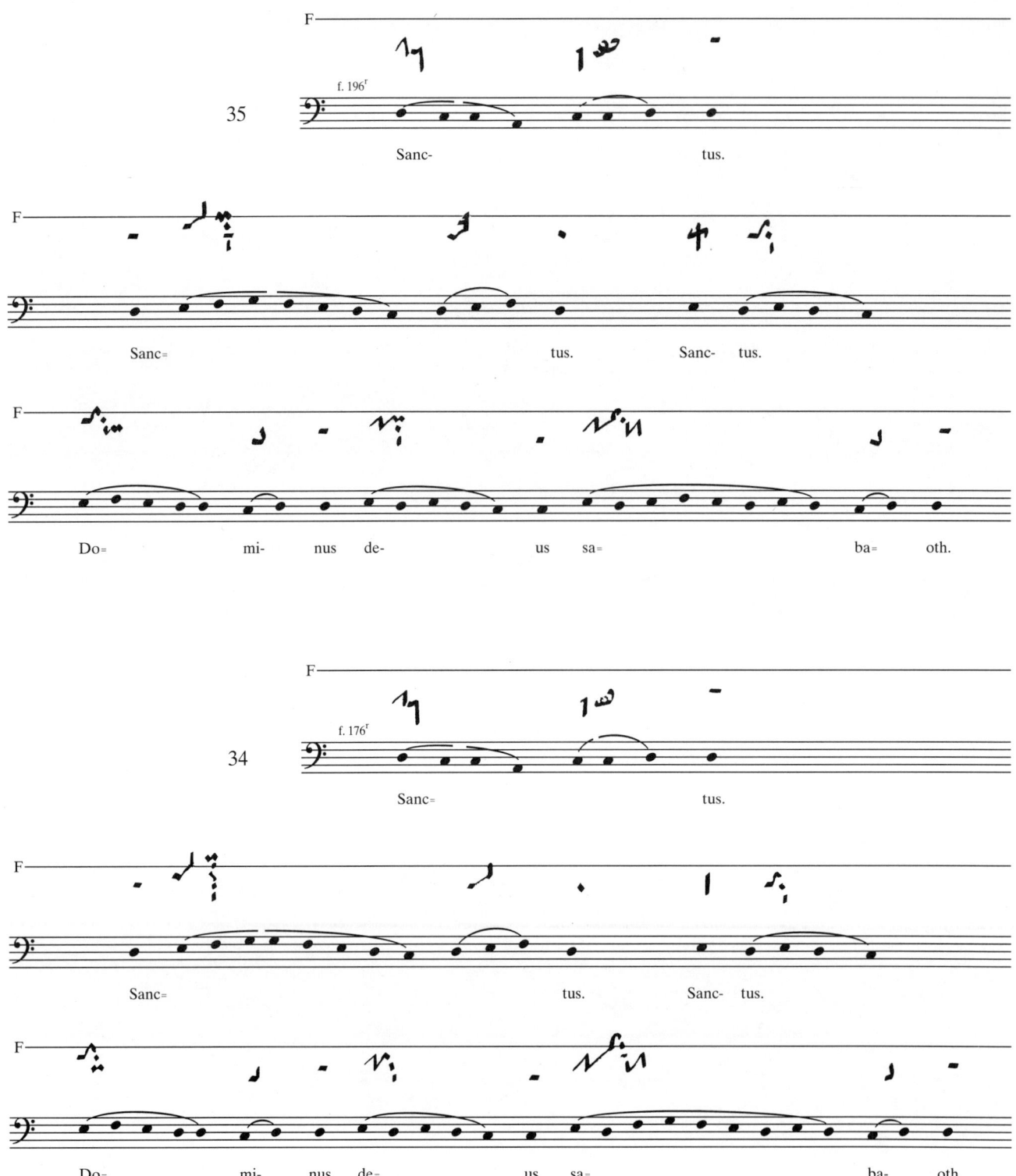

Commentary, see p. 63. The trope *Caelestia sidera*, consisting of a single element, is found only in 34. In Ben 40, lines of the texts **Hosanna Plasmatum populum** and **Hosanna Dulcis est cantica** are joined to a unique Sanctus in an idiosyncratic edition that could not be presented together with the versions of 35 and 34. Instead, this version from Ben 40 is transcribed with BTC-Scs 3 in Appendix I, p. 128. Also see Commentary, p. 123.

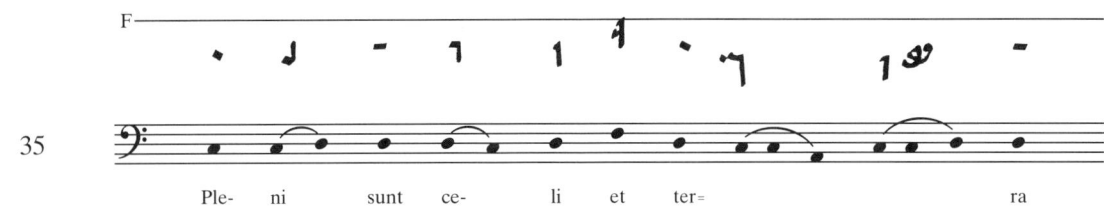
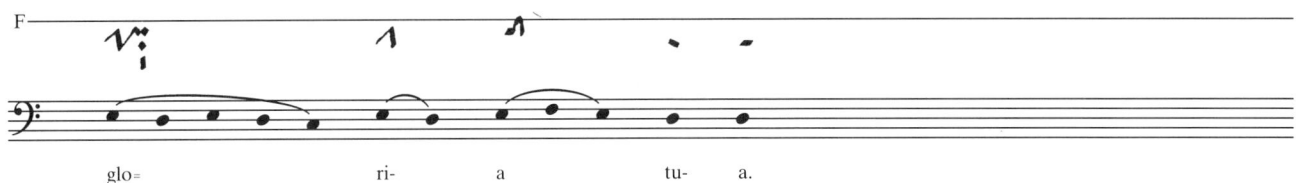
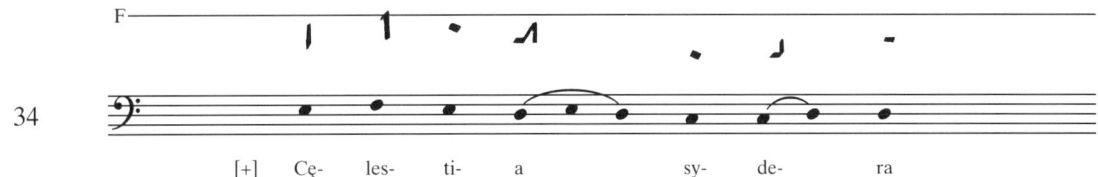

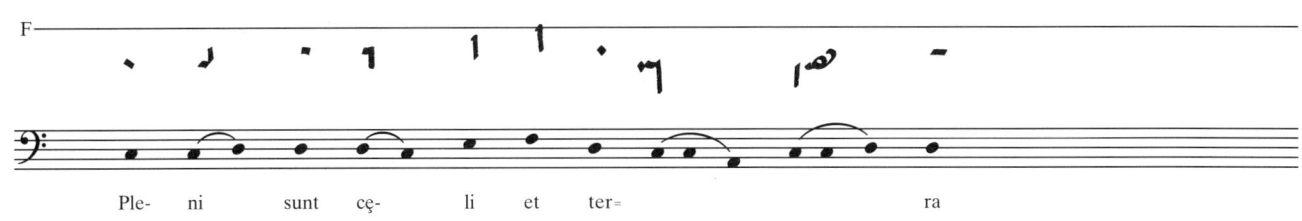
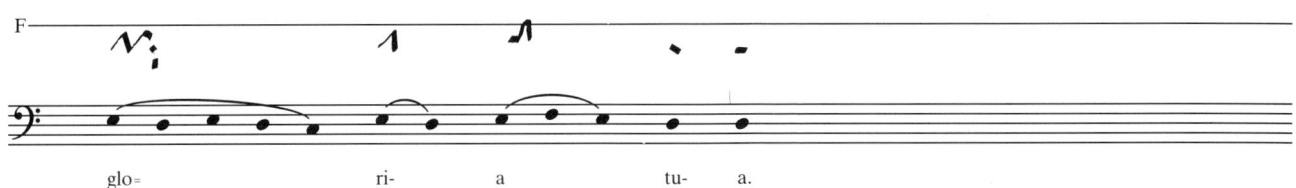

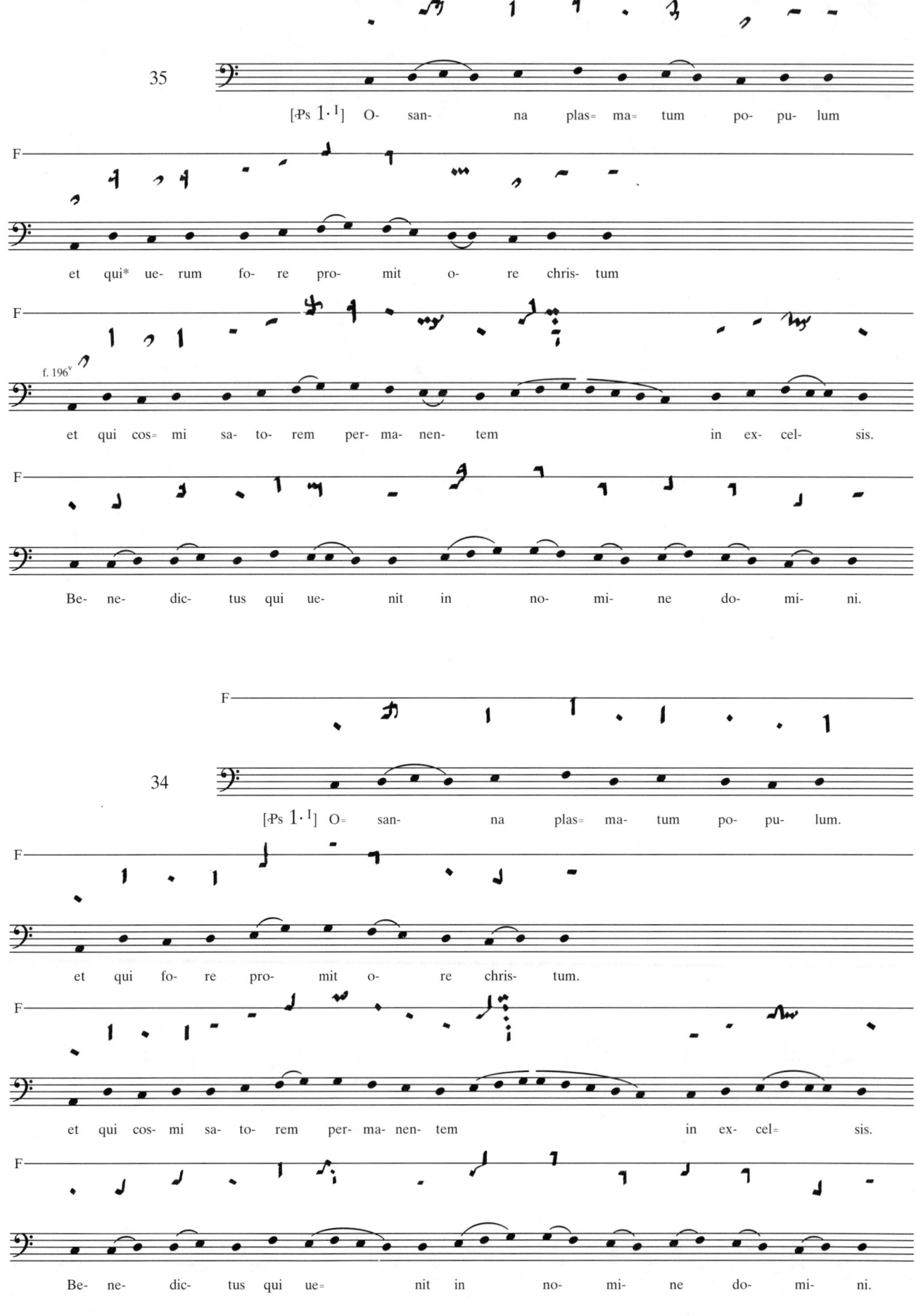

*Corrected to *quid* in margin.

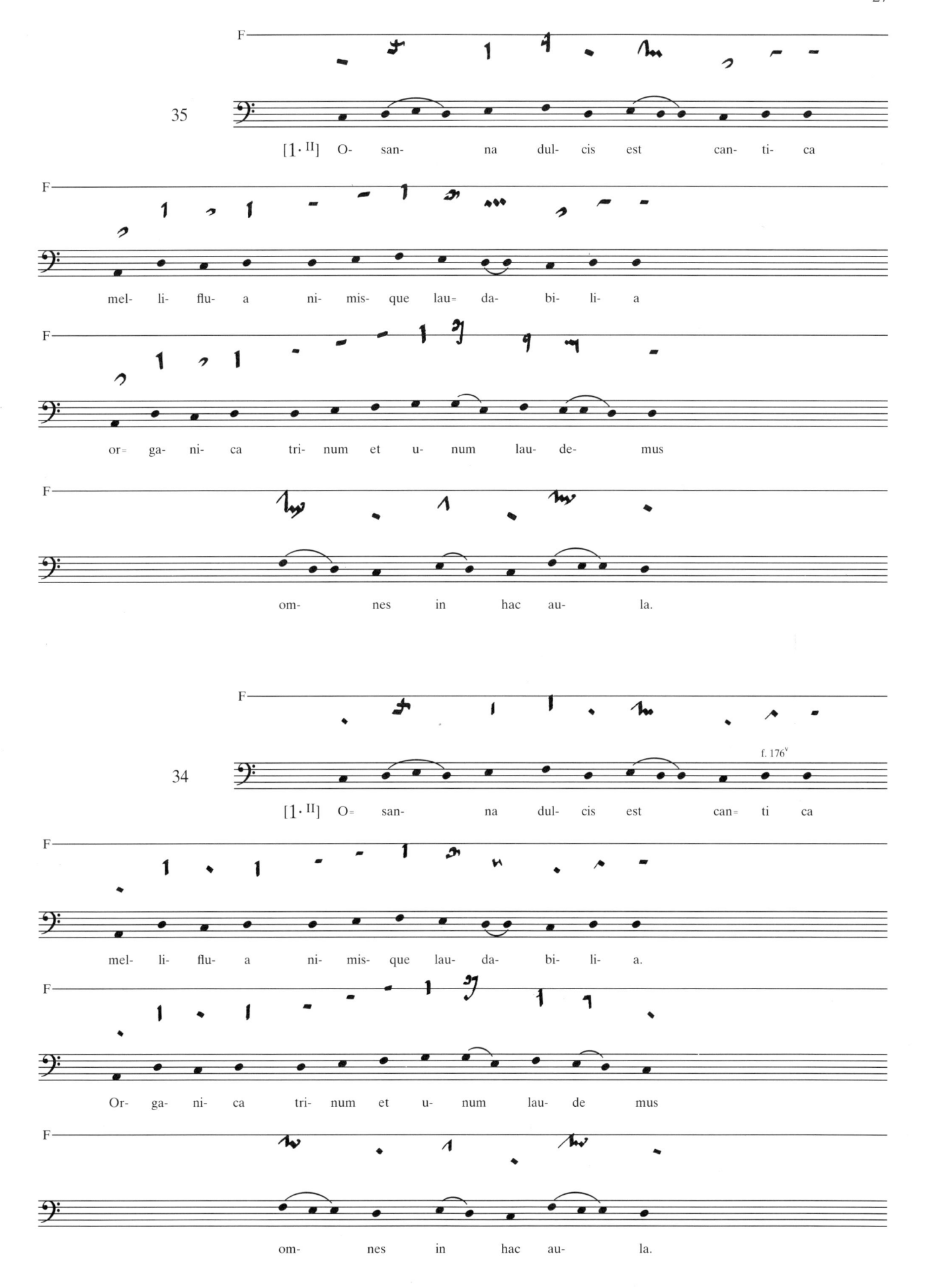

35 [1·II] O- san- na dul- cis est can- ti- ca
mel- li- flu- a ni- mis- que lau- da- bi- li- a
or- ga- ni- ca tri- num et u- num lau- de- mus
om- nes in hac au- la.

34 [1·II] O- san- na dul- cis est can- ti- ca
mel- li- flu- a ni- mis- que lau- da- bi- li- a.
Or- ga- ni- ca tri- num et u- num lau- de- mus
om- nes in hac au- la.

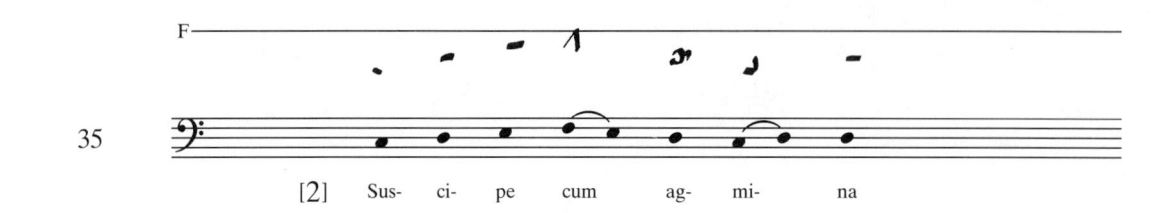

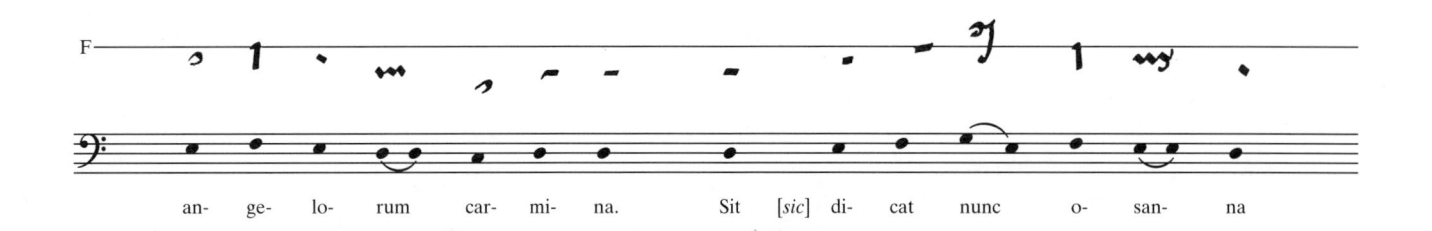

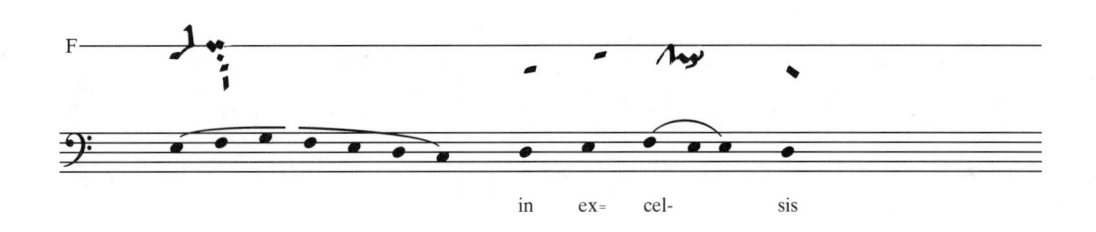

35

[2] Sus- ci- pe cum ag- mi- na an- ge- lo- rum car- mi- na. Sit [sic] di- cat nunc o- san- na in ex= cel- sis

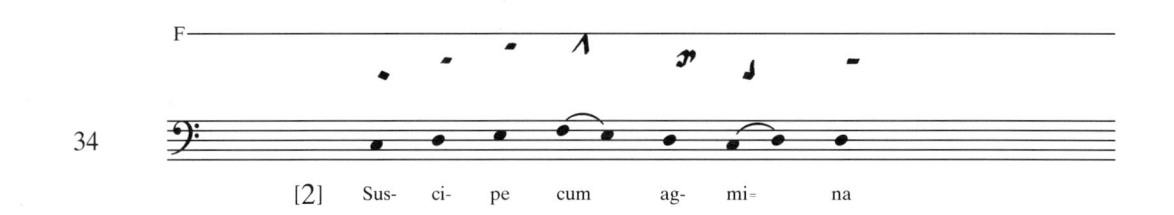

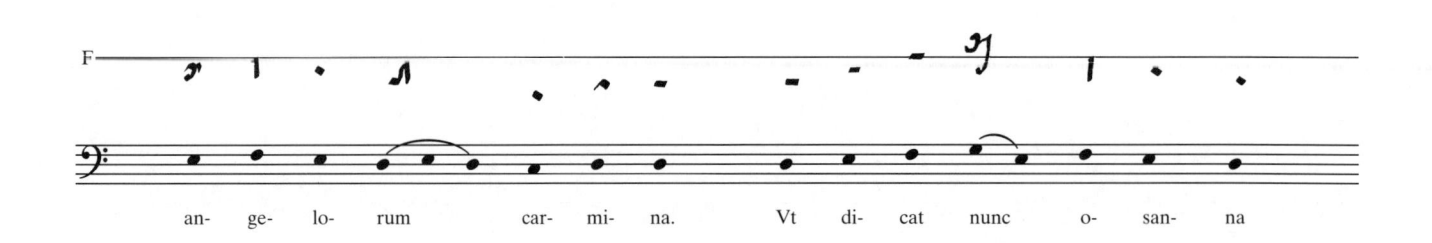

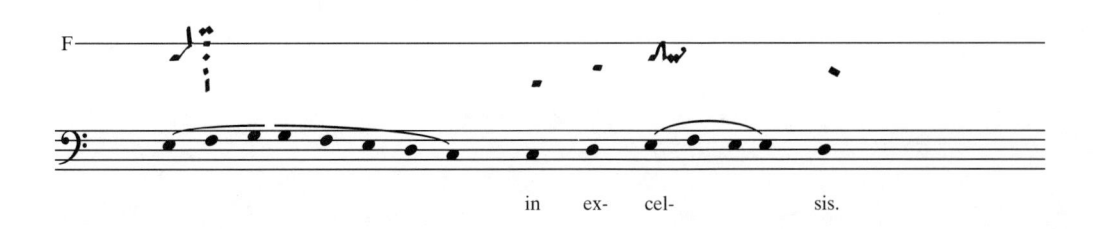

34

[2] Sus- ci- pe cum ag- mi= na an- ge- lo- rum car- mi- na. Vt di- cat nunc o- san- na in ex- cel- sis.

29

Conditor alme Domine, Hosanna[2] Prosula with Thannabaur 92,
see *Altissime creator = Altissimeque rector*, p. 12

Sanctus
Thannabaur 152 (=154, Vatican I)

Corona iustitiae
Hosanna[2] Prosula:
Gloria Christe omnes resurgamus

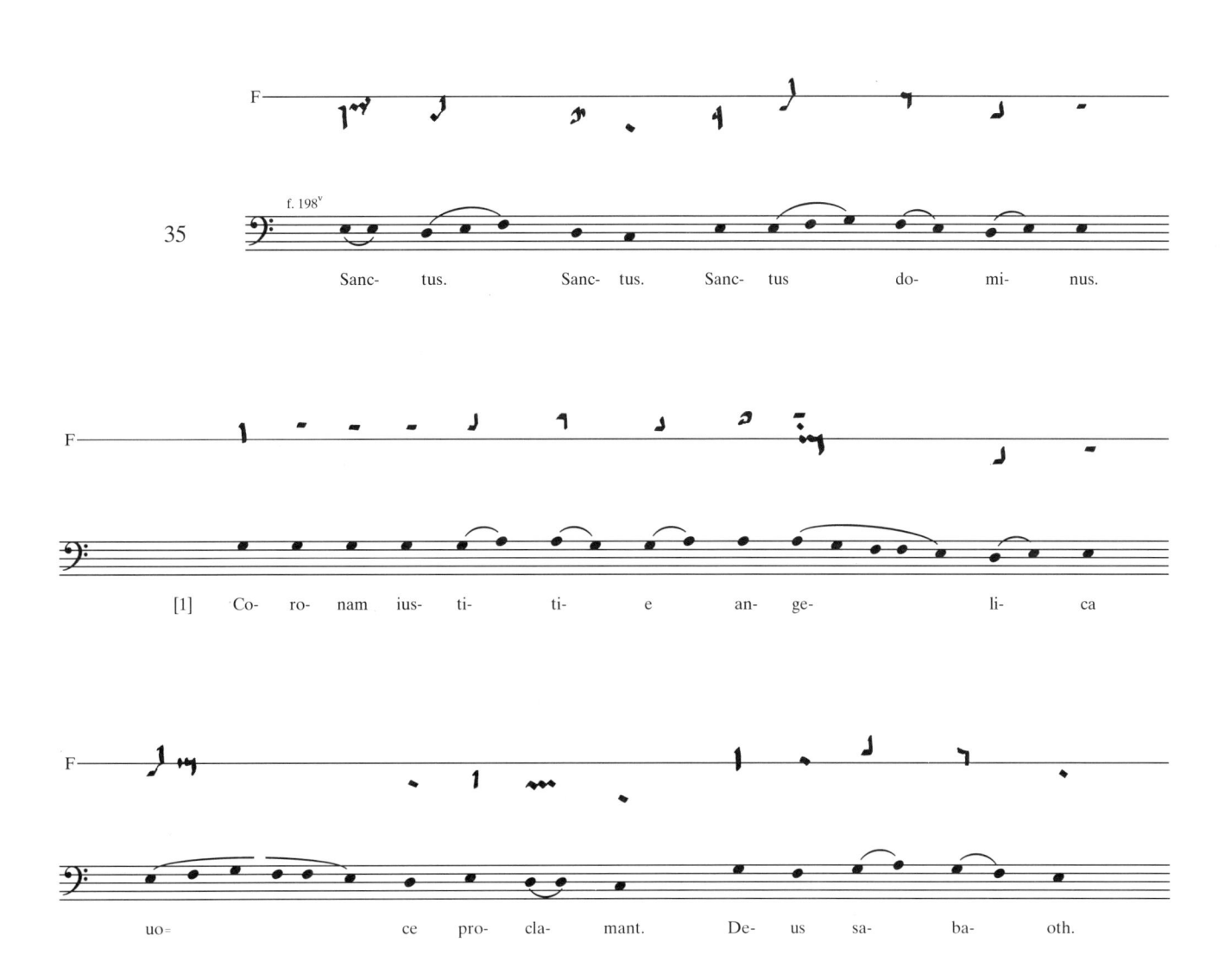

35 Sanc- tus. Sanc- tus. Sanc- tus do- mi- nus.

[1] Co- ro- nam ius- ti- ti- e an- ge- li- ca

uo- ce pro- cla- mant. De- us sa- ba- oth.

Commentary, see p. 65. This Sanctus melody, Thannabaur 152, differs from Thannabaur 154 only in the opening acclamations through *Dominus Deus sabaoth*. See pp. 32 and 38.

34: Only the second *Osanna* with beginning and end of [Ps[I]] *Gloria christe . . . sancta tibi* is transcribed, pp. 30–31.
See Commentary for other variants.

35

[2] Qui sanc- tis tu- is ad- o- ran- do di- xe- runt.

Ple- ni sunt ce- li et ter- ra glo= ri- a tu- a.

[3] Ru- ti- lum hac be- nig- ne nos- tra for- ma pre- can- do di- ce- bat.

O- san= na in ex- cel- sis.

[4] E- bre- o- rum pro- les pro- cla- ma- bant * di- cen- tes

Be- ne- dic- tus qui ue- nit in no- mi- ne do- mi- ni.

34

f. 285ᵛ

O= san- na [Ps I] Glo- ri- a chris- te . . .

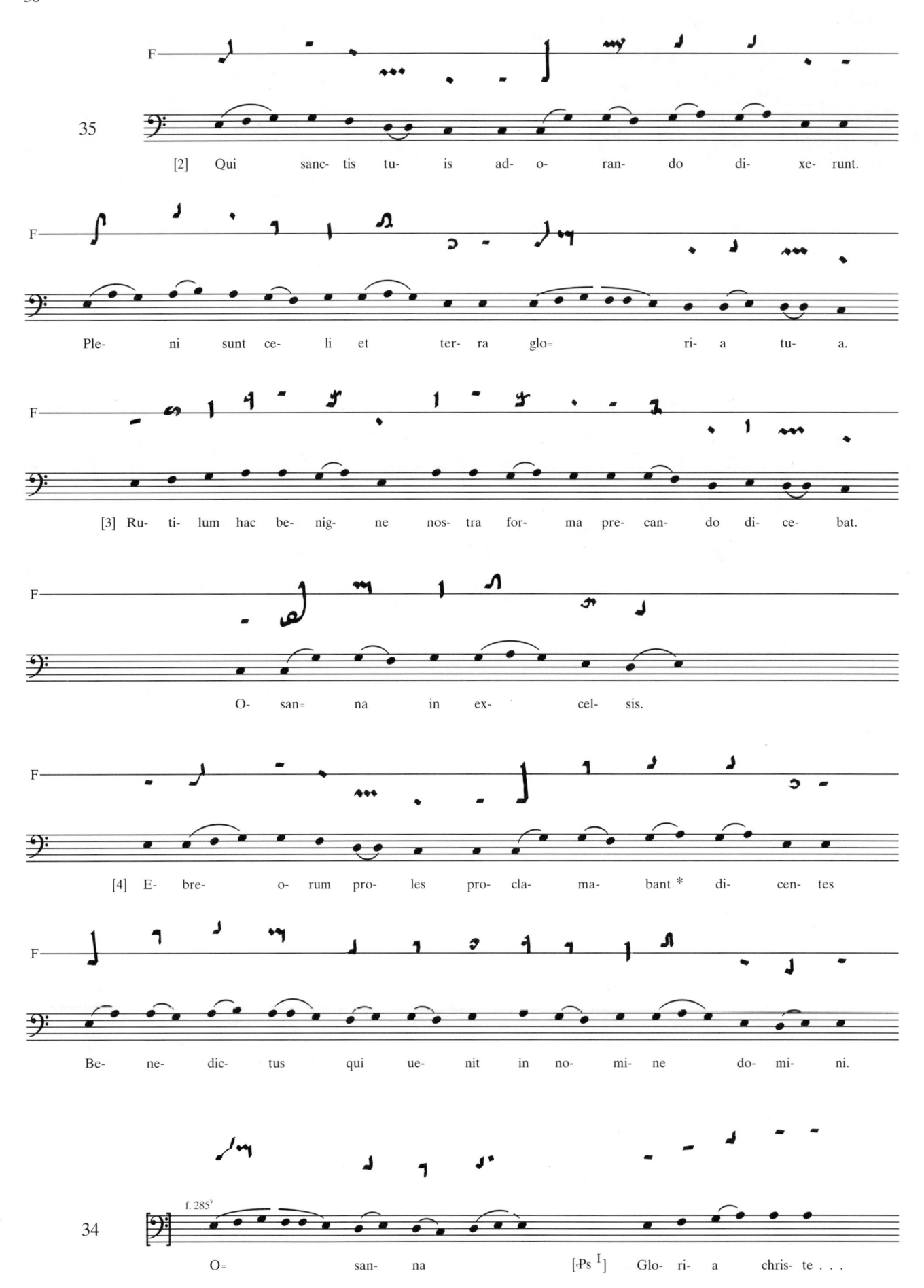

*The correction *ba* is written above the original *proclamant*.

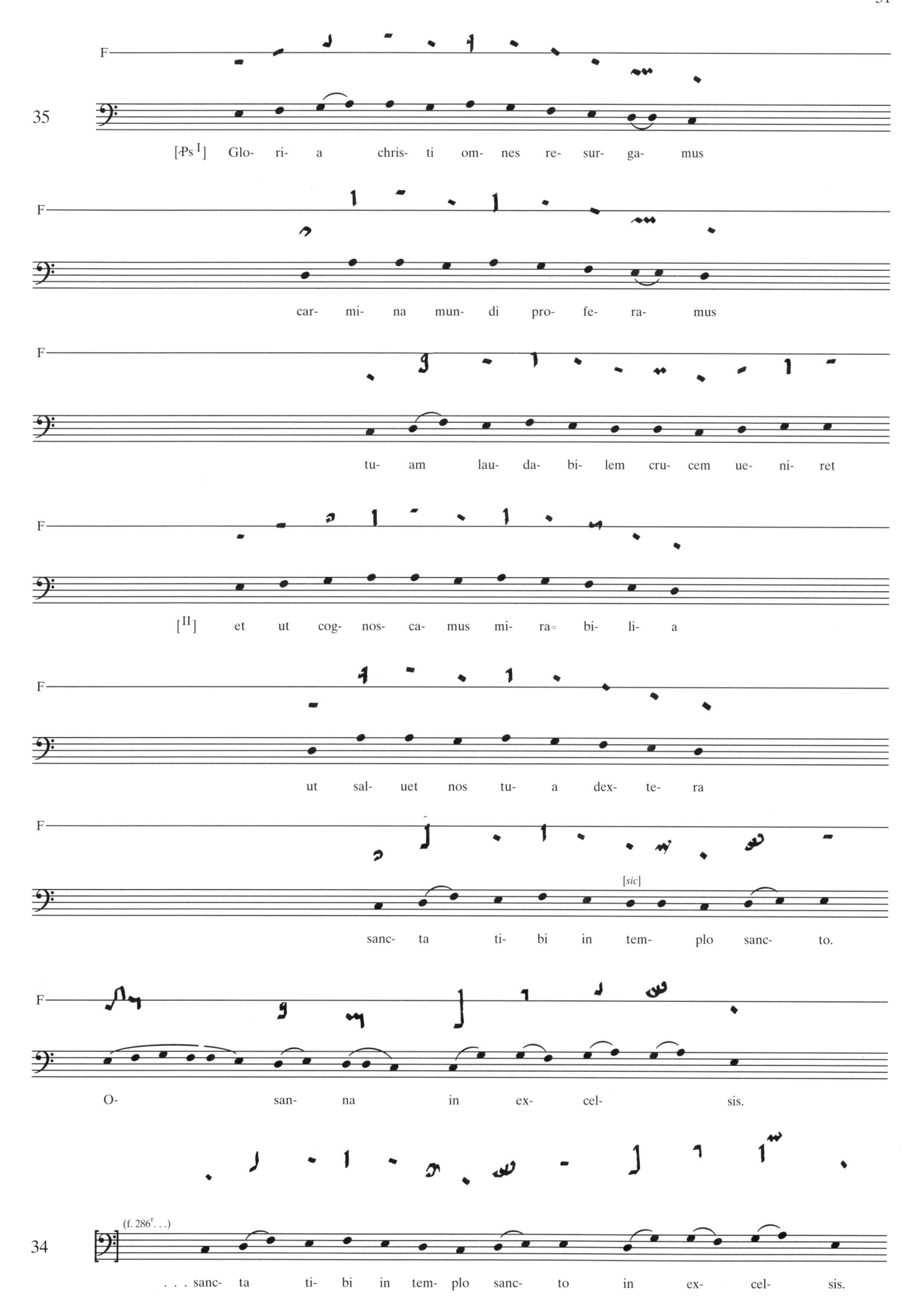

35 [Ps I] Glo-ri-a chris-ti om-nes re-sur-ga-mus

car-mi-na mun-di pro-fe-ra-mus

tu-am lau-da-bi-lem cru-cem ue-ni-ret

[II] et ut cog-nos-ca-mus mi-ra-bi-li-a

ut sal-uet nos tu-a dex-te-ra

[sic] sanc-ta ti-bi in tem-plo sanc-to.

O-san-na in ex-cel-sis.

34 (f. 286ʳ...) ...sanc-ta ti-bi in tem-plo sanc-to in ex-cel-sis.

Cui pueri Hebraeorum, Thannabaur 63,
see *Quem cherubim atque seraphim*, p. 93

Sanctus
Thannabaur 154 (=152); Vatican I

Deus fortis
Hosanna[2] Prosula cued in Urb 602:
Qui uenisti ⟨carnem sumens⟩

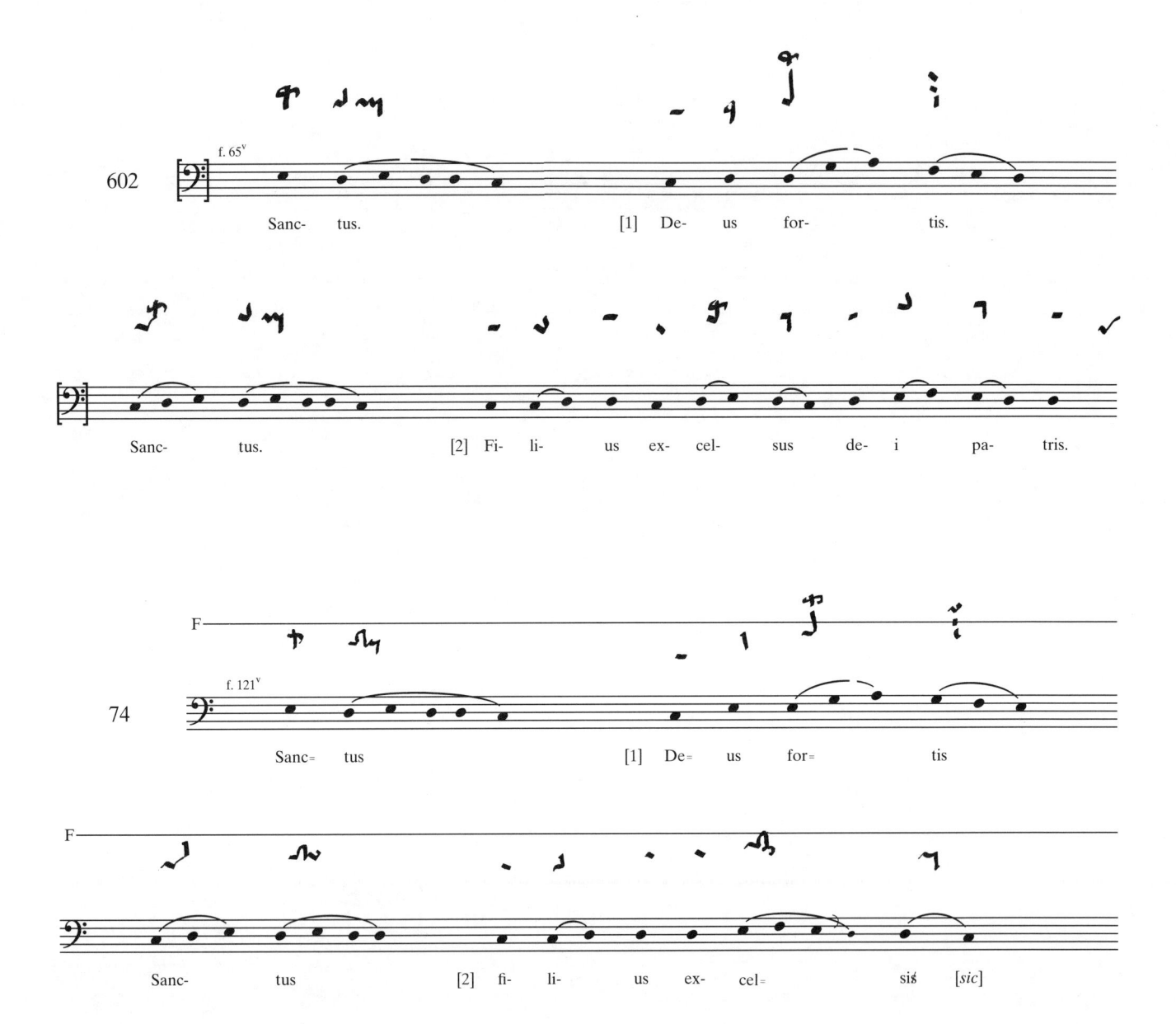

602
Sanc- tus. [1] De- us for- tis.
Sanc- tus. [2] Fi- li- us ex- cel- sus de- i pa- tris.

74
Sanc= tus [1] De= us for= tis
Sanc- tus [2] fi- li- us ex- cel= sis [sic]

Commentary, see p. 68.

602: For cued Hosanna[2] prosula *Qui uenisti*, see pp. 42–45.

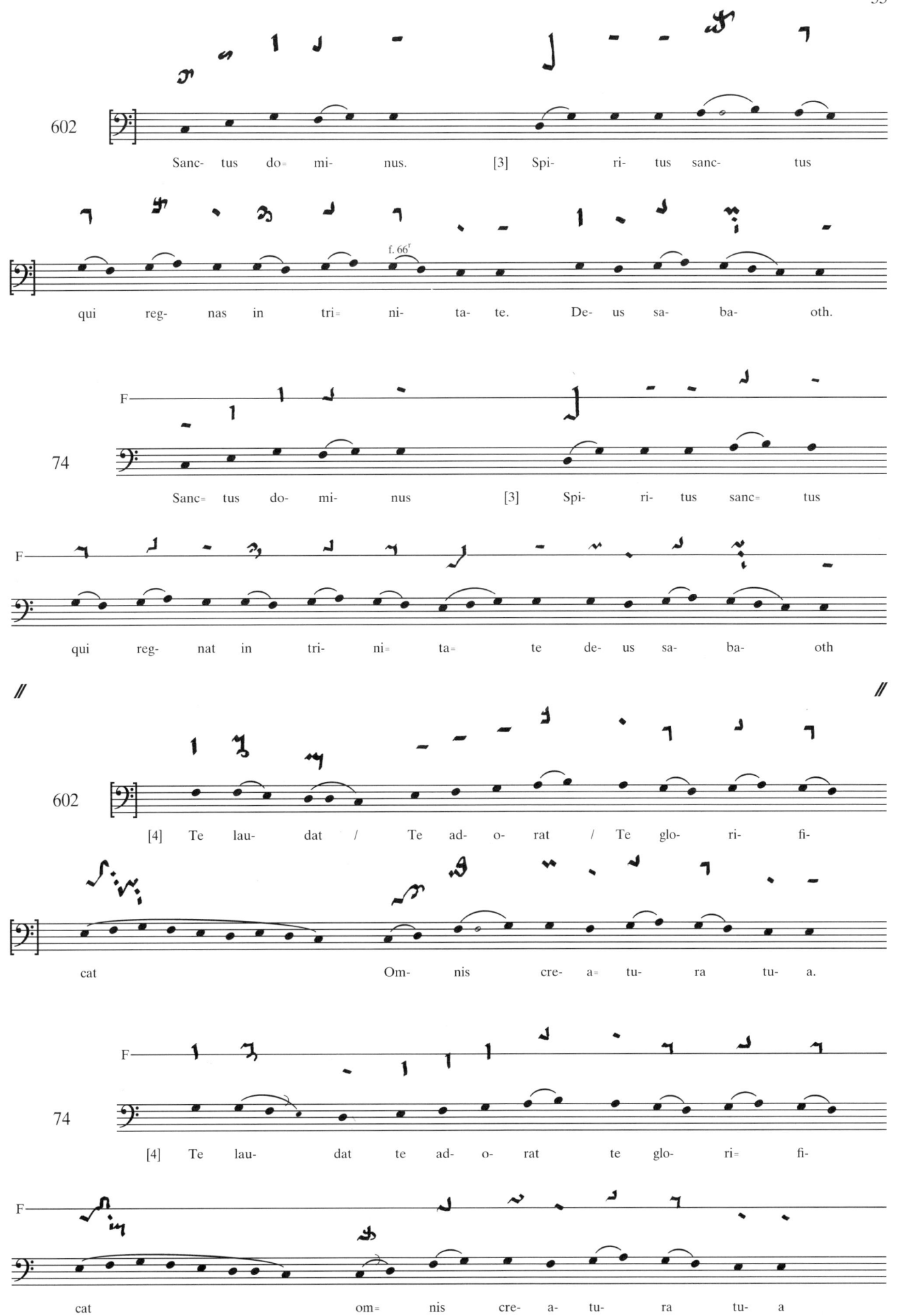

602: Sanc- tus do- mi- nus. [3] Spi- ri- tus sanc- tus qui reg- nas in tri= ni- ta- te. Deus sa- ba- oth.

74: Sanc= tus do- mi- nus [3] Spi- ri- tus sanc= tus qui reg- nat in tri- ni= ta= te de- us sa- ba- oth

602: [4] Te lau- dat / Te ad- o- rat / Te glo- ri- fi- cat Om- nis cre- a= tu- ra tu- a.

74: [4] Te lau- dat te ad- o- rat te glo- ri= fi- cat om= nis cre- a- tu- ra tu- a

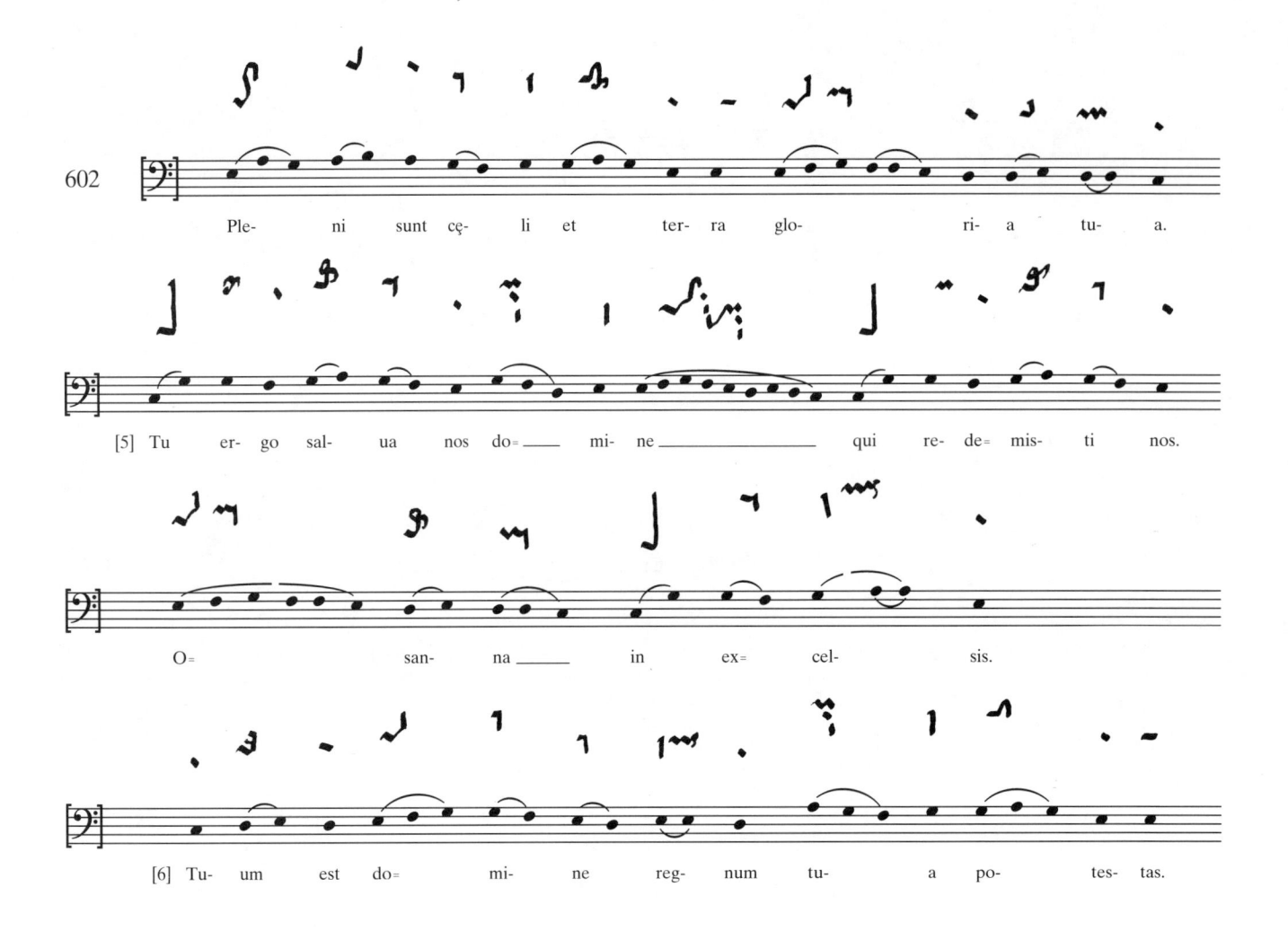

34

602

Ple- ni sunt cę- li et ter- ra glo- ri- a tu- a.

[5] Tu er- go sal- ua nos do- mi- ne qui re- de- mis- ti nos.

O- san- na in ex- cel- sis.

[6] Tu- um est do- mi- ne reg- num tu- a po- tes- tas.

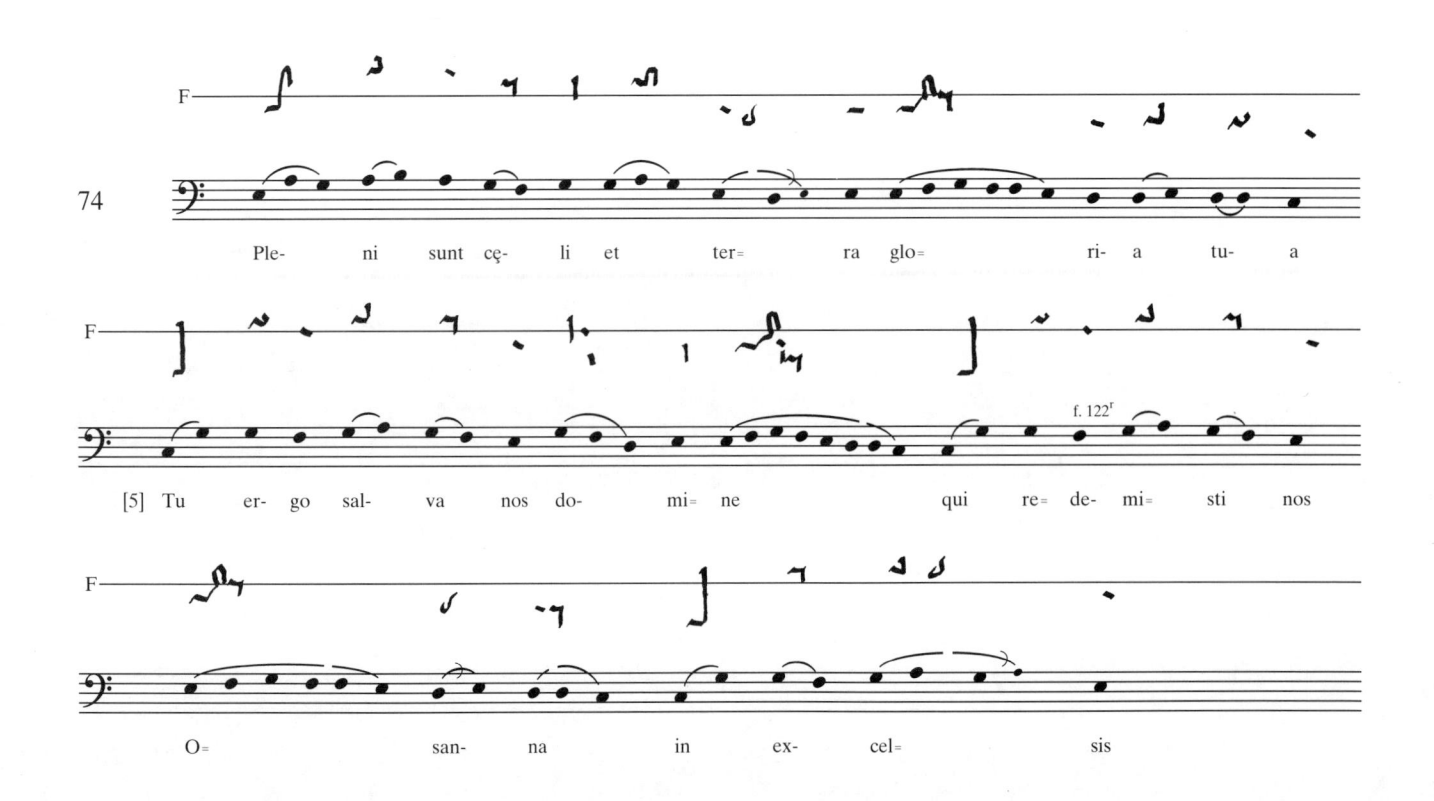

74

Ple- ni sunt cę- li et ter- ra glo- ri- a tu- a

[5] Tu er- go sal- va nos do- mi- ne qui re- de- mi- sti nos

f. 122ʳ

O- san- na in ex- cel- sis

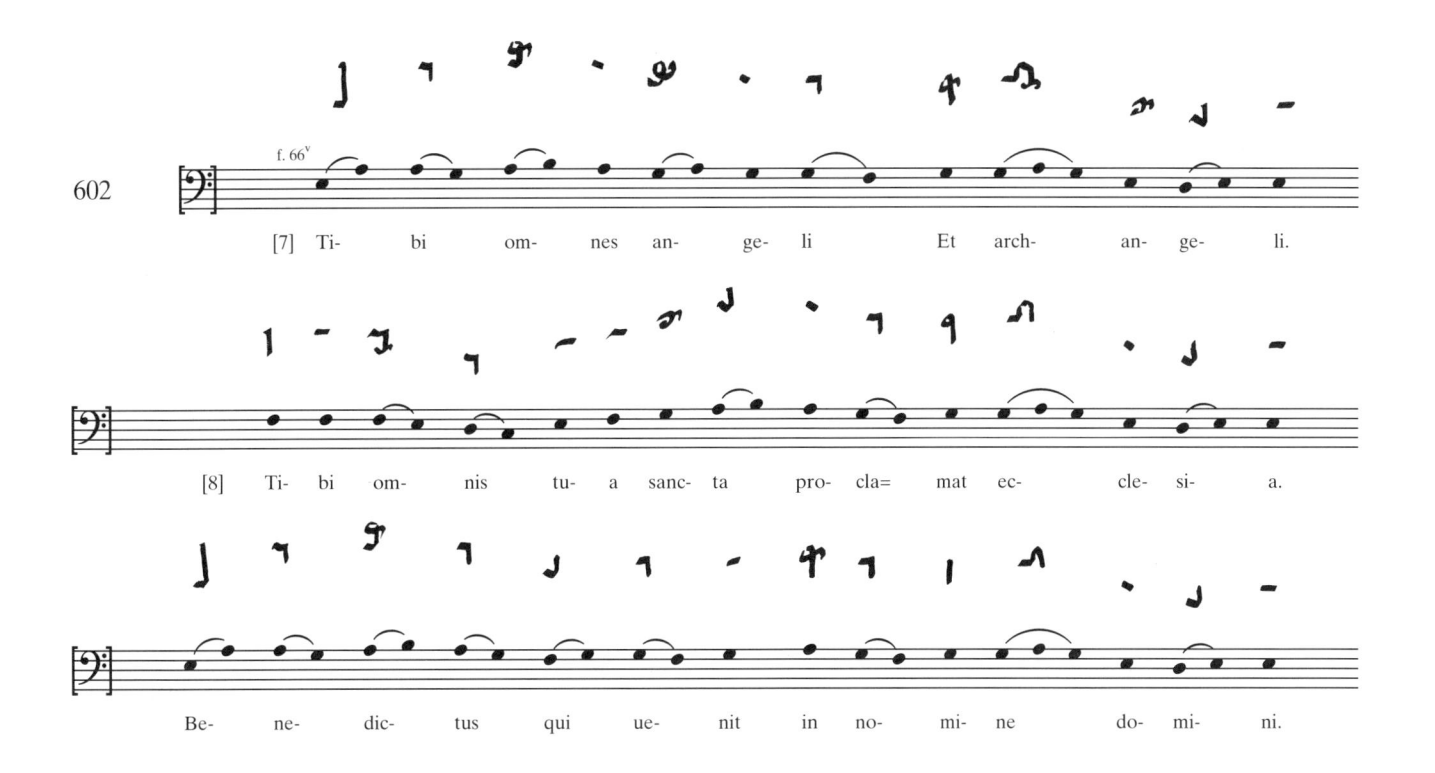

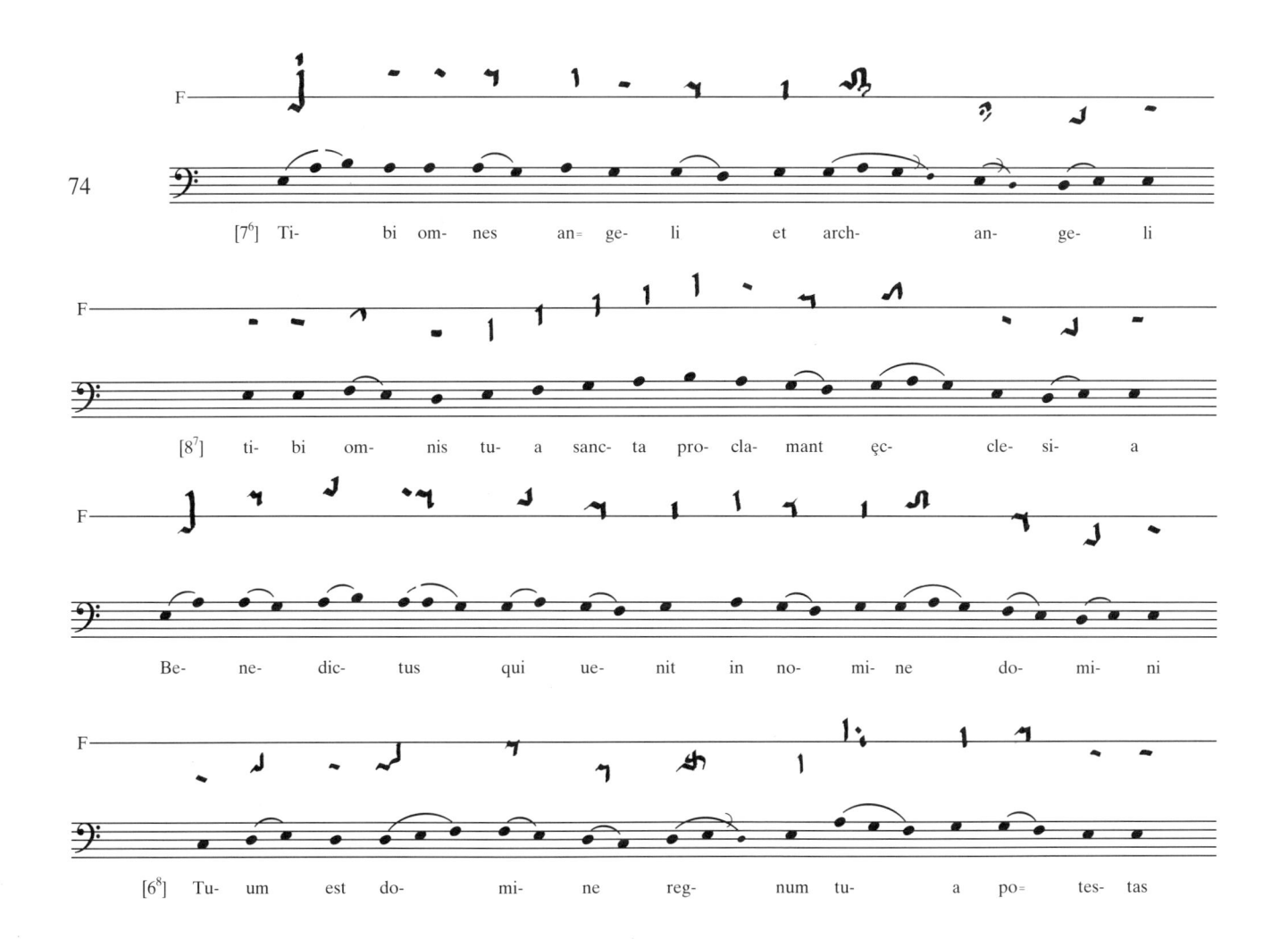

602

[7] Ti- bi om- nes an- ge- li Et arch- an- ge- li.

[8] Ti- bi om- nis tu- a sanc- ta pro- cla= mat ec- cle- si- a.

Be- ne- dic- tus qui ue- nit in no- mi- ne do- mi- ni.

74

[7⁶] Ti- bi om- nes an= ge- li et arch- an- ge- li

[8⁷] ti- bi om- nis tu- a sanc- ta pro- cla- mant ęc- cle- si- a

Be- ne- dic- tus qui ue- nit in no- mi- ne do- mi- ni

[6⁸] Tu- um est do- mi- ne reg- num tu- a po= tes- tas

36

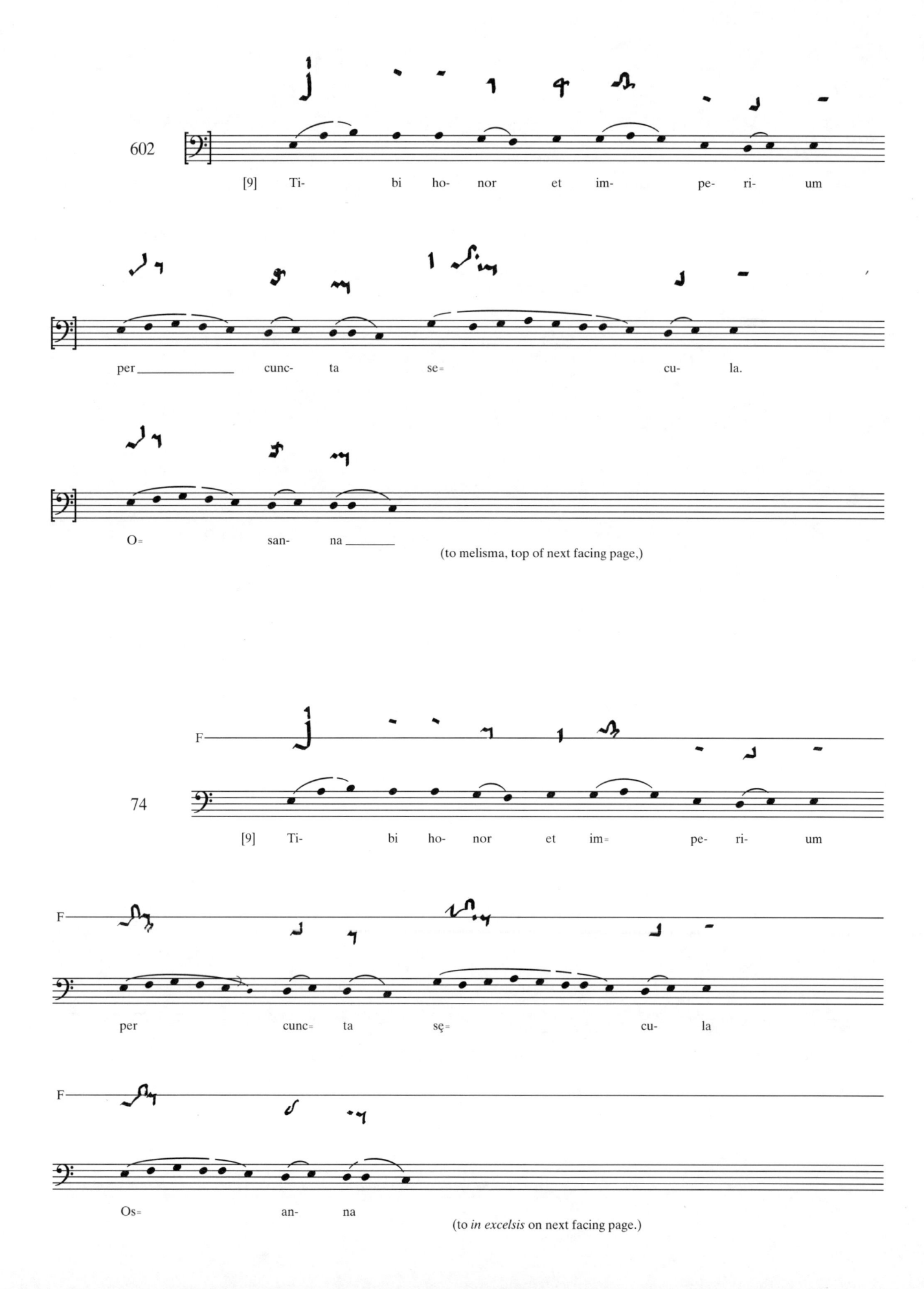

602 [9] Ti- bi ho- nor et im- pe- ri- um

per cunc- ta se= cu- la.

O= san- na

(to melisma, top of next facing page,)

74 [9] Ti- bi ho- nor et im= pe- ri- um

per cunc= ta sę= cu- la

Os= an- na

(to *in excelsis* on next facing page.)

602

in ex- cel- sis. [Ps] Qui ue- nis- ti *

74

in ex- cel= sis

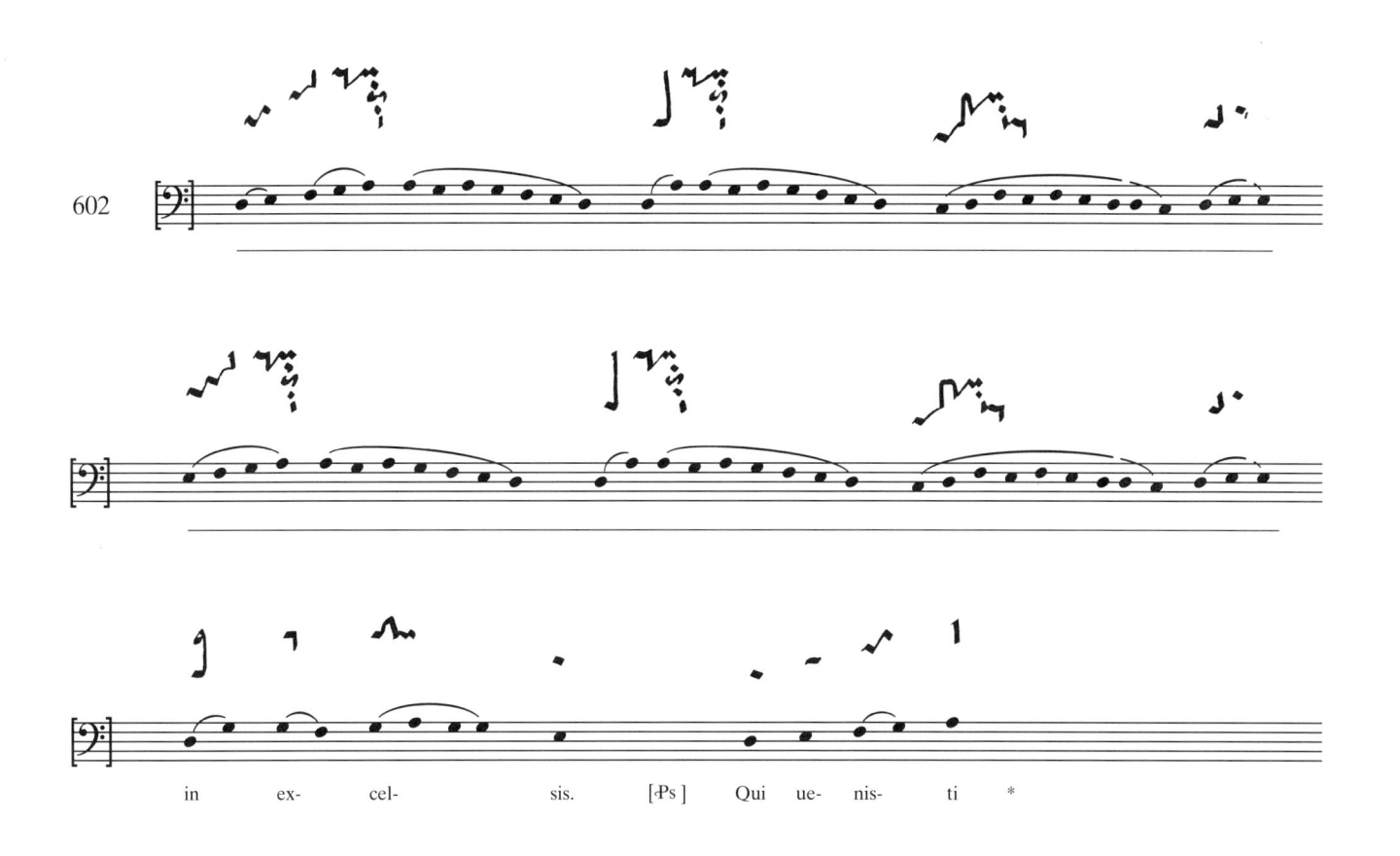

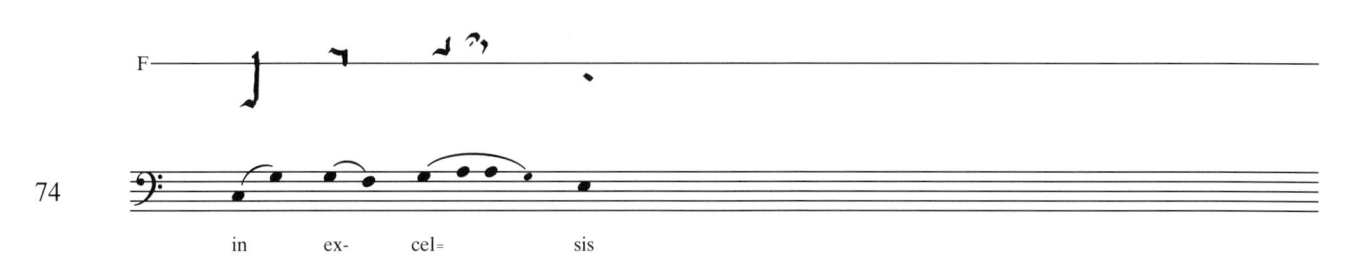

*Cued only: for complete text, see pp. 42–45.

Sanctus
Thannabaur 154 (=152); Vatican I

Deus pater ingenitus
Hosanna[2] Prosula:
Qui uenisti carnem sumens

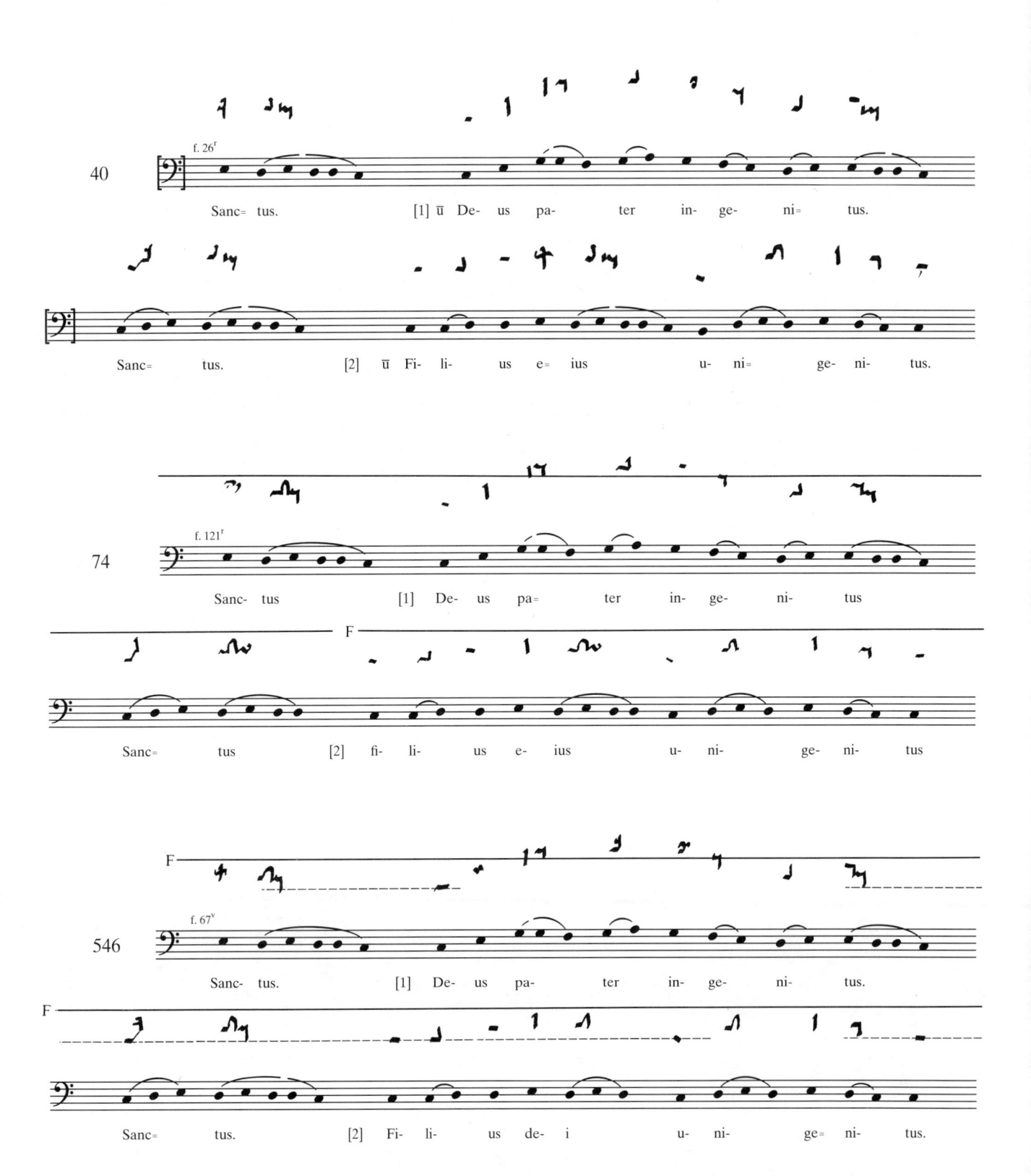

Commentary, see p. 71. The words of the version of 602, not transcribed here, are given as typical text in the Commentary. For the music of the Hosanna[2] prosula ***Qui uenisti carnem sumens*** in this MS, see pp. 42–45 and the note at the bottom of p. 42.

40 Sanc- tus do- mi- nus. [3] ū Spi- ri- tus pa- ra- cly= tus ex u- tro= que pro- ce- dens. De- us sa- ba- oth.

74 Sanc= tus do- mi- nus [3] spi- ri- tus pa- ra- cli- tus ex u- tro- que pro= ce- dens De- us sa- ba- oth

f. 121ᵛ

546 Sanc- tus do- mi- nus. [3] Spi- ri- tus pa- ra- cli- tus ex u- tro- que pro- ce- dens. De- us sa- ba- oth.

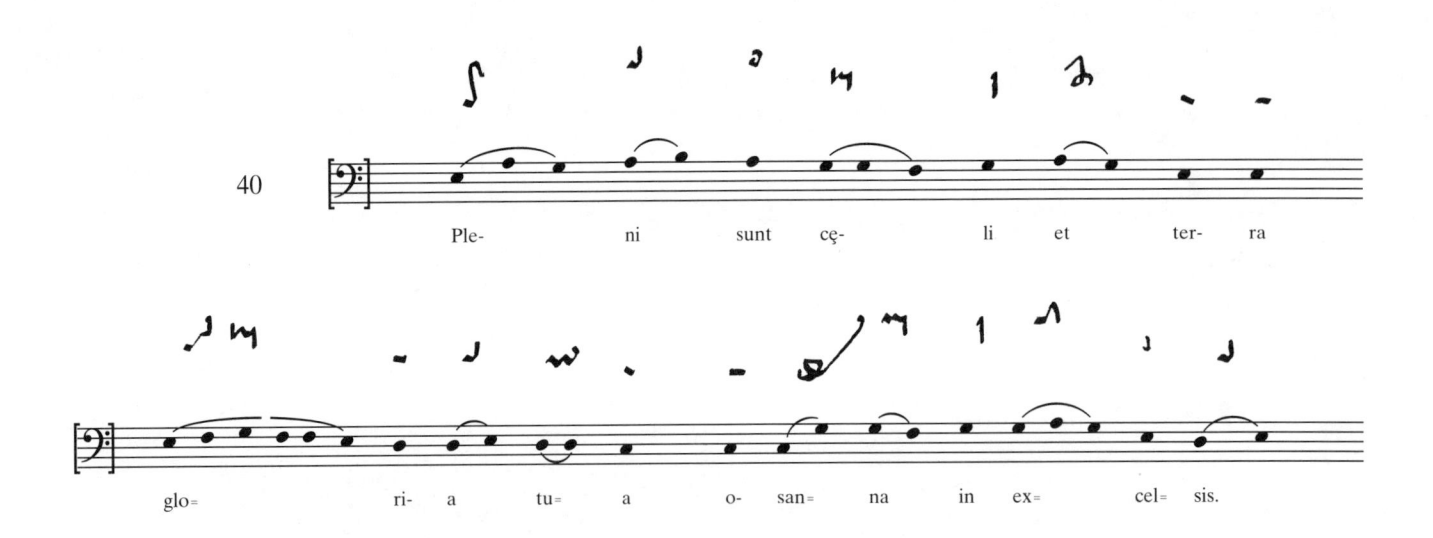

40

Ple- ni sunt cę- li et ter- ra

glo= ri- a tu= a o-san= na in ex= cel= sis.

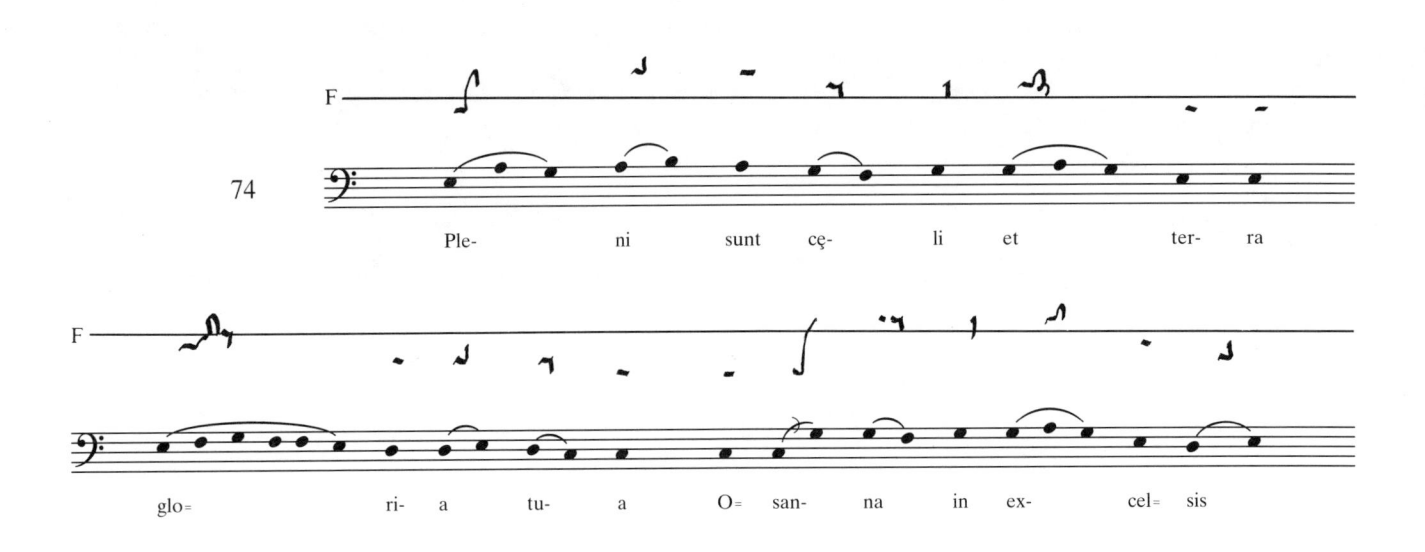

74

Ple- ni sunt cę- li et ter- ra

glo= ri- a tu- a O= san- na in ex- cel= sis

546

Ple- ni sunt cę- li et ter- ra

glo- ri- a tu- a. O- san- na in ex- cel= sis.

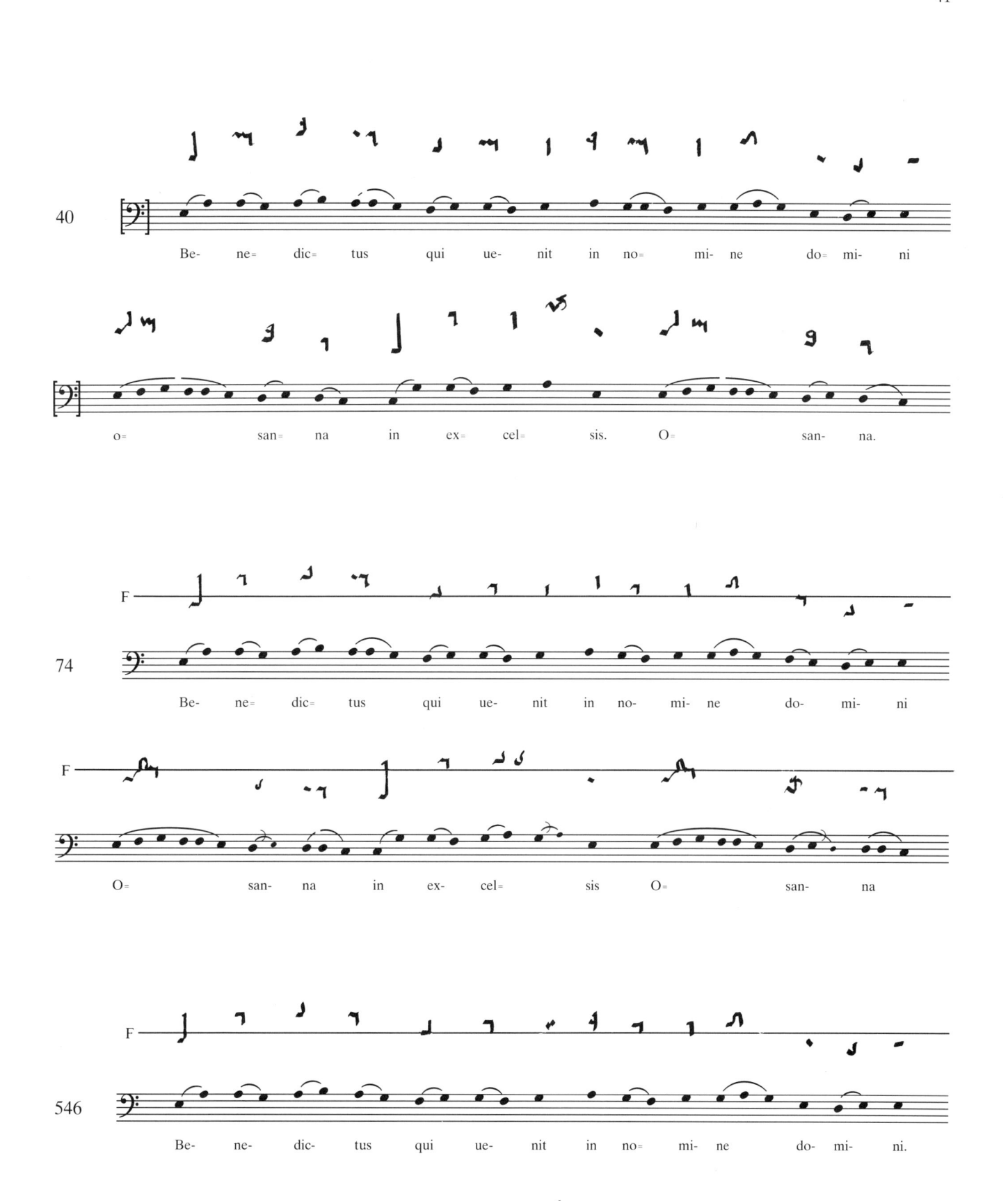

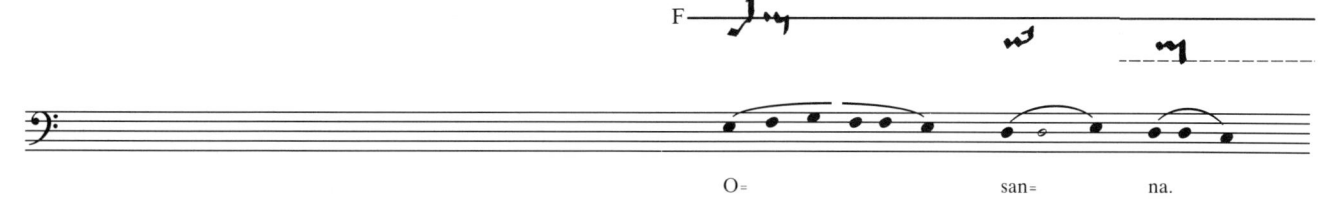

40 Be- ne- dic= tus qui ue- nit in no= mi- ne do- mi- ni

o= san- na in ex- cel= sis. O= san- na.

74 Be- ne= dic- tus qui ue- nit in no- mi- ne do- mi- ni

O= san- na in ex- cel= sis O= san- na

546 Be- ne- dic- tus qui ue- nit in no- mi- ne do- mi- ni.

O= san= na.

40

ṗs. [I] Qui ue- nis- ti car- nem su- mens ex ma- tre

74

[I] Qui ue- nis- ti car- nem su- mens ex ma- tre

546

(to [Ṗs I] *Qui uenisti*, directly below.)

[Ṗs I] Qui ue- nis- ti car- nem su- mens ex ma- tre.
(to melisma preceding *Pro totius mundi*, next facing page, line 5)

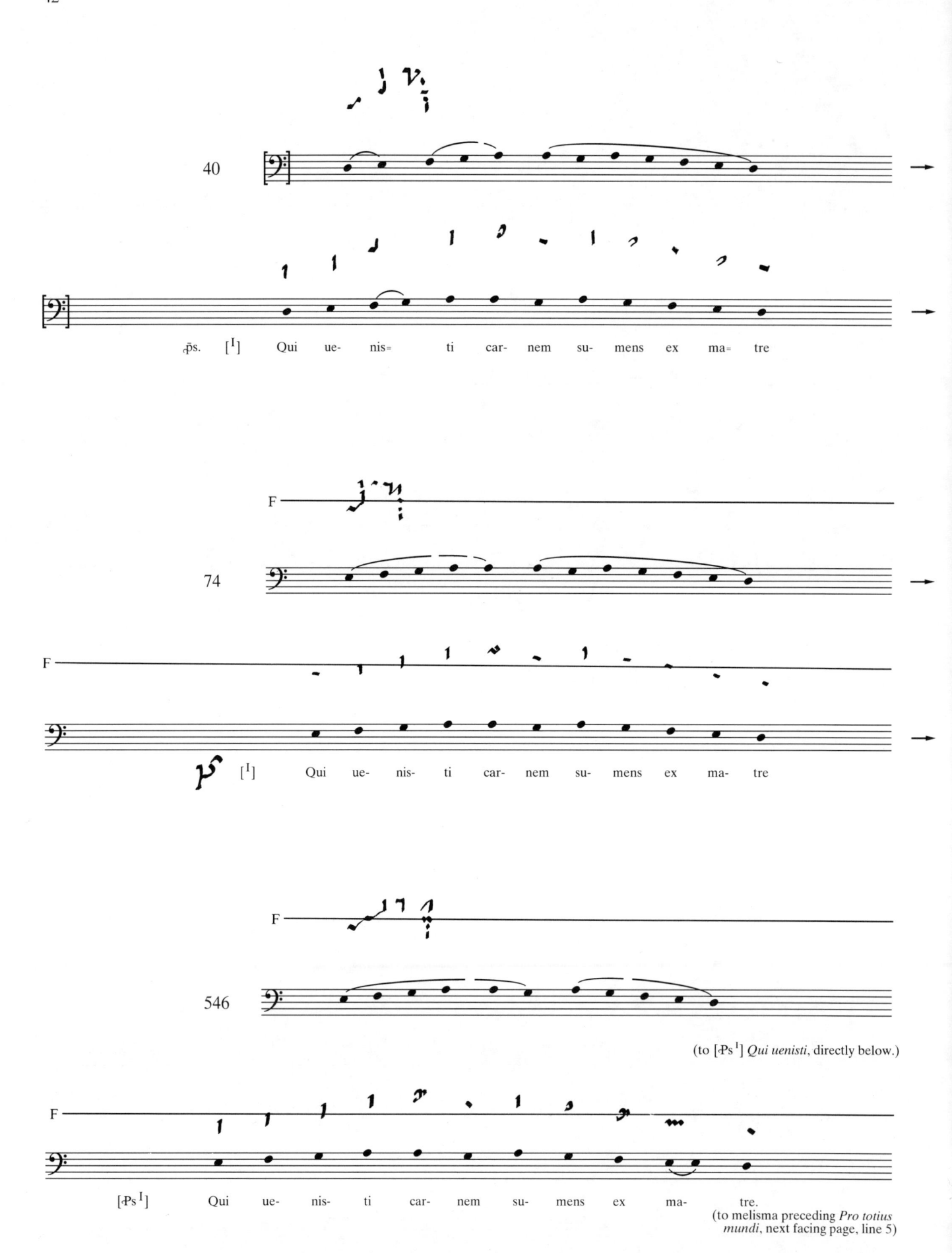

602: The prosula ***Qui uenisti carnem sumens*** is the same as the version of 74, except for liquescents and except for the notes for *Qui uenisti* and *In excelsis,* which follow the version of 40.

43

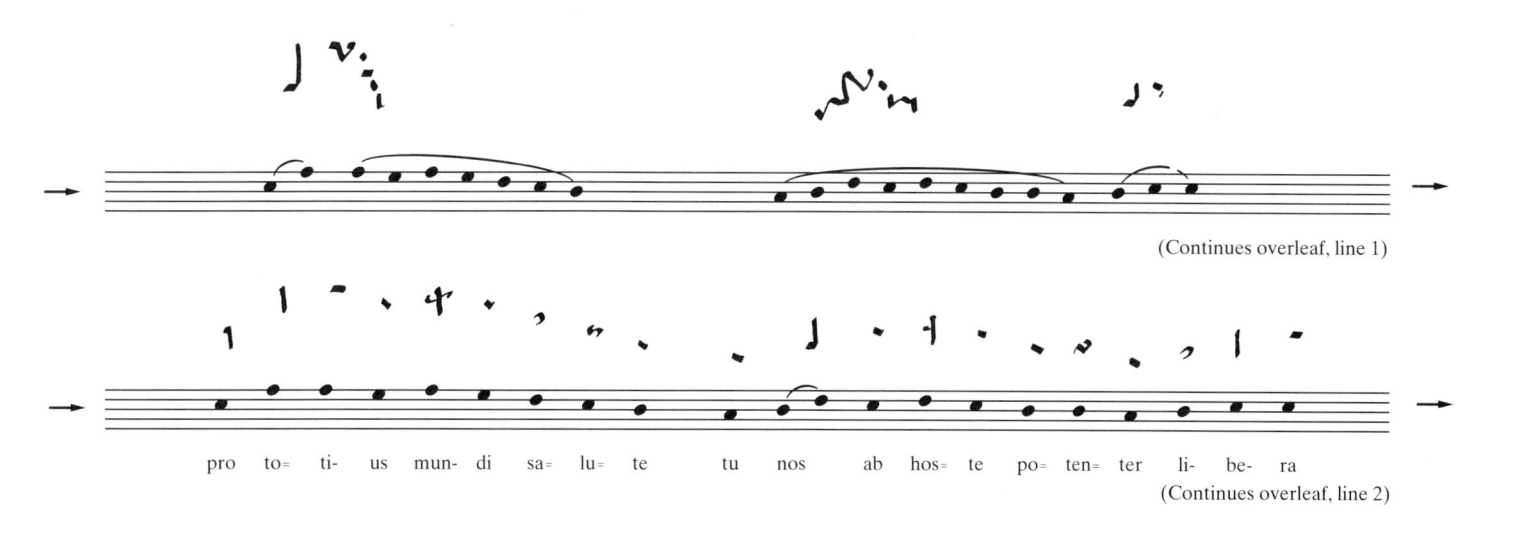

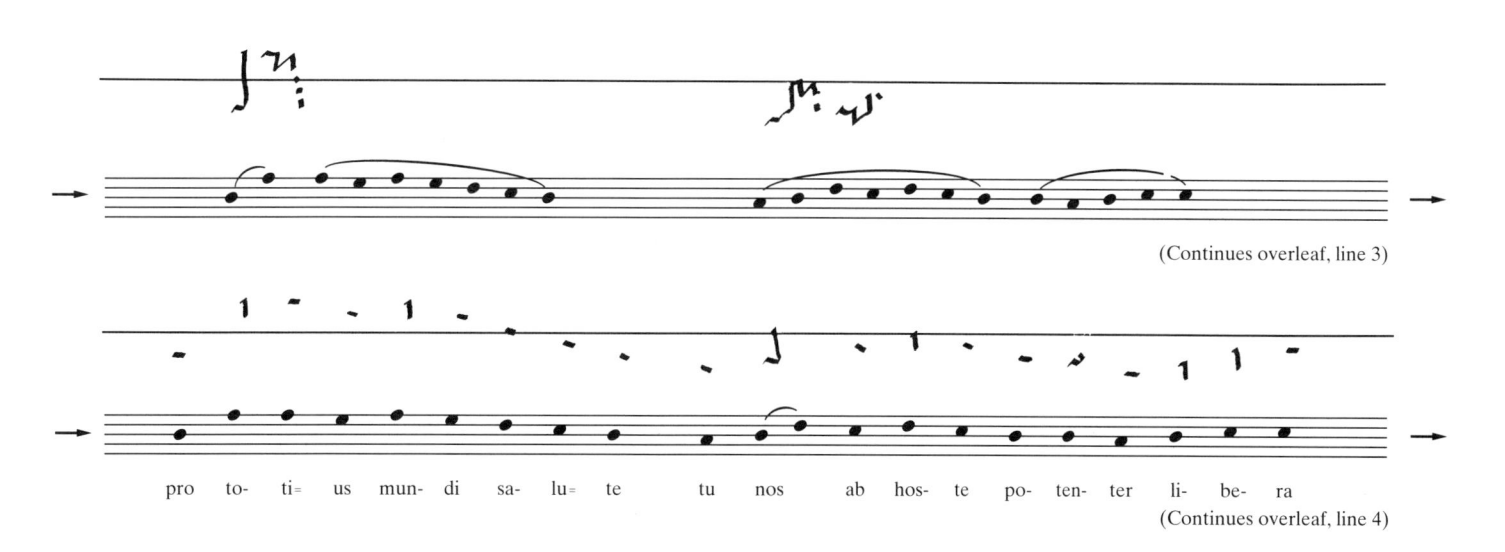

(Continues overleaf, line 1)

pro to- ti- us mun- di sa- lu- te tu nos ab hos- te po- ten- ter li- be- ra
(Continues overleaf, line 2)

(Continues overleaf, line 3)

pro to- ti= us mun- di sa- lu= te tu nos ab hos- te po- ten- ter li- be- ra
(Continues overleaf, line 4)

546

Pro to- ti- us mun- di sa- lu- te
(to melisma preceding *Tu nos ab hoste*, directly below)

Tu nos ab hos- te po- ten- ter li- be- ra.
(to melisma preceding [II]*Et exaudi cunctos*, next page, line 5)

44

(40) [II] et ex- au- di cunc= tos fa- mu- los tu- os

(74) [II] Et ex- au- di cunc= tos fa- mu- los tu- os

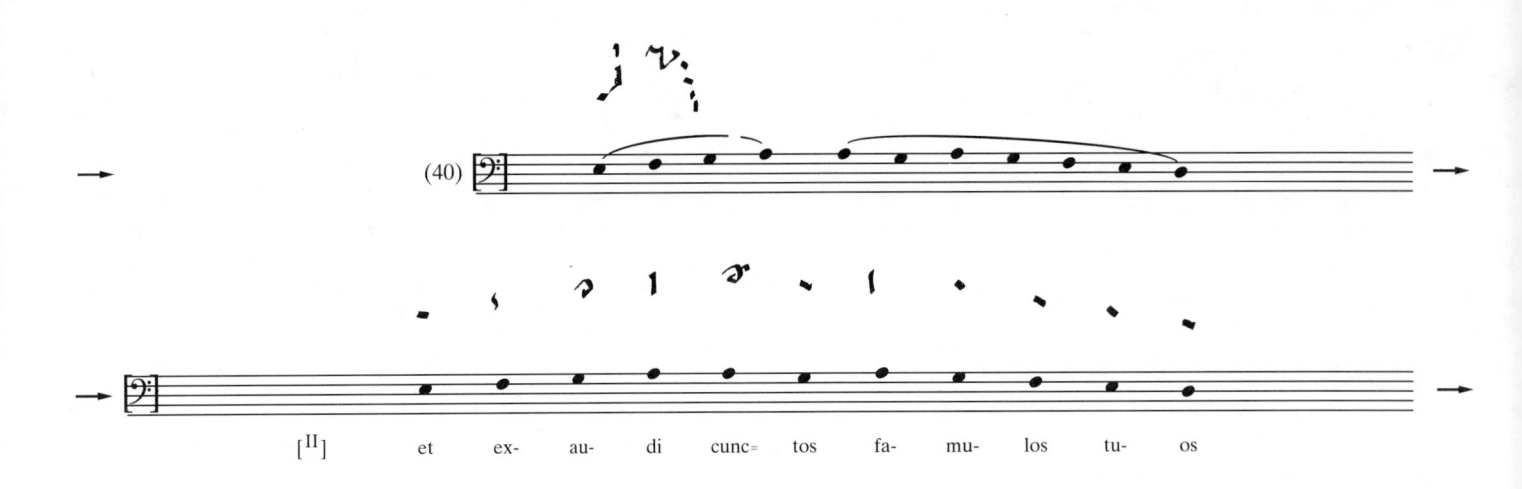

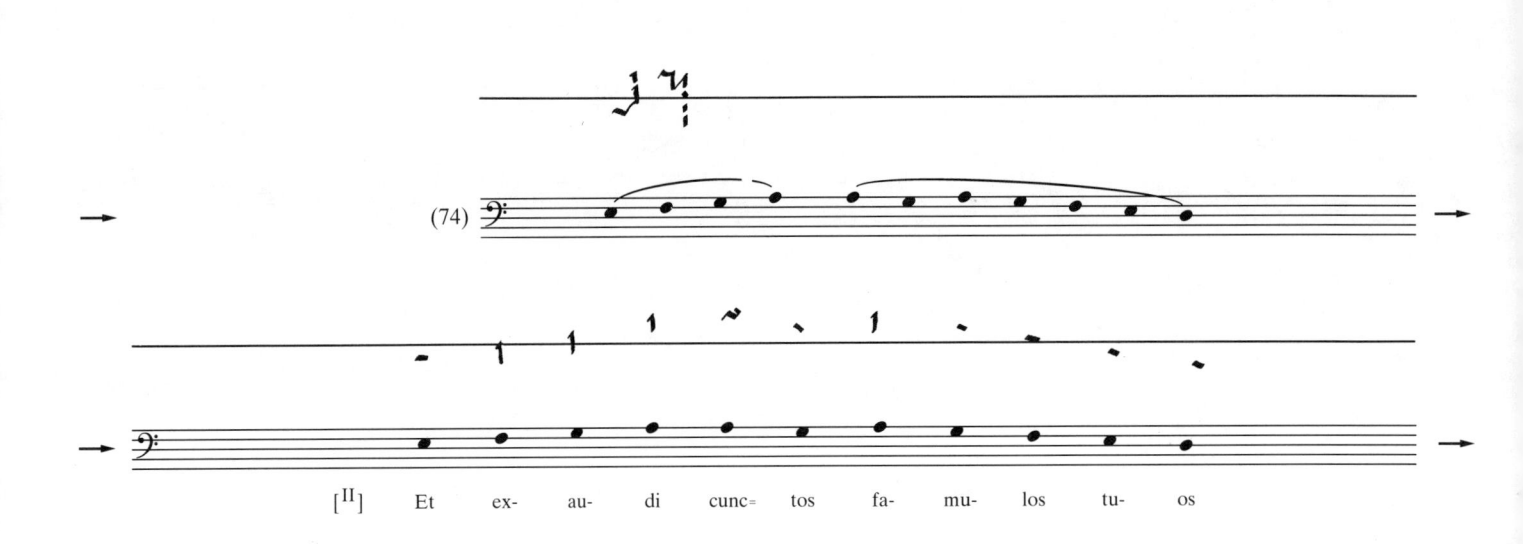

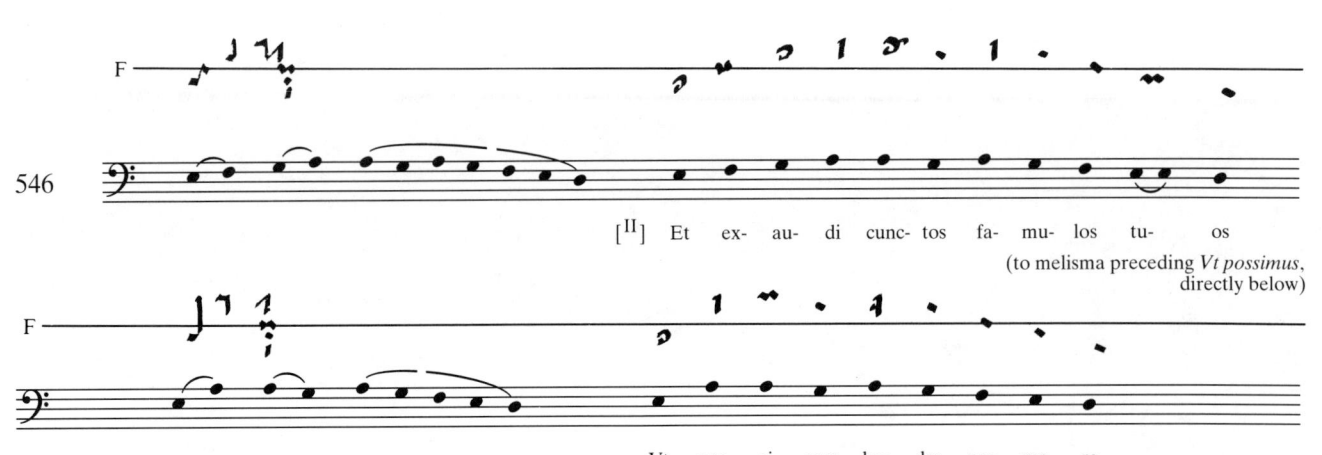

546 [II] Et ex- au- di cunc- tos fa- mu- los tu- os
(to melisma preceding *Vt possimus*, directly below)

Vt pos- si- mus lau- des pro- me- re
(to melisma preceding *Tibi uoce indefessa*, next facing page, line 7)

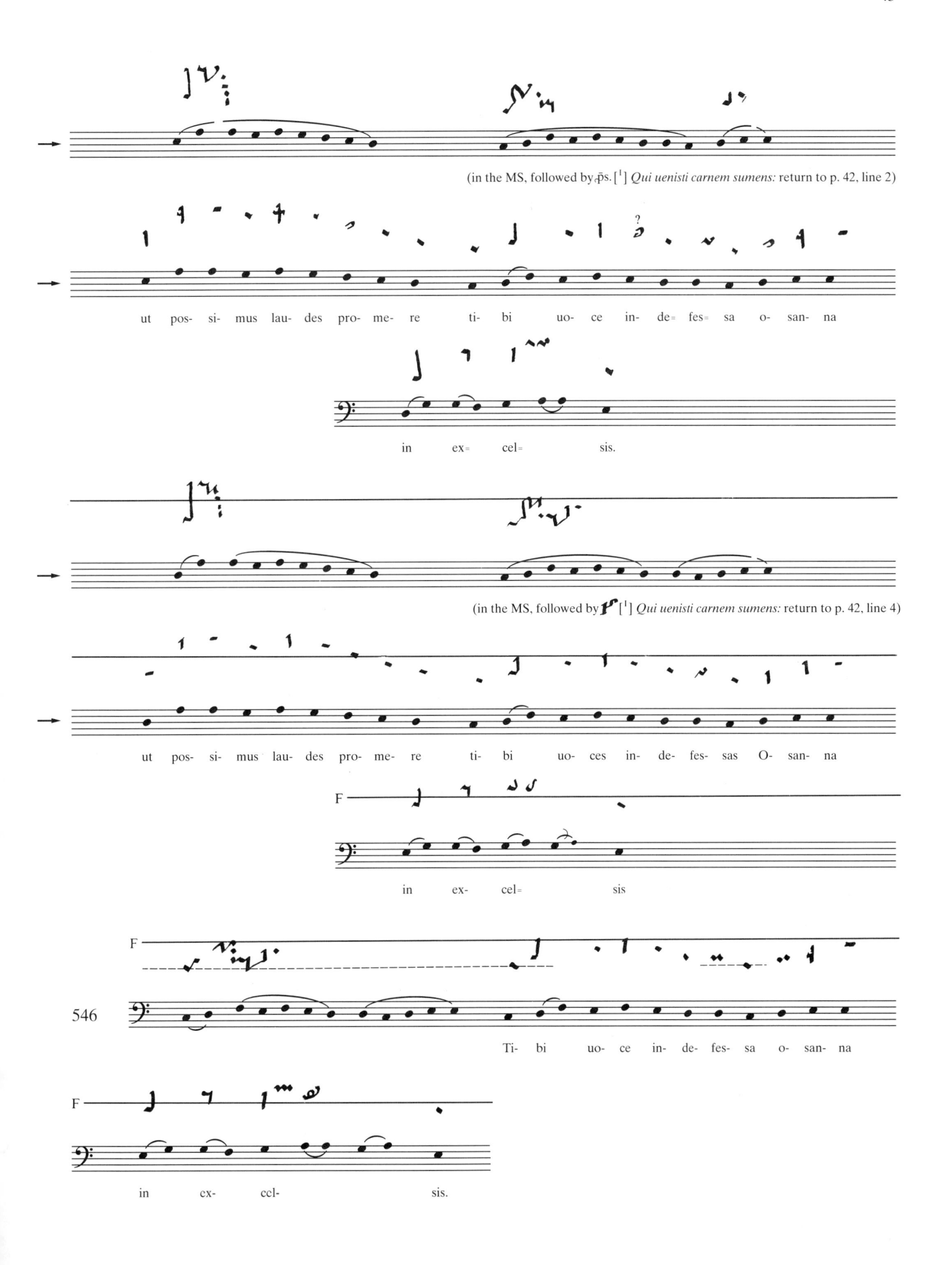

(in the MS, followed by ꝑs.[1] *Qui uenisti carnem sumens:* return to p. 42, line 2)

ut pos- si- mus lau- des pro- me- re ti- bi uo- ce in- de- fes- sa o- san- na

in ex- cel- sis.

(in the MS, followed by ꝑ[1] *Qui uenisti carnem sumens:* return to p. 42, line 4)

ut pos- si- mus lau- des pro- me- re ti- bi uo- ces in- de- fes- sas O- san- na

in ex- cel- sis

546

Ti- bi uo- ce in- de- fes- sa o- san- na

in ex- cel- sis.

Dulcis est cantica, Hosanna[2] Prosa with Thannabaur 197,
see *Caelestia sidera*, p. 24; also see p. 128

Gloria Christe omnes resurgamus, Hosanna[2] Prosula with Thannabaur 152 (=154)
see *Corona iustitiae*, p. 29

Hebraeorum pueri ramos, Hosanna[2] Prosula with Thannabaur 63,
see *Quem cherubim atque seraphim*, p. 93

Hodie Dominus Iesus Christus resurrexit a mortuis, Easter Verses with Thannabaur ?64 (cf. 60, 66, 67),
see Appendix II, p. 131; also see p. 48

Hosanna cuncta procedens, Hosanna[2] Prosula with Thannabaur ?64 (cf. 60, 66, 67),
see *Inuisibiliter penetrauit rex*, p. 48

Hosanna Saluifica tuum plasma, Hosanna[2] Prosa with Thannabaur 226, Var.,
see *Saluifica tuum plasma*, p. 104

Sanctus
Thannabaur 46, Var. 2 (p. 135)

Immortalis et uerus

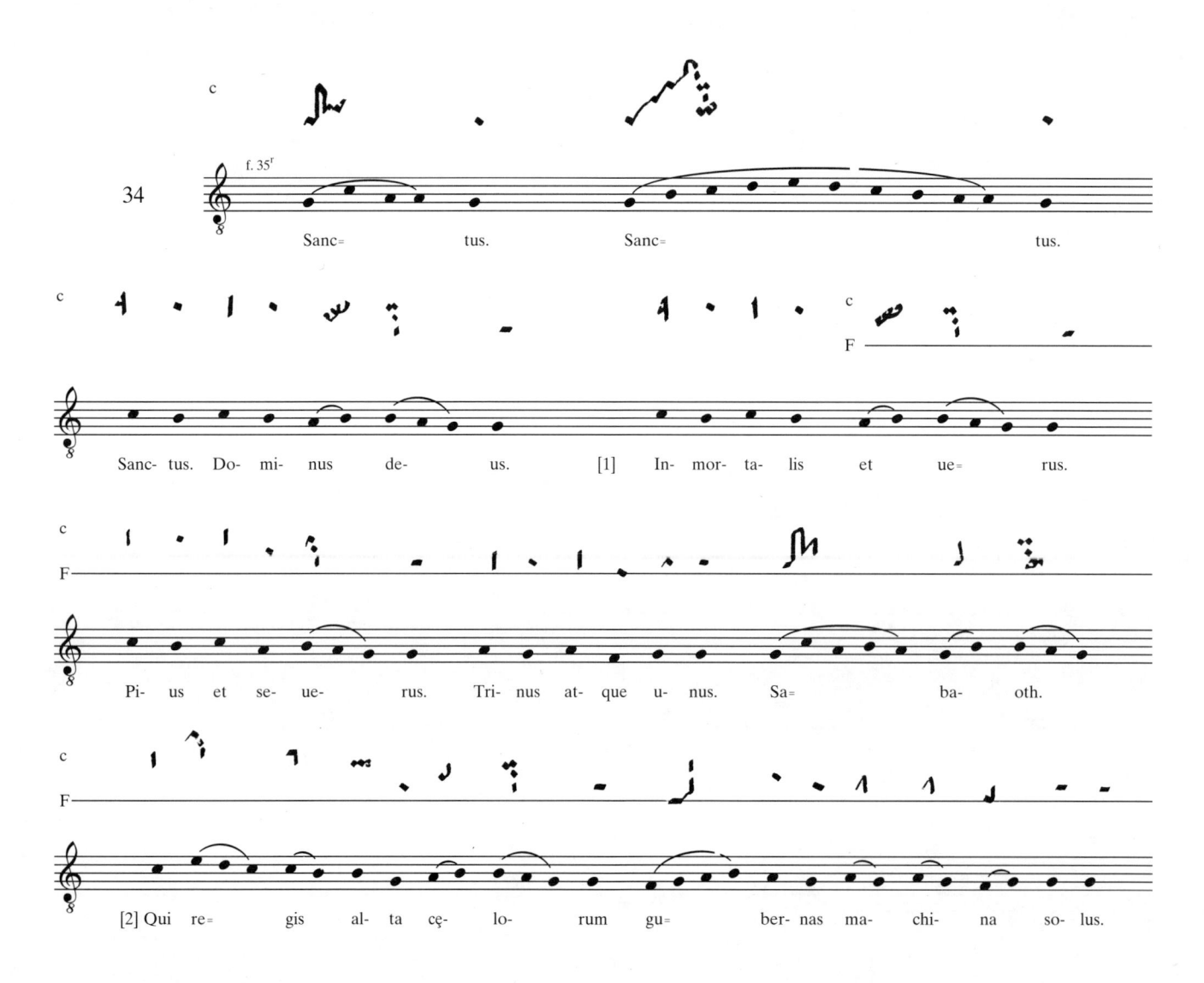

Commentary, see p. 74.

Ple- ni sunt cę- li et ter- ra glo- ri- a tu- a.

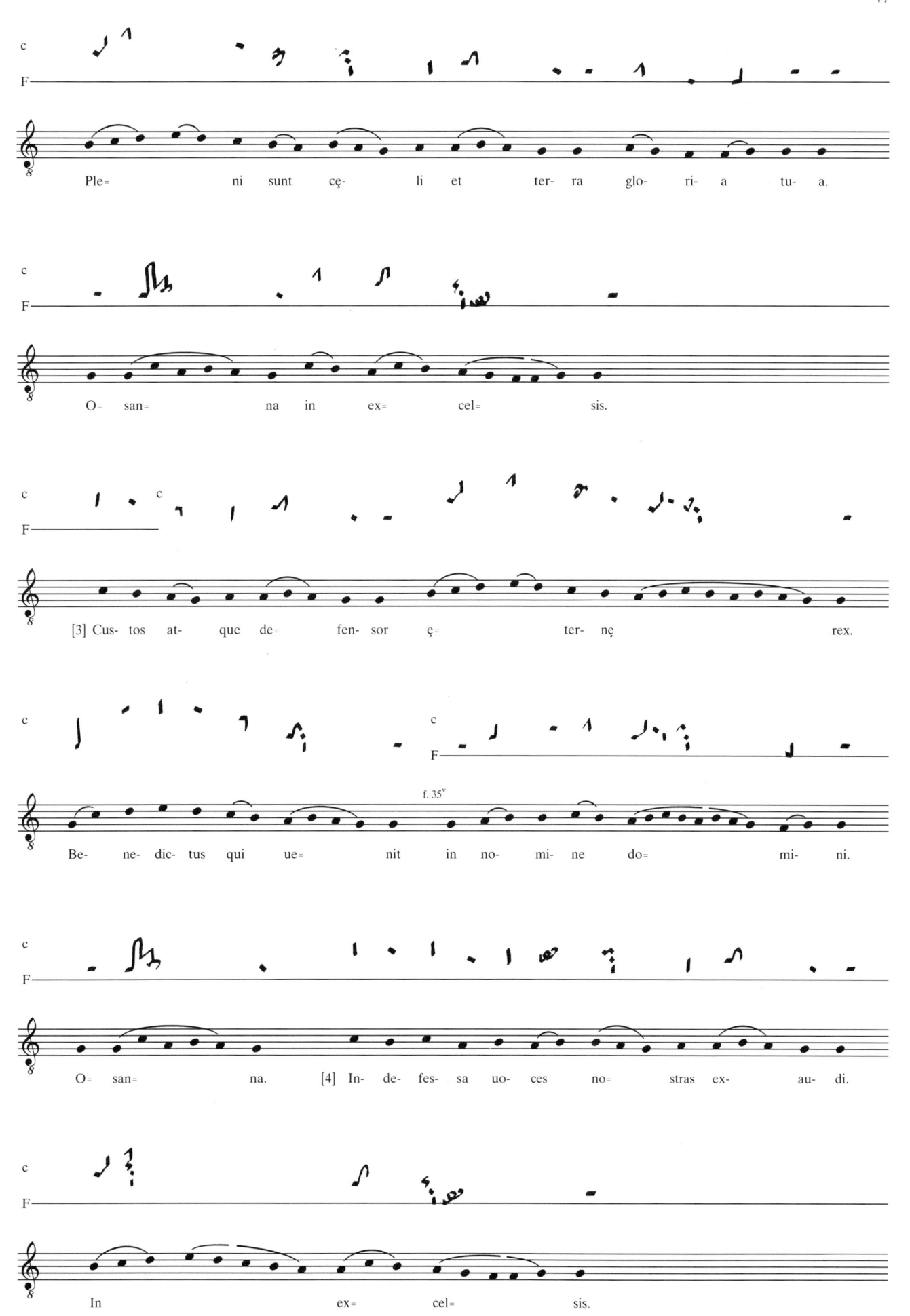

O= san= na in ex= cel= sis.

[3] Cus- tos at- que de- fen- sor ę= ter- nę rex.

Be- ne- dic- tus qui ue- nit in no- mi- ne do= mi- ni.

O= san= na. [4] In- de- fes- sa uo- ces no= stras ex- au- di.

In ex= cel= sis.

Sanctus
Thannabaur ?64 (cf. 60, 66, 67)

Indefessas uoces, Hosanna² Prosula with Thannabaur 74,
See *Admirabilis splendor*, p. 3

Inuisibiliter penetrauit rex
*Hosanna*² Prosula:
Hosanna cuncta procedens

Easter Verses: *Hodie Dominus Iesus Christus resurrexit a mortuis*,
see Appendix II, p. 131

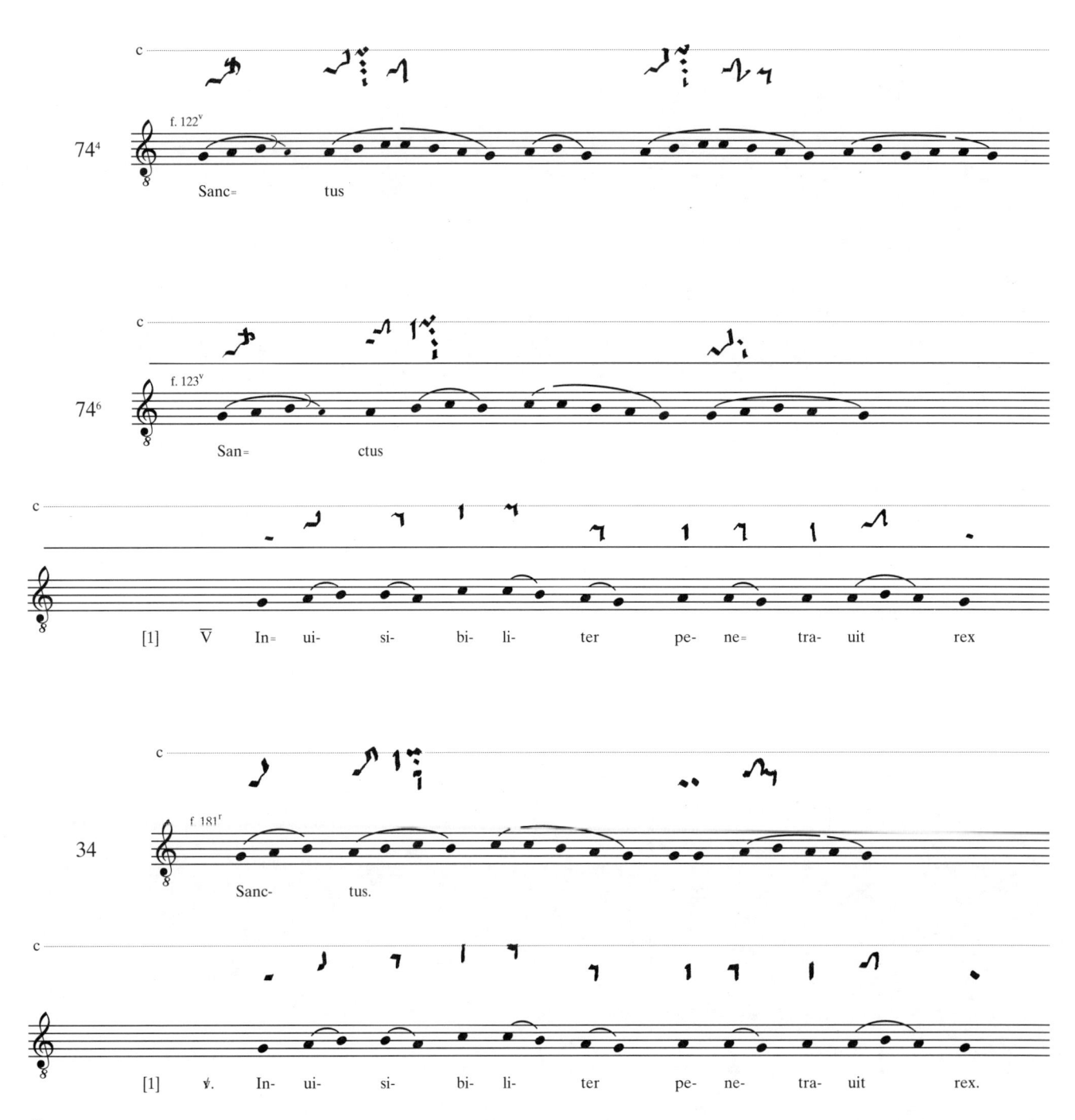

74⁴ (f. 122ᵛ) Sanc= tus

74⁶ (f. 123ᵛ) San= ctus

[1] V̄ In= ui- si- bi- li- ter pe- ne= tra- uit rex

34 (f. 181ʳ) Sanc- tus.

[1] v̄. In- ui- si- bi- li- ter pe- ne- tra- uit rex.

Commentary, see p. 77.

74⁴: Fourth of nine collected Sanctus. Without tropes or prosula but followed by the eight Easter verses beginning V̄ *Hodie dominus iesus christus resurrexit a mortuis*, of which only the first is printed here. For the complete text, see Appendix II and Commentary, pp. 124 and 131.

74⁶: Sixth of nine collected Sanctus, with tropes and Hosanna² prosula.

49

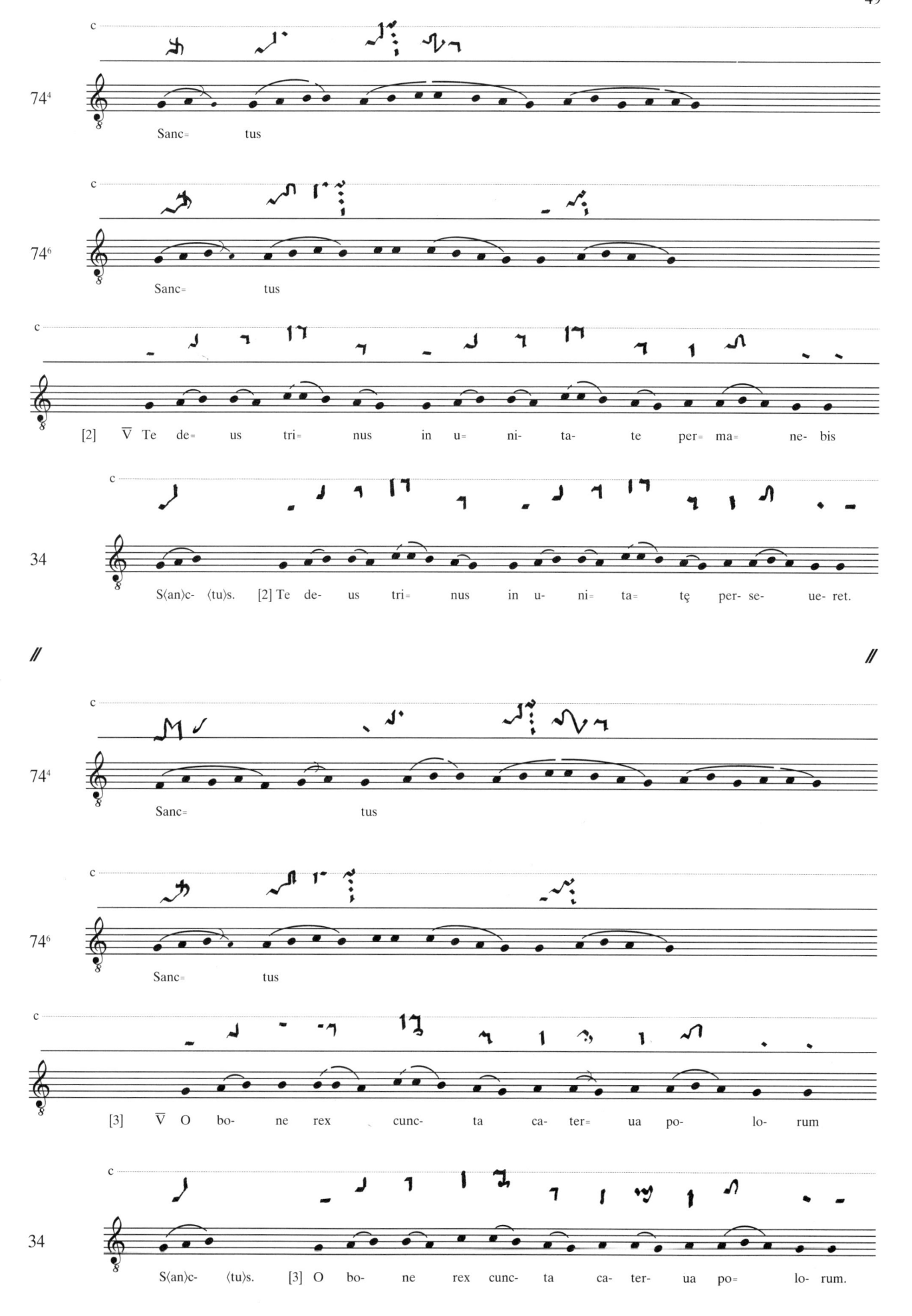

74⁴ Sanc=tus

74⁶ Sanc=tus

[2] ℣ Te de-us tri-nus in u-ni-ta-te per-ma-ne-bis

34 S⟨an⟩c- ⟨tu⟩s. [2] Te de-us tri-nus in u-ni-ta-tę per-se-ue-ret.

∥   ∥

74⁴ Sanc=tus

74⁶ Sanc=tus

[3] ℣ O bo-ne rex cunc-ta ca-ter=ua po-lo-rum

34 S⟨an⟩c- ⟨tu⟩s. [3] O bo-ne rex cunc-ta ca-ter-ua po-lo-rum.

74⁴ do- mi- nus de- us
sa- ba- oth

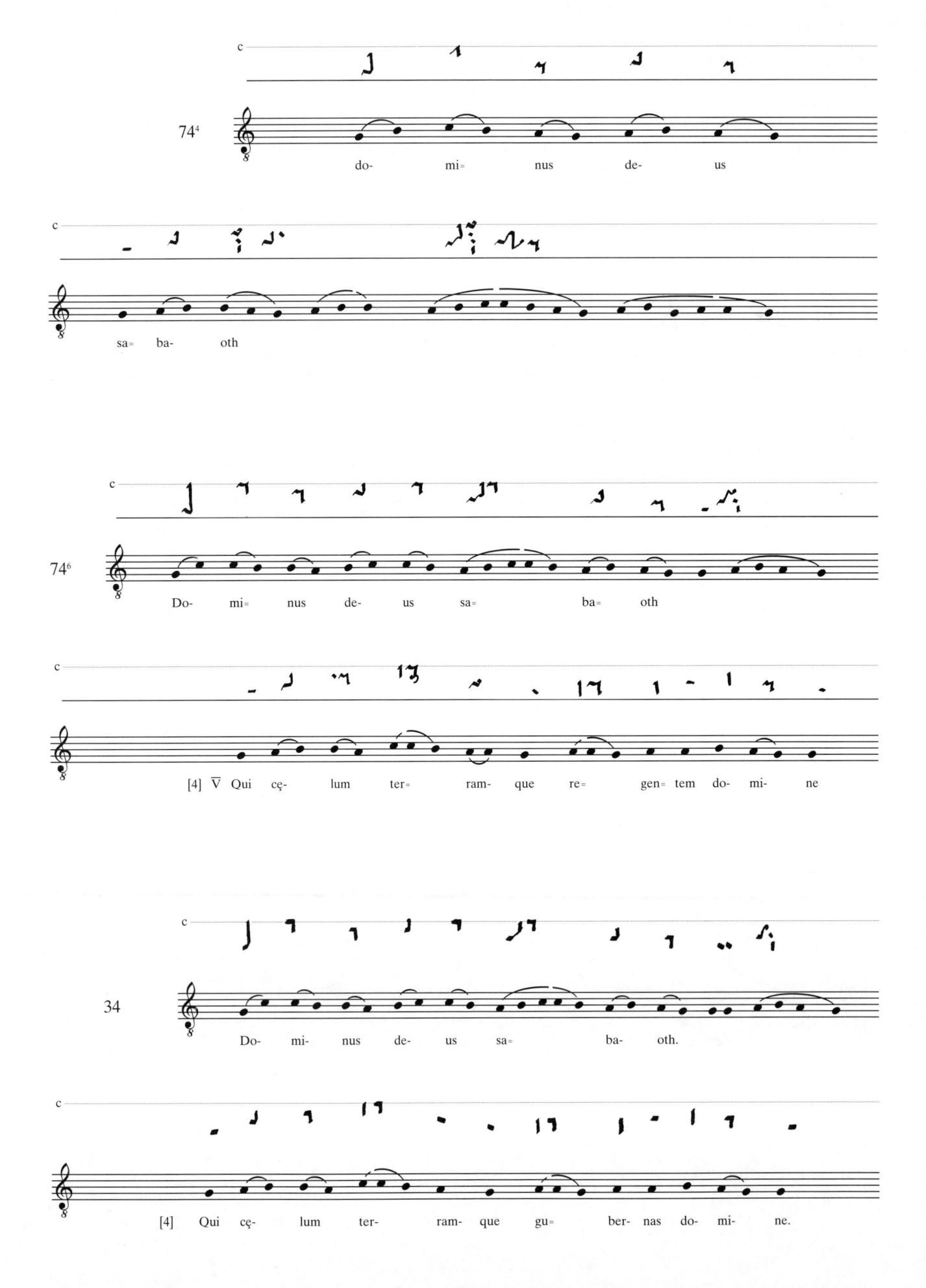

74⁶ Do- mi- nus de- us sa- ba- oth

[4] ℣ Qui cę- lum ter- ram- que re- gen- tem do- mi- ne

34 Do- mi- nus de- us sa- ba- oth.

[4] Qui cę- lum ter- ram- que gu- ber- nas do- mi- ne.

74⁴ Ple- ni sunt cę- li et ter- ra
glo- ri- a tu- a

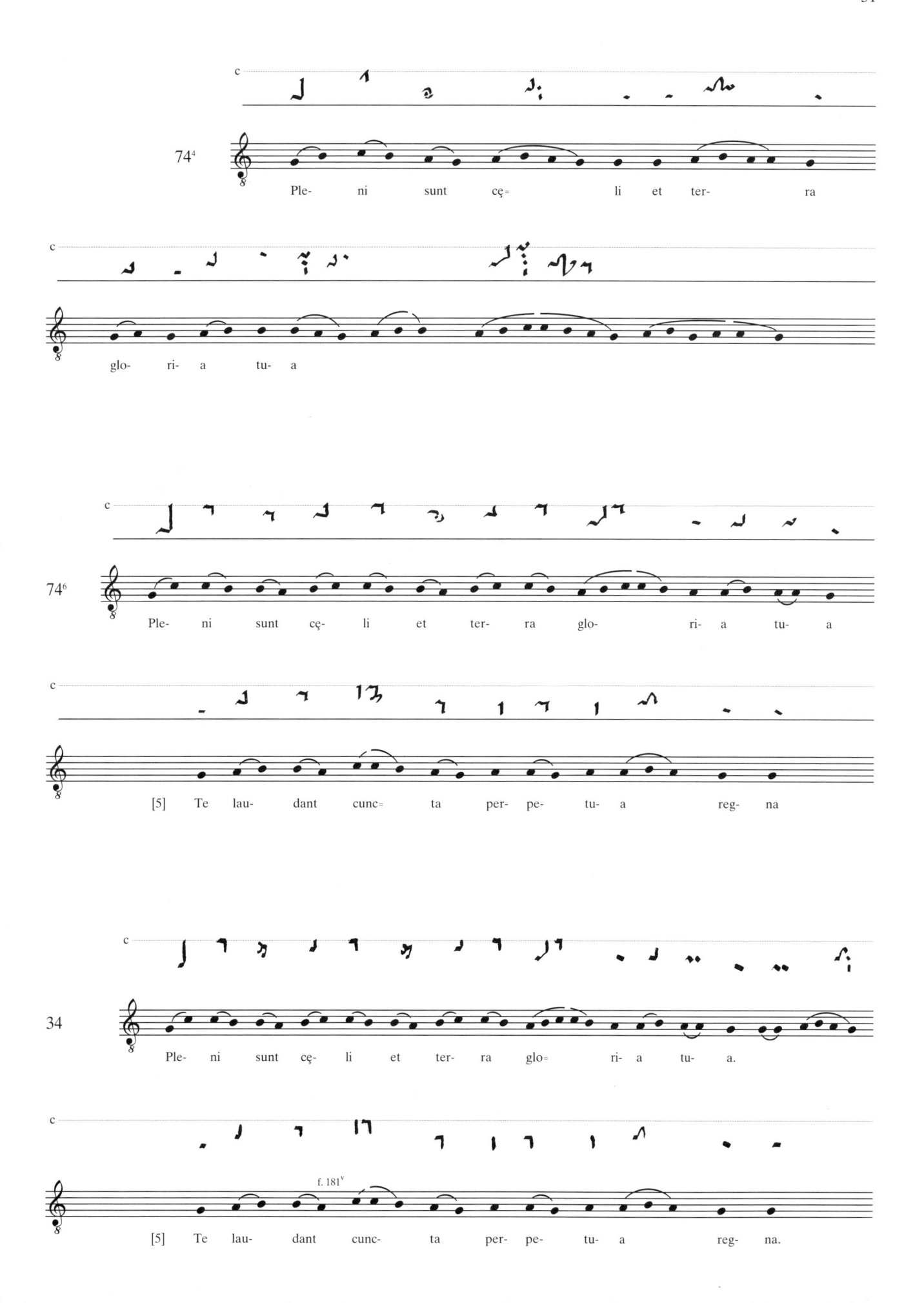

74⁶ Ple- ni sunt cę- li et ter- ra glo- ri- a tu- a
[5] Te lau- dant cunc- ta per- pe- tu- a reg- na

34 Ple- ni sunt cę- li et ter- ra glo- ri- a tu- a.
[5] Te lau- dant cunc- ta per- pe- tu- a reg- na.

f. 181ᵛ

74⁴ Os- an- na in ex- cel- sis

74⁶ O- san- na in ex- cel- sis

[6] ℣ Ho- di- e lux cla- ra re- gen- tem do- mi- ne

34 O- san- na in ex- cel- sis.

[6] Ho- di- e lux cla- ra re- ful- get do- mi- ne.

74⁴ Be- ne= dic= tus qui ue= nit
in no- mi- ne do- mi- ni

(to *Osanna in excelsis*, p. 56)

74⁶ Be- ne- dic= tus qui ue- nit
in no- mi- ne do- mi- ni

34 Be= ne- dic- tus qui ue- nit
in no- mi= ne do= mi- ni.

(to p. 55)

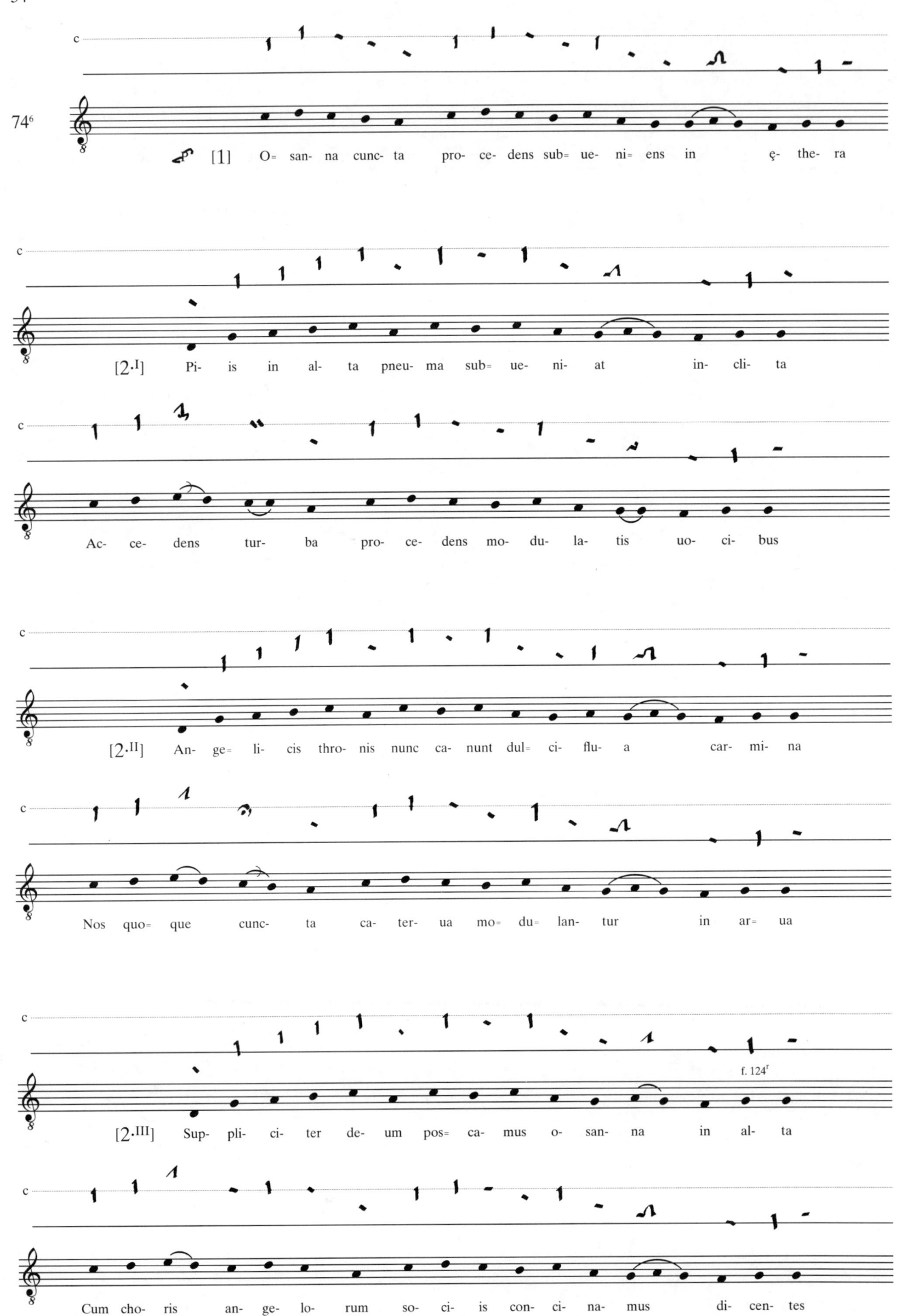

[1] O- san- na cunc- ta pro- ce- dens sub= ue- ni= ens in ę- the- ra

[2.I] Pi- is in al- ta pneu- ma sub= ue- ni- at in- cli- ta

Ac- ce- dens tur- ba pro- ce- dens mo- du- la- tis uo- ci- bus

[2.II] An- ge- li- cis thro- nis nunc ca- nunt dul= ci- flu- a car- mi- na

Nos quo= que cunc- ta ca- ter- ua mo- du- lan- tur in ar= ua

[2.III] Sup- pli- ci- ter de- um pos= ca- mus o- san- na in al- ta

Cum cho- ris an- ge- lo- rum so- ci- is con- ci- na- mus di- cen- tes

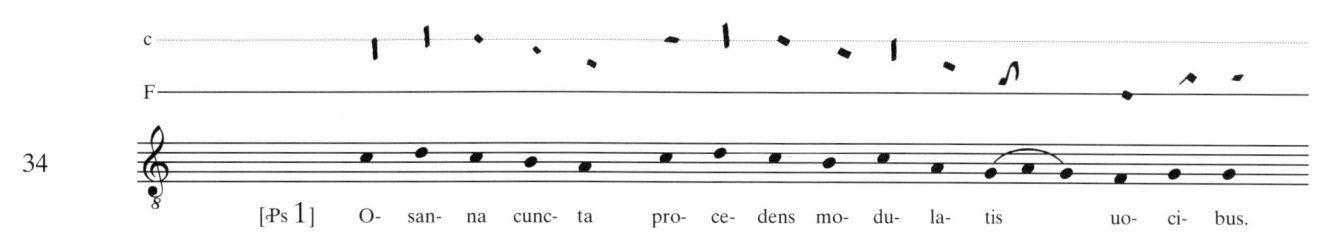

[Ps 1] O- san- na cunc- ta pro- ce- dens mo- du- la- tis uo- ci- bus.

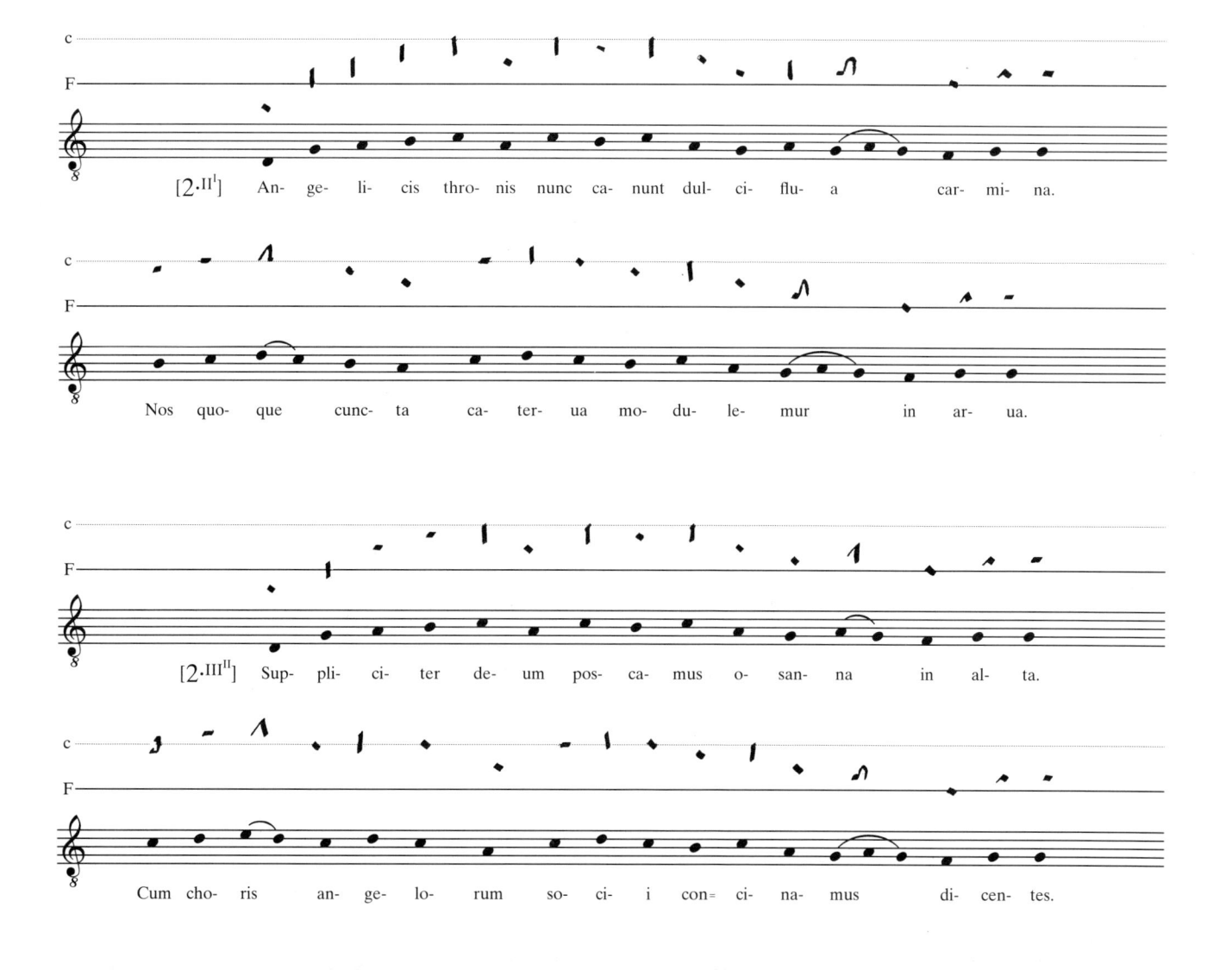

[2.II¹] An- ge- li- cis thro- nis nunc ca- nunt dul- ci- flu- a car- mi- na.

Nos quo- que cunc- ta ca- ter- ua mo- du- le- mur in ar- ua.

[2.III^II] Sup- pli- ci- ter de- um pos- ca- mus o- san- na in al- ta.

Cum cho- ris an- ge- lo- rum so- ci- i con=ci- na- mus di- cen- tes.

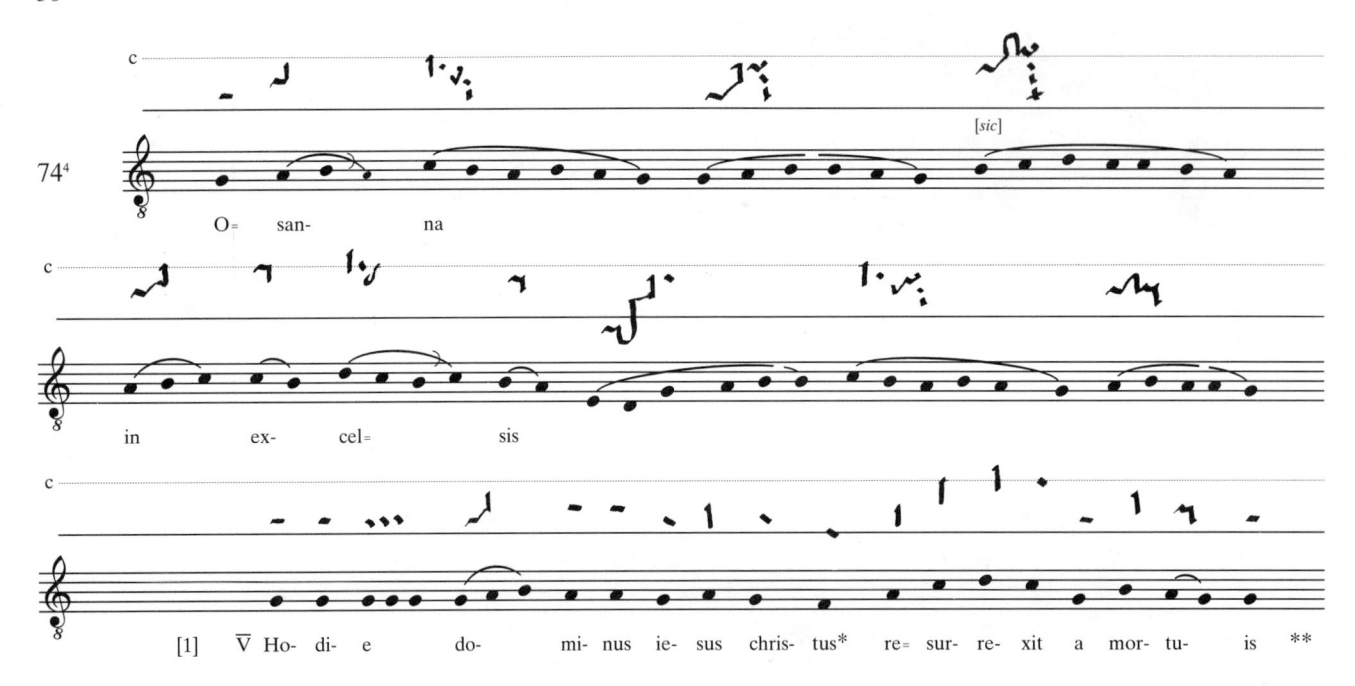

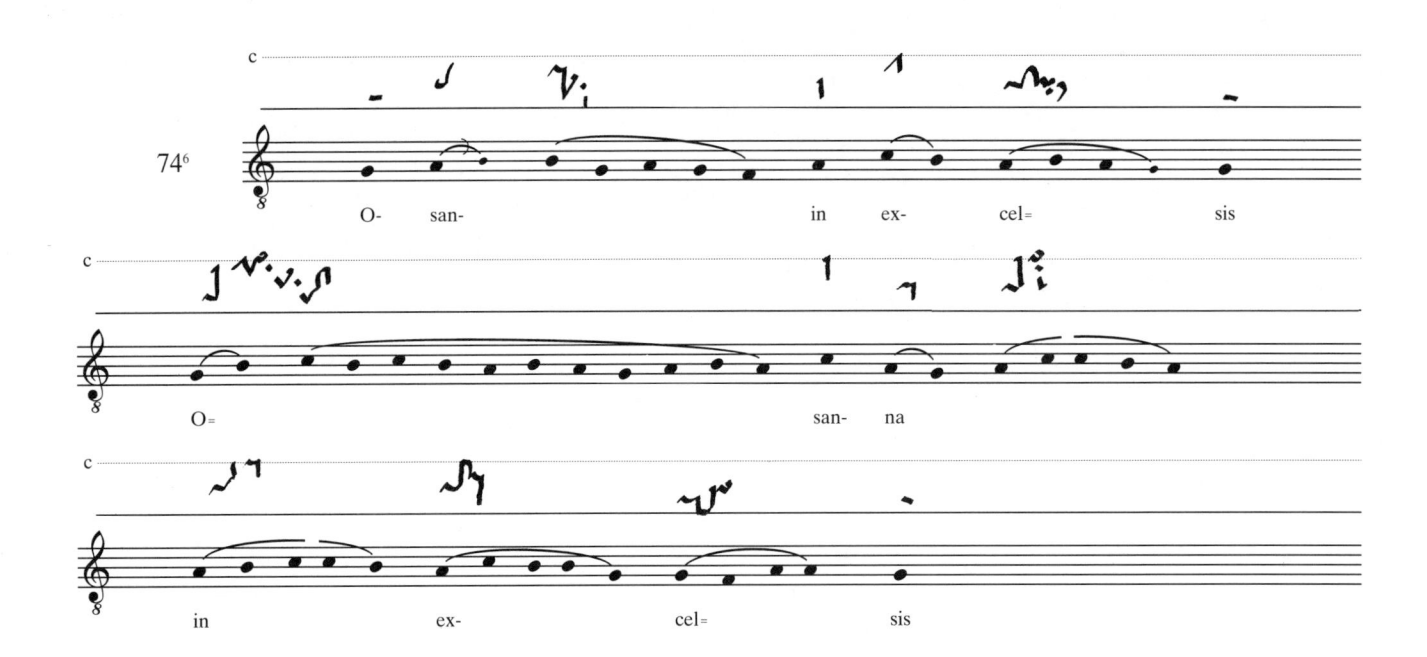

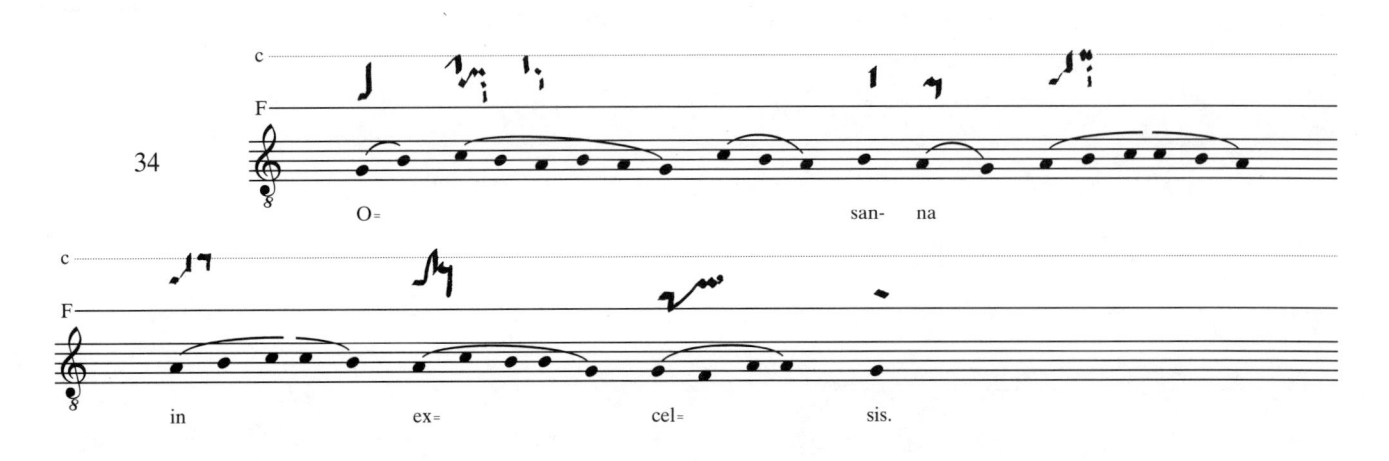

56

74⁴ O- san- na [sic]

in ex- cel= sis

[1] ℣ Ho- di- e do- mi- nus ie- sus chris- tus* re= sur- re- xit a mor- tu- is **

74⁶ O- san- in ex- cel= sis

O= san- na

in ex- cel= sis

34 O= san- na

in ex= cel= sis.

*ihc xpc in MS.
**For verses [2–8], sung to the same melody, see Appendix II, p. 131.

Laudatur trina maiestas, Thannabaur 60 (?=66, 67)
see *Pax in caelo,* p. 76

Sanctus
Thannabaur 213, Var. (p. 200)

Hosanna[2] Prosa: ***Laudes Deo ore pio***
(in Urb 602, a trope for Sanctus)

546: Sanc-tus. Sanc-tus.

34: Sanc-tus. Sanc-tus.

602: Sanc-tus. [1.I][1] Lau-des de-o o-re pi-o cor-de se-re-no car-mi-ne de-mus tin-nu-lo. Sanc-tus. [1.II][2] In iu-bi-lo cum can-ti-co si-mul in al= to re= so-net uox cum or-ga-no.

Commentary, see p. 79.

546: Without tropes. Prosa inserted between *Benedictus . . . domini* and final *Osanna in excelsis,* with corresponding melismas attached to the last syllable of each of the five prosa lines.

34: Without tropes. Four lines of prosa, each preceded by its corresponding melisma, are inserted after *Benedictus . . . domini;* a fifth line is inserted between the final *Osanna* and *in excelsis.*

602: The phrases of Sanctus are troped with four lines of prosa words and melody, inserted separately. A fifth and sixth line are inserted between *Benedictus . . . domini* and the final *Osanna in excelsis.*

38: Five lines of the prosa ***Laudes deo ore pio***, without melismas, are appended to the final *Hosanna in excelsis* of a different Sanctus melody, Thannabaur 223. (See pp. 64–69, immediately following, and the Commentary, p. 82.) However, the prosa from this version is printed here (p. 63) for ease of comparison with other versions of ***Laudes Deo ore pio***.

*Faulty diastematy in MS, where the note reads "C".

58

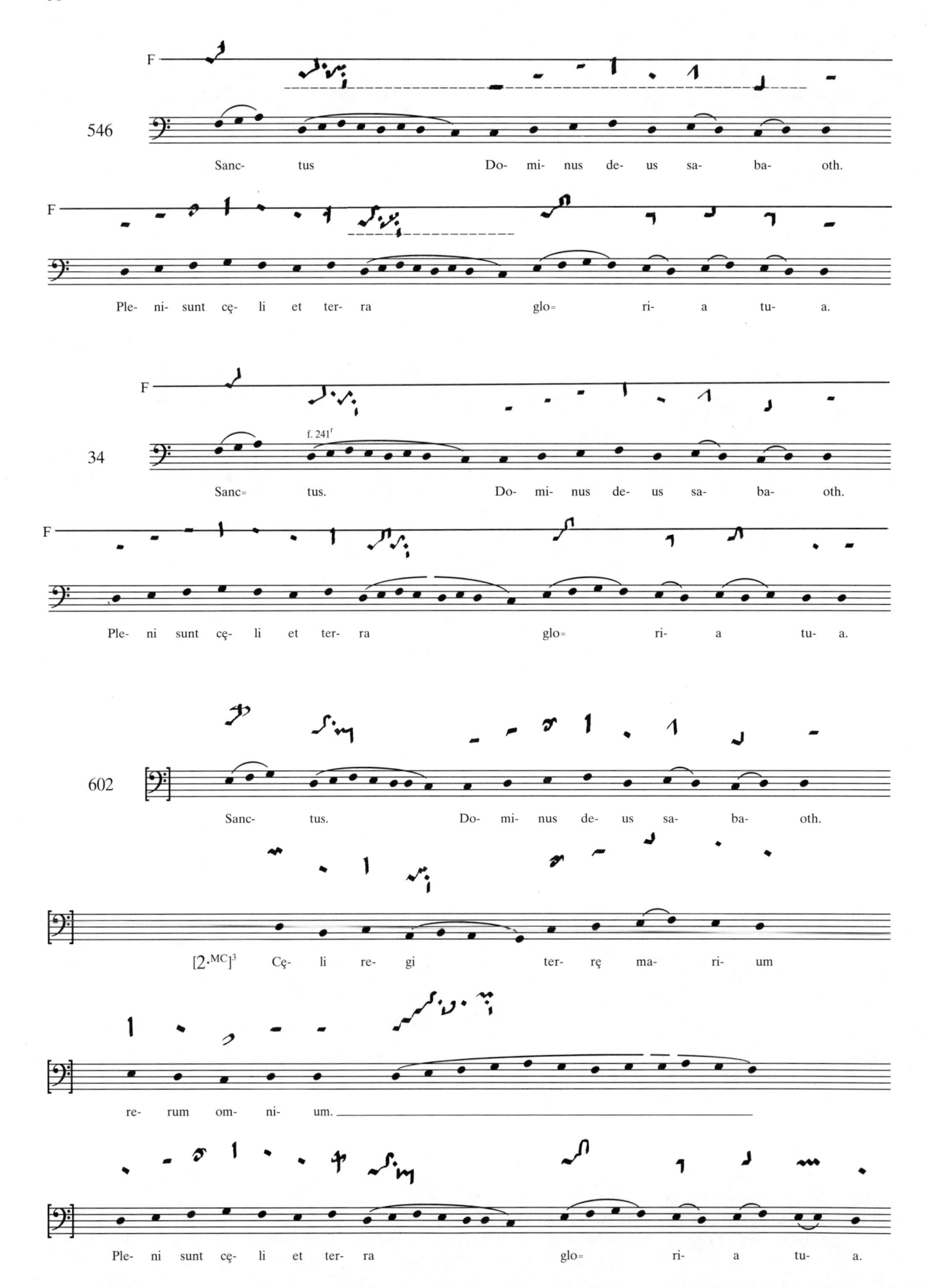

546 Sanc- tus Do- mi- nus de- us sa- ba- oth.

Ple- ni- sunt cę- li et ter- ra glo= ri- a tu- a.

34 Sanc= tus. Do- mi- nus de- us sa- ba- oth.

f. 241ʳ

Ple- ni sunt cę- li et ter- ra glo= ri- a tu- a.

602 Sanc- tus. Do- mi- nus de- us sa- ba- oth.

[2.ᴹᶜ]³ Cę- li re- gi ter- rę ma- ri- um

re- rum om- ni- um.

Ple- ni sunt cę- li et ter- ra glo= ri- a tu- a.

546 O- san- na in ex- cel- sis

Be- ne- dic- tus qui ue- nit in no- mi- ne do- mi- ni.

34 O- san= na in ex- cel- sis.

Be- ne- dic- tus qui ue= nit in no- mi- ne do- mi- ni.

602 O- san- na in ex= cel- sis.

[2.I]⁴ Pa- tri al- mo ge- ni- to quo- que fla- mi- ni sanc- to.

*Be- ne- dic- tus qui ue- nit in no- mi- ne do- mi- ni.

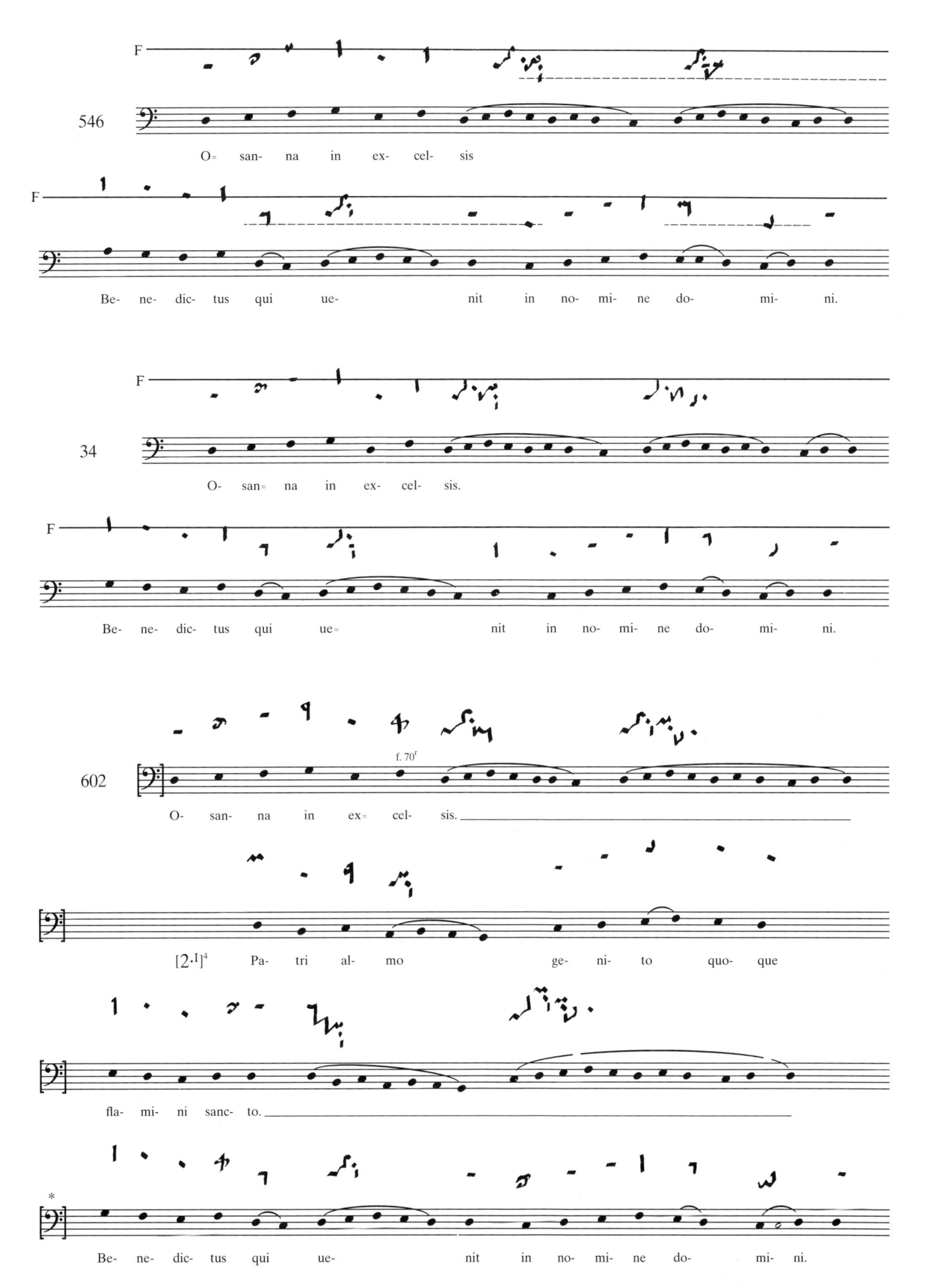

*Scribe may have intended pitches one step higher for *Benedictus*, as in 546; the upper area of the neume field was constricted by the words above.

60

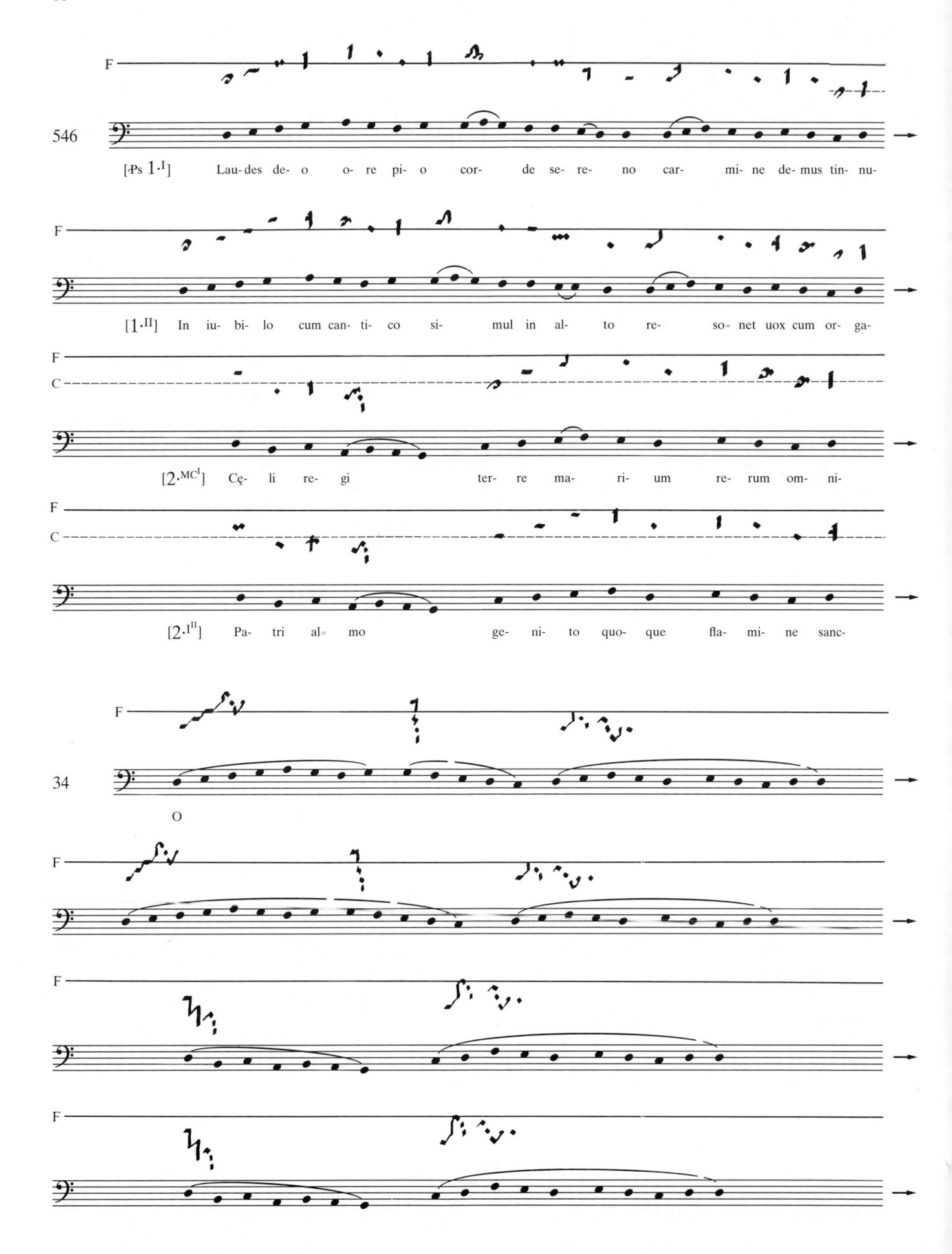

546 [Ps 1.I] Lau- des de- o o- re pi- o cor- de se- re- no car- mi- ne de- mus tin- nu-

[1.II] In iu- bi- lo cum can- ti- co si- mul in al- to re- so= net uox cum or- ga-

[2.MC I] Cę- li re- gi ter- re ma- ri- um re- rum om- ni-

[2.I II] Pa- tri al= mo ge- ni- to quo- que fla- mi- ne sanc-

34 O

lo.
(to [1.II] *In iubilo*, left facing page)

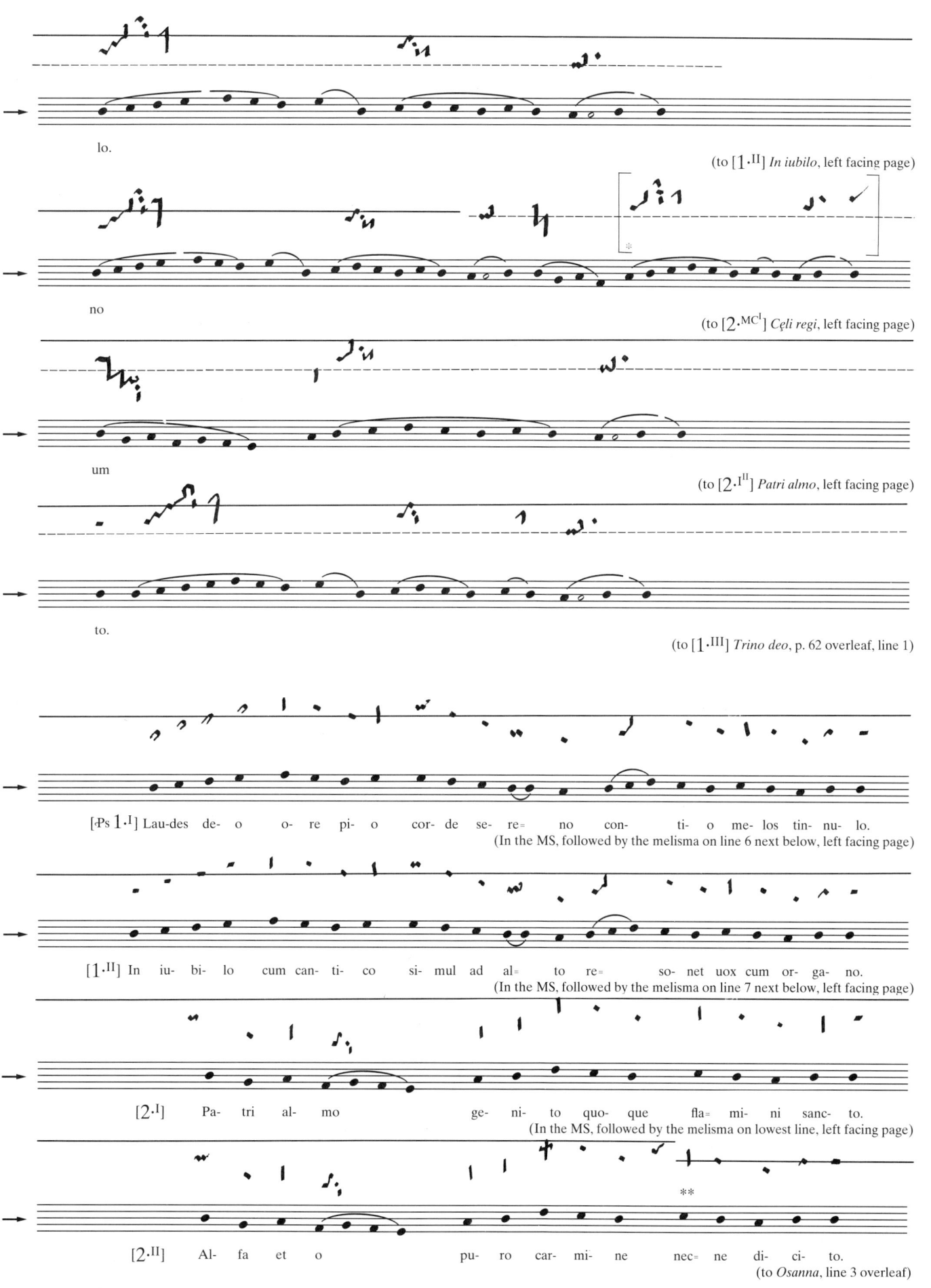

no
(to [2.MCI] *Cęli regi*, left facing page)

um
(to [2.I II] *Patri almo*, left facing page)

to.
(to [1.III] *Trino deo*, p. 62 overleaf, line 1)

[Ps 1.I] Lau- des de- o o- re pi- o cor- de se- re= no con- ti- o me- los tin- nu- lo.
(In the MS, followed by the melisma on line 6 next below, left facing page)

[1.II] In iu- bi- lo cum can- ti- co si- mul ad al= to re= so- net uox cum or- ga- no.
(In the MS, followed by the melisma on line 7 next below, left facing page)

[2.I] Pa- tri al- mo ge- ni- to quo- que fla= mi- ni sanc- to.
(In the MS, followed by the melisma on lowest line, left facing page)

[2.II] Al- fa et o pu- ro car- mi- ne nec= ne di- ci- to.
(to *Osanna*, line 3 overleaf)

*Bracketed neumes notated one step too high; corrected in transcription.
**sic; red line and F clef incorrectly placed to end.

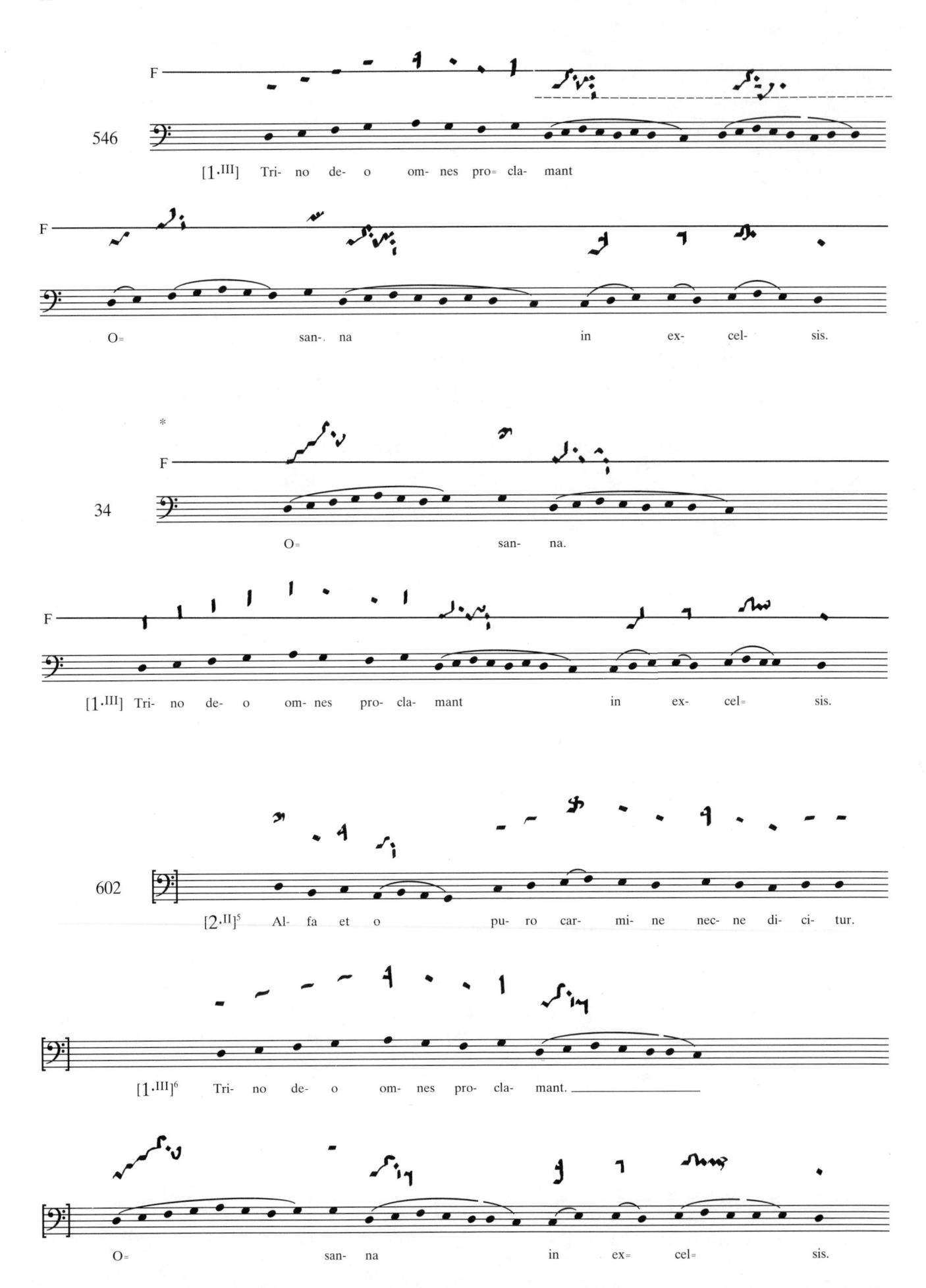

546 [1.III] Tri- no de- o om- nes pro- cla- mant

O- san- na in ex- cel- sis.

34 O- san- na.

[1.III] Tri- no de- o om- nes pro- cla- mant in ex- cel- sis.

602 [2.II]⁵ Al- fa et o pu- ro car- mi- ne nec- ne di- ci- tur.

[1.III]⁶ Tri- no de- o om- nes pro- cla- mant.

O- san- na in ex- cel- sis.

*sic; red line and F clef incorrectly placed.

38

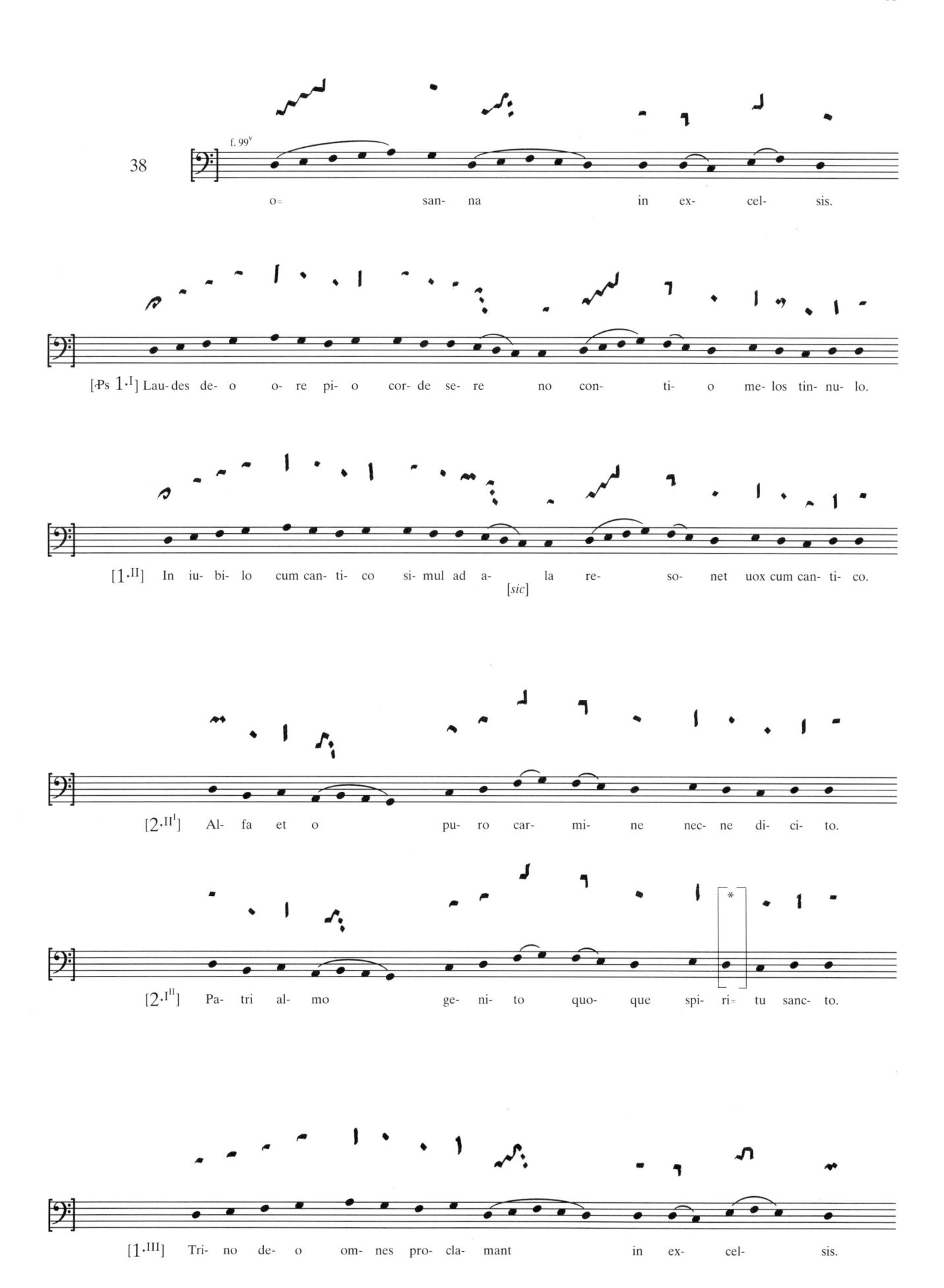

o- san- na in ex- cel- sis.

[Ps 1.I] Lau- des de- o o- re pi- o cor- de se- re- no con- ti- o me- los tin- nu- lo.

[1.II] In iu- bi- lo cum can- ti- co si- mul ad a- la re- so- net uox cum can- ti- co.
[sic]

[2.II¹] Al- fa et o pu- ro car- mi- ne nec- ne di- ci- to.

[2.I²] Pa- tri al- mo ge- ni- to quo- que spi- ri- tu sanc- to.

[1.III] Tri- no de- o om- nes pro- cla- mant in ex- cel- sis.

*Hole in MS.

Sanctus
Thannabaur 223; Vatican XV

Mundi fabricator
Quem cherubim et seraphim
non cessant
Hosanna[2] Prosula: ***Pie Christe descendisti***

(***Laudes Deo ore pio***, see p. 63)

[Musical notation: Sanctus settings labeled 35¹⁰, [1] Mun-di fa-bri-ca-tor et rec-tor; 35⁴ Sanc-tus; 38 Sanc-tus; 602 Sanc-tus; 35¹³ Sanc-tus]

Commentary, see p. 82.

35¹⁰: 10th of sixteen collected Sanctus. With trope *Mundi fabricator* but no prosula.

35⁴: 4th of sixteen collected Sanctus. Without trope or prosula.

38: 5th of six collected Sanctus. Without trope or prosula. (The Hosanna[2] prosa ***Laudes Deo ore pio*** printed on p. 63 comes from a Sanctus with a variant of the same melody, Thannabaur 223, which was added to the Gregorian Pentecost mass over the erased old Beneventan mass for Pentecost.)

602: Without trope but with Hosanna[2] prosula ***Pie Christe descendisti***.

35¹³: 13th of sixteen collected Sanctus; with *Quem cherubim et seraphim non cessant* and prosula ***Pie Christe descendisti***.

34: Without trope. Only the Hosanna[2] prosula ***Pie Christe descendisti*** is transcribed, pp. 70–71 below.

35[10] Sanc-tus. [2] V-nice ip-si-us pa-tri et e-qua-lis do-mi-nus. Sanc-tus do-mi-nus de-us sa-ba-oth. [3] Mu-ndi qui cul-pas al-mis flam-mi-nis mi-re de-ter-gis.

35[4] Sanc-tus. Sanc-tus do-mi-nus de-us sa-ba-oth.

38 Sanc-tus. Sanc-tus do-mi-nus de-us sa-ba-hot.

602 Sanc-tus. Sanc-tus. Do-mi-nus de-us sa-ba-oth.

35[13] Sanc-tus. Sanc-tus do-mi-nus de-us sa-ba-oth.

*Notes torn off.

66

35¹⁰ Ple- ni sunt ce- li et ter- ra glo- ri- a tu- a.

35⁴ Ple= ni sunt ce= li et ter- ra glo- ri- a tu- a.

38 Ple- ni sunt ce- li et ter- ra glo- ri- a tu- a

602 Ple- ni sunt cę- li et ter- ra glo- ri- a tu- a.

f. 73ᵛ

35¹³ [1] Quem che- ru- bim et se- ra- phim

non ces- sant cla= ma- re di- cen- tes.

Ple- ni sunt ce- li et ter- ra glo- ri- a tu- a.

35¹⁰ O- san- na in ex- cel= sis.

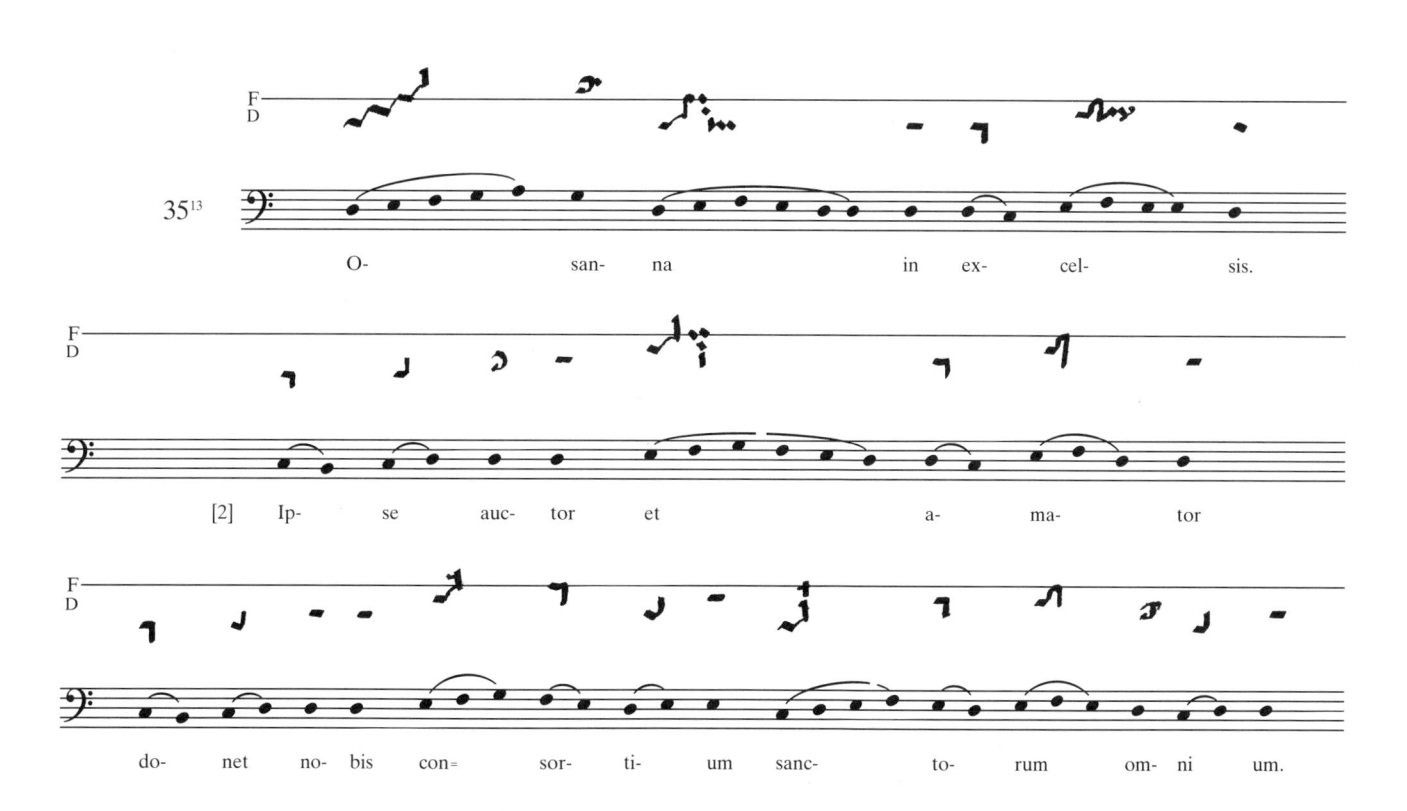

35⁴ O- san- na in ex= cel- sis.

38 o- san= na in ex- cel- sis.

602 O= san- na in ex= cel- sis.

35¹³ O- san- na in ex- cel- sis.

[2] Ip- se auc- tor et a- ma- tor

do- net no- bis con= sor- ti- um sanc- to- rum om- ni- um.

68

35^10 [4] No- bis nunc fa- mu- lis mi- se- re- re tu- i

cu- ius in lau- de pu- e- ro- rum tur- ba de- uo= te prom= sit.

Be- ne= dic- tus qui ue- nit in no- mi- ne do- mi- ni.

35^4 Be- ne- dic- tus qui ue- nit in no= mi- ne do- mi- ni.

38 Be- ne- dic- tus qui ue- nit in no- mi- ne do- mi- ni

602 Be- ne= dic- tus qui ue- nit in no- mi- ne do- mi- ni.

35^13 Be- ne- dic- tus qui ue- nit in no- mi- ne do- mi- ni.

(to [Ps I] *Pie christe descendisti*, p. 70, line 3)

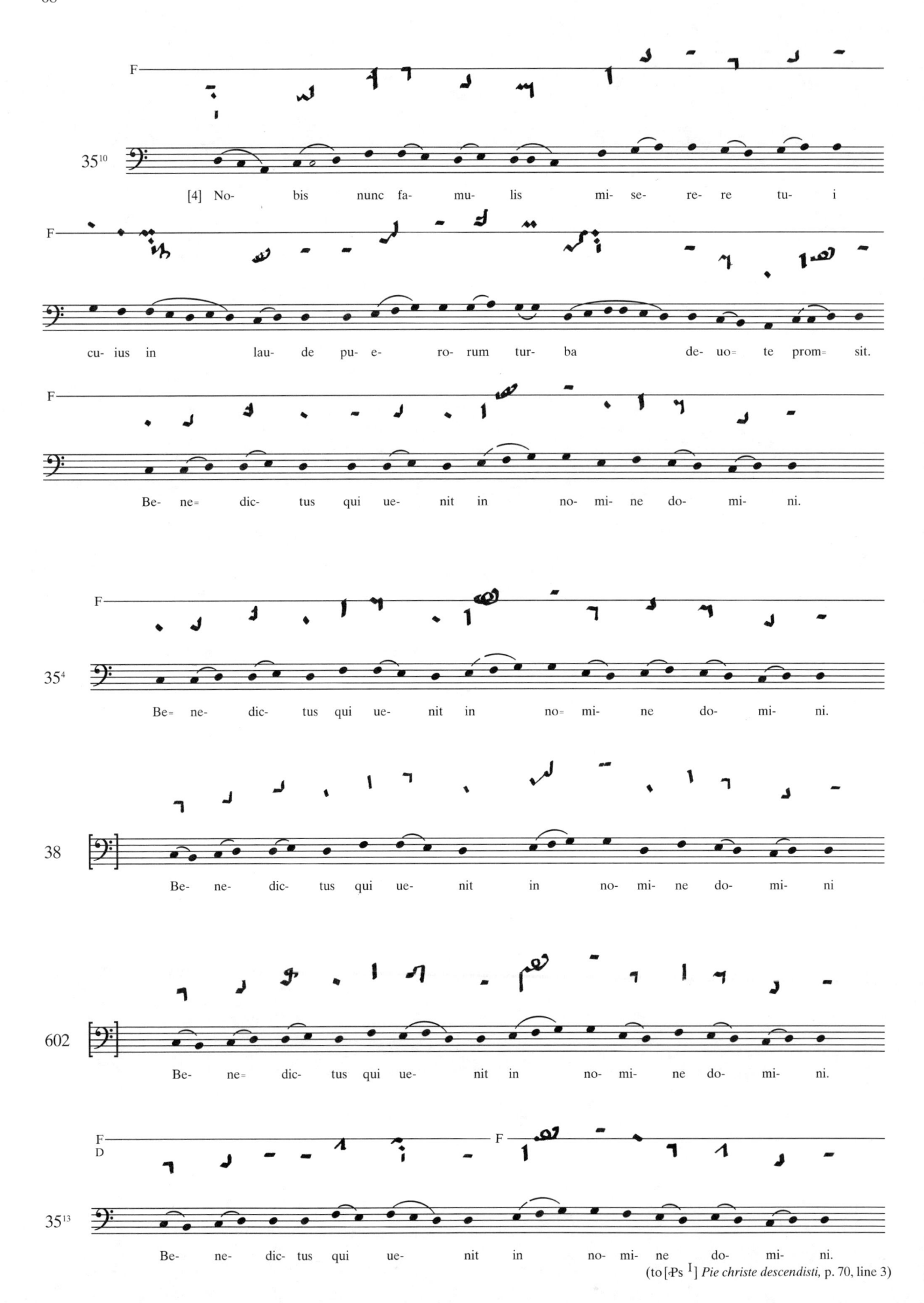

69

35¹⁰ O- san- na in ex- cel- sis. (end of piece)

35⁴ O- san- na in ex- cel sis. (end of piece)

38 o- san- na in ex- cel- sis. (end of piece)

602 O- san= na. (to [℞s¹] P⟨i⟩e christe descendisti, p. 70, line 1)

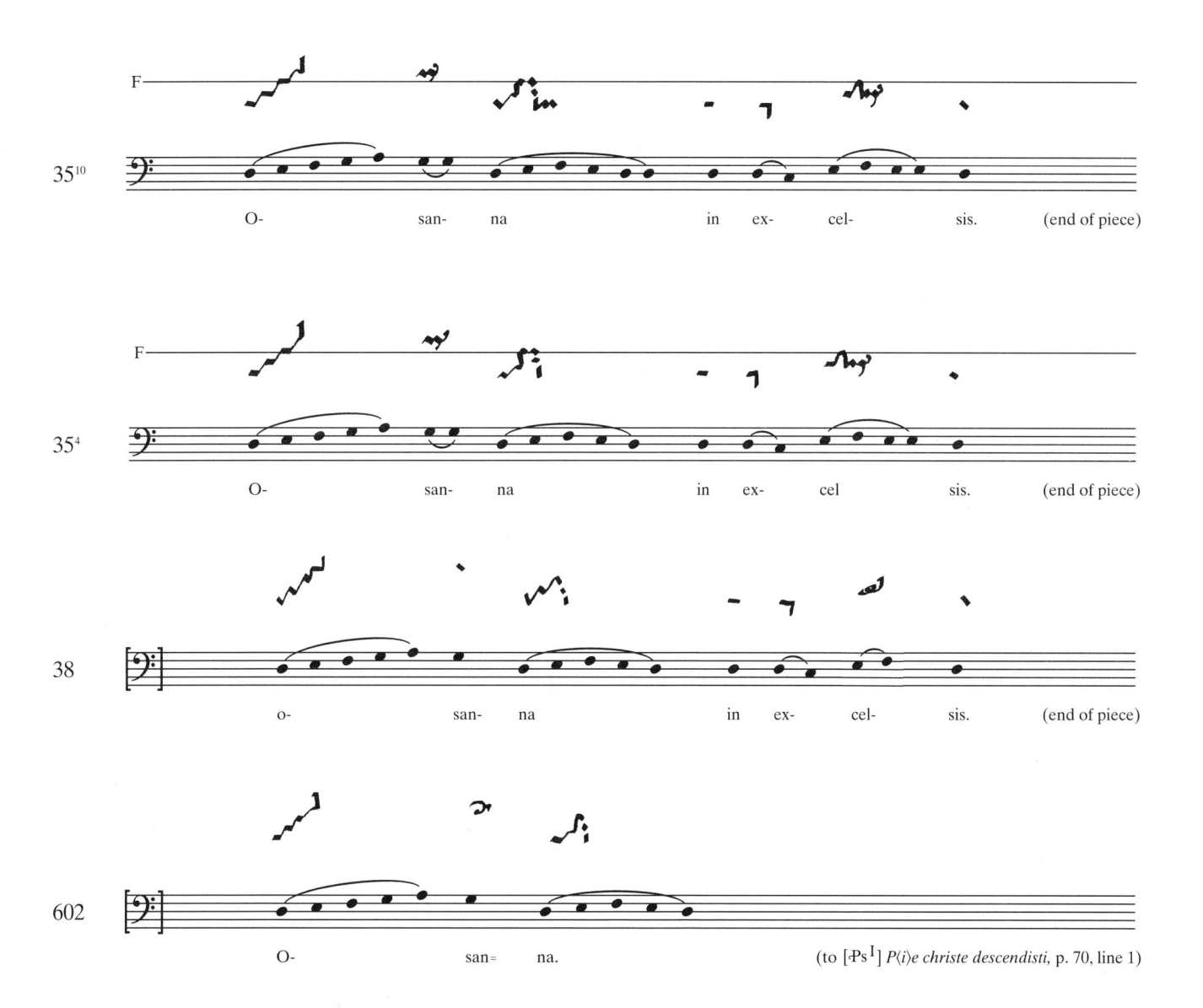

70

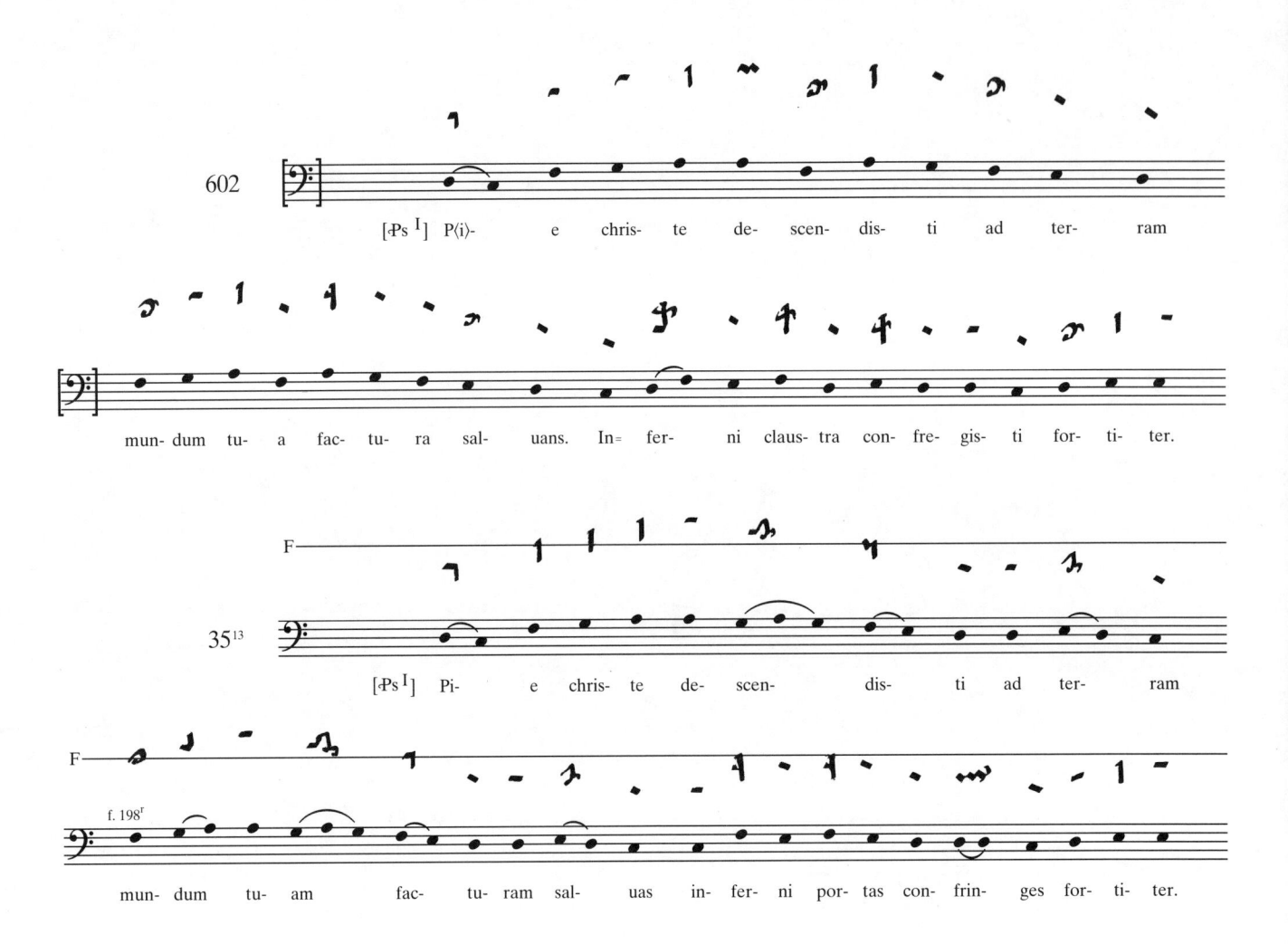

602 [Ps I] P⟨i⟩- e chris- te de- scen- dis- ti ad ter- ram mun- dum tu- a fac- tu- ra sal- uans. In- fer- ni claus- tra con- fre- gis- ti for- ti- ter.

35¹³ [Ps I] Pi- e chris- te de- scen- dis- ti ad ter- ram mun- dum tu- am fac- tu- ram sal- uas in- fer- ni por- tas con- frin- ges for- ti- ter.

f. 198ʳ

34 [Ps I] Pi- e chris- te de- scen- dis- ti ad ter- ram Mun- dum tu- a fac- tu- ra sal- ua. In- fer- ni por- tas con- fre- gis- ti for- ti- ter.

f. 283ᵛ

*Tear in parchment.

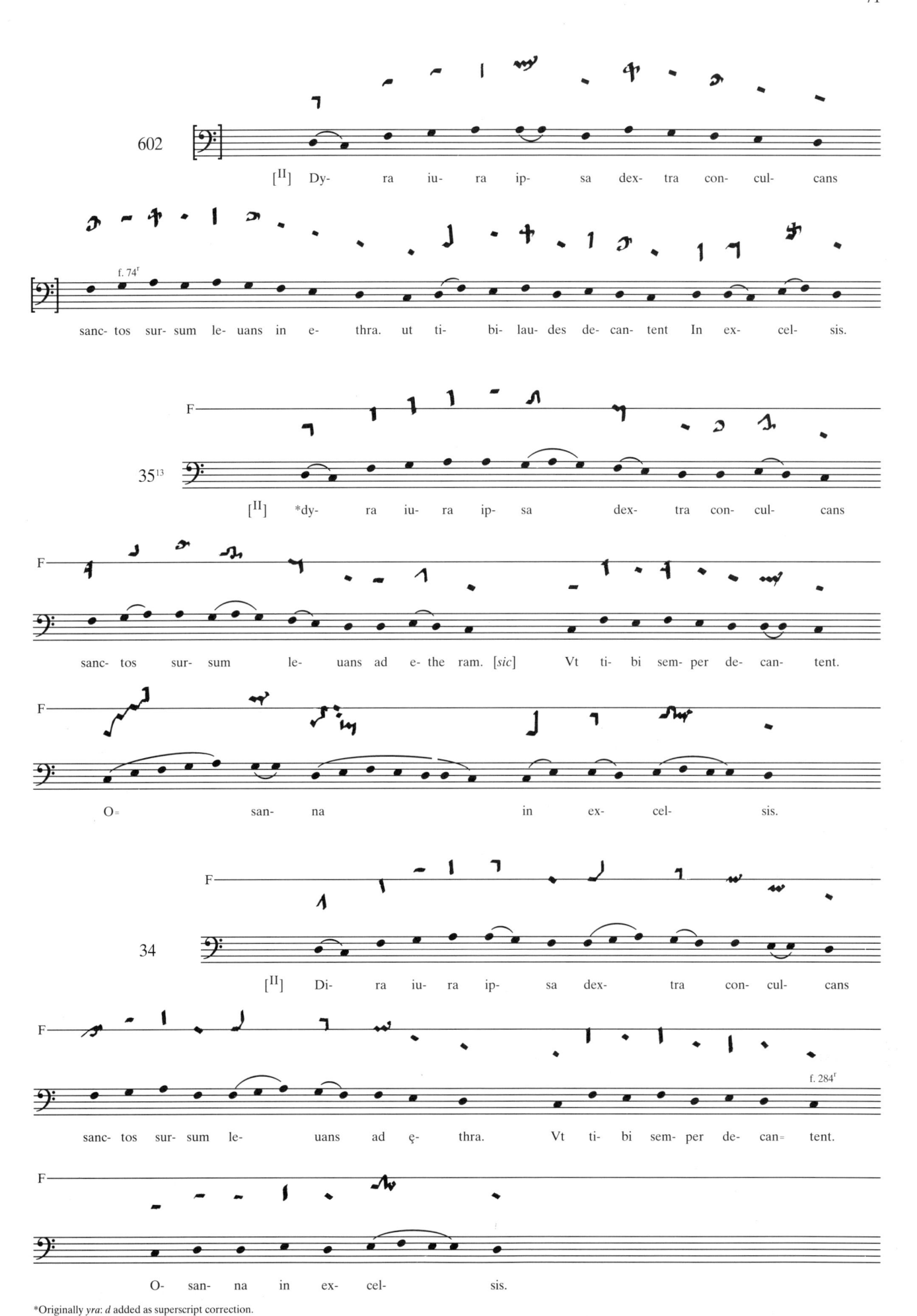

602 [II] Dy- ra iu- ra ip- sa dex- tra con- cul- cans sanc- tos sur- sum le- uans in e- thra. ut ti- bi lau- des de- can- tent In ex- cel- sis.

35[13] [II] *dy- ra iu- ra ip- sa dex- tra con- cul- cans sanc- tos sur- sum le- uans ad e- the- ram. [sic] Vt ti- bi sem- per de- can- tent. O= san- na in ex- cel- sis.

34 [II] Di- ra iu- ra ip- sa dex- tra con- cul- cans sanc- tos sur- sum le- uans ad ę- thra. Vt ti- bi sem- per de- can= tent. O- san- na in ex- cel- sis.

*Originally yra: d added as superscript correction.

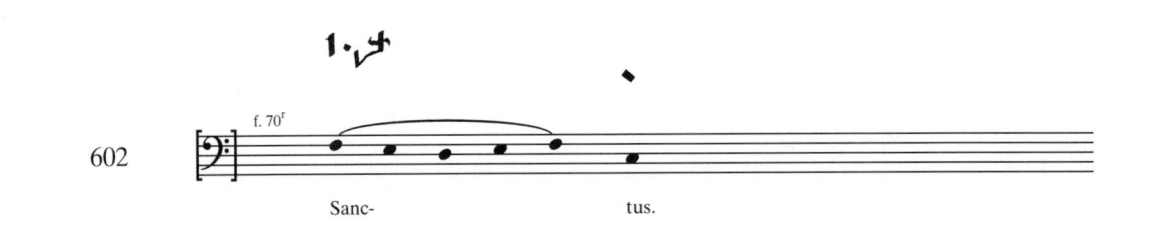

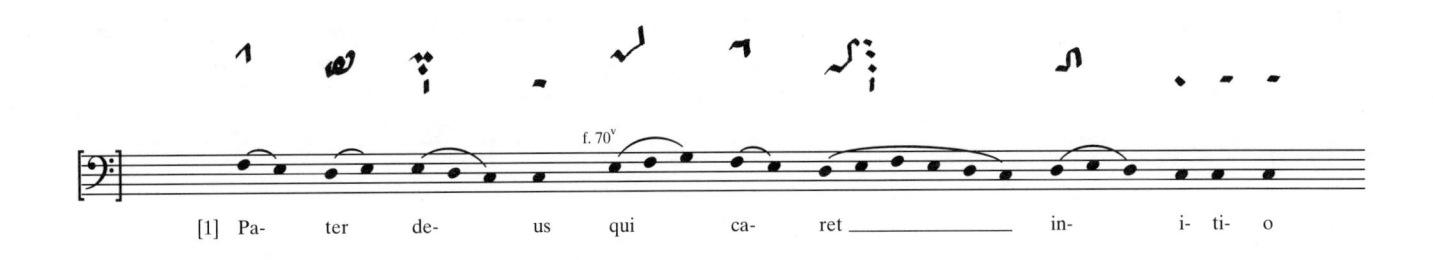

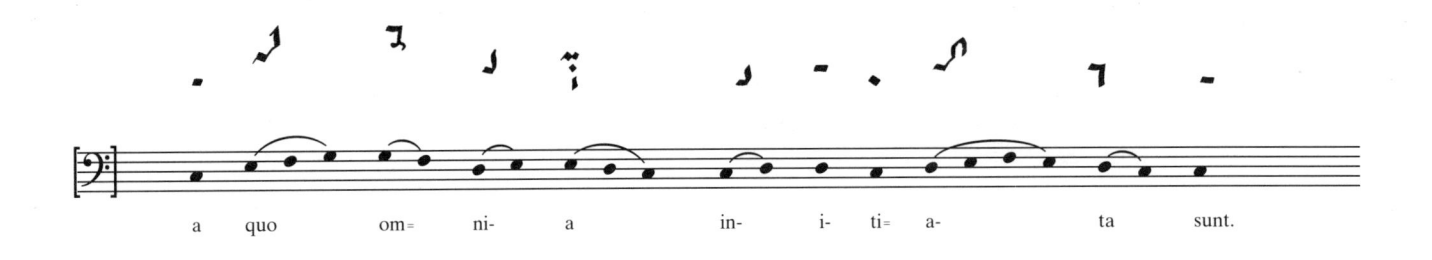

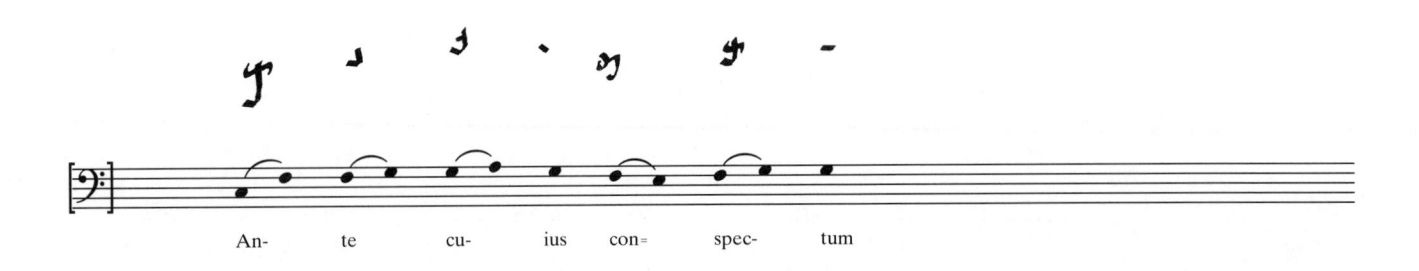

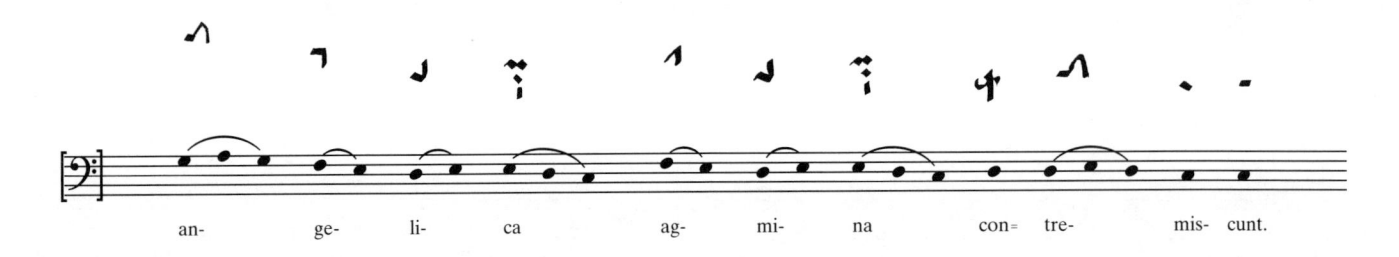

Omnes tua gratia, [Hosanna][2] Prosa with Thannabaur 56,
see *Summe pater de quo*, p. 106

Sanctus
Thannabaur 128

Pater Deus qui caret initio

602 Sanc- tus.

[1] Pa- ter de- us qui ca- ret in- i- ti- o

a quo om= ni- a in- i- ti= a- ta sunt.

An- te cu- ius con= spec- tum

an- ge- li- ca ag- mi- na con- tre- mis- cunt.

Commentary, see, p. 87.

Sanc- tus. [2] De- i fi- li- us com= par pa- tris

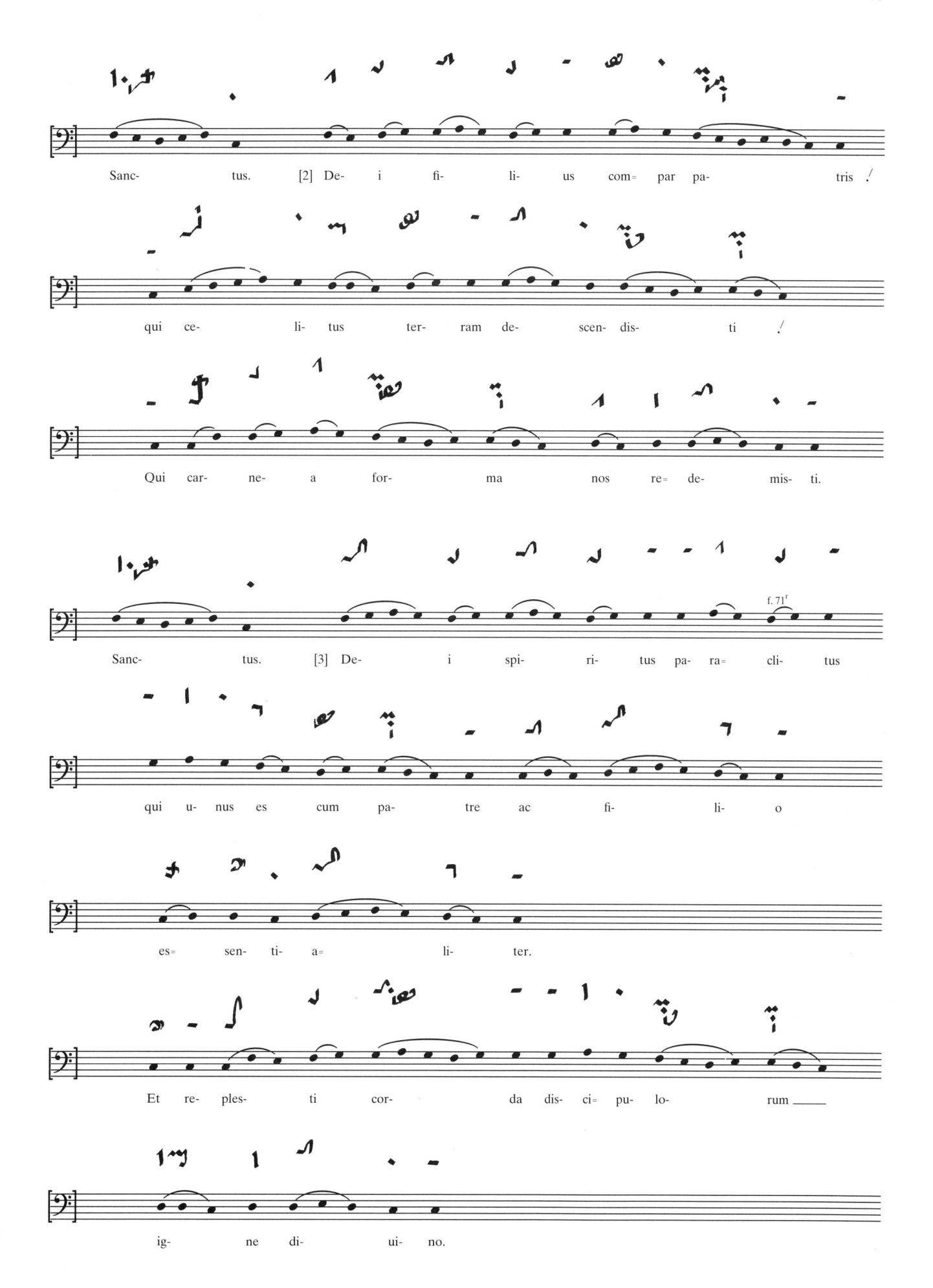

qui ce- li- tus ter- ram de- scen- dis- ti

Qui car- ne- a for- ma nos re= de- mis- ti.

Sanc- tus. [3] De- i spi- ri- tus pa- ra= cli- tus

qui u- nus es cum pa- tre ac fi- li- o

es= sen- ti- a= li- ter.

Et re- ples- ti cor- da dis= ci- pu- lo- rum

ig- ne di- ui- no.

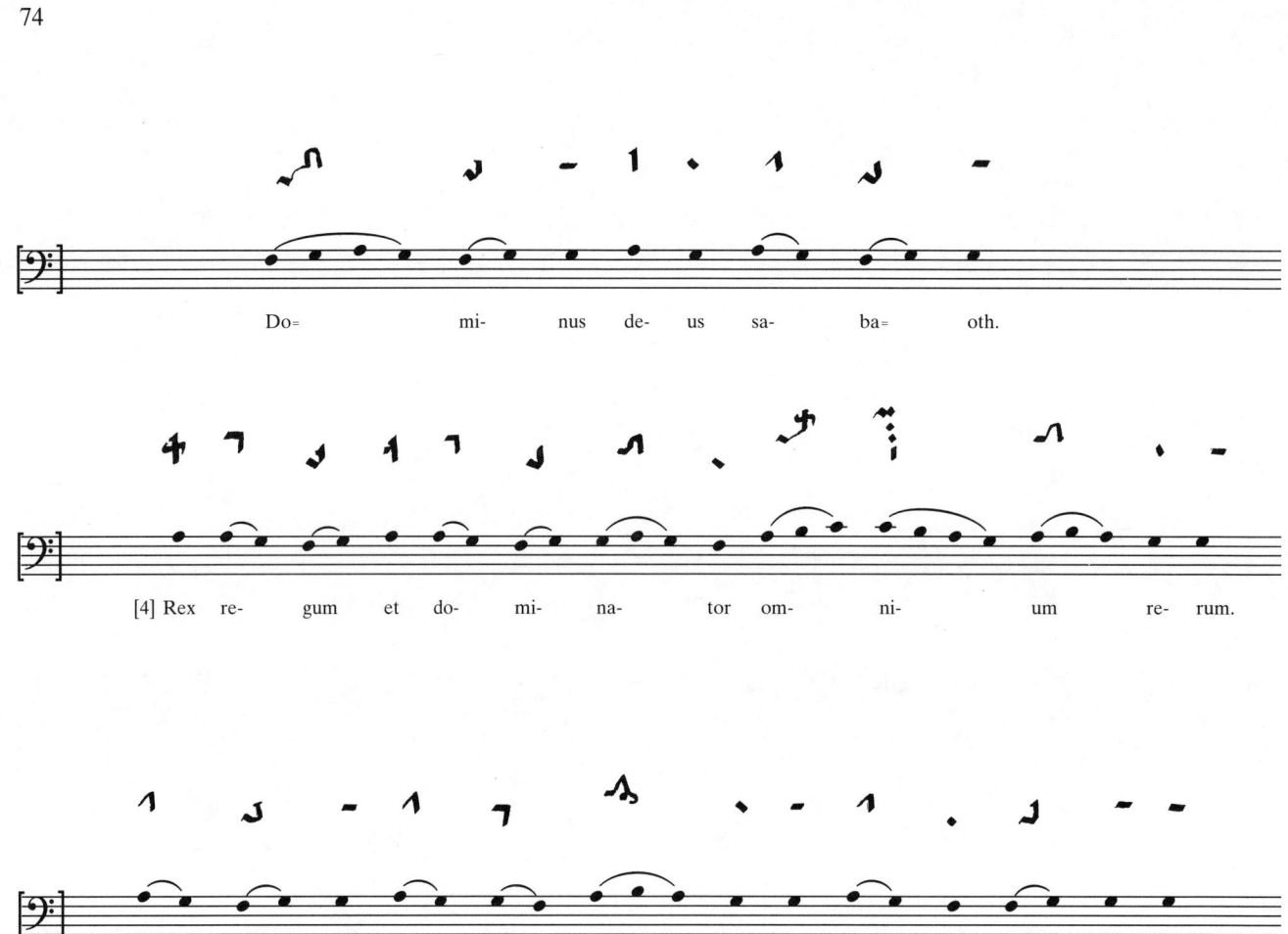

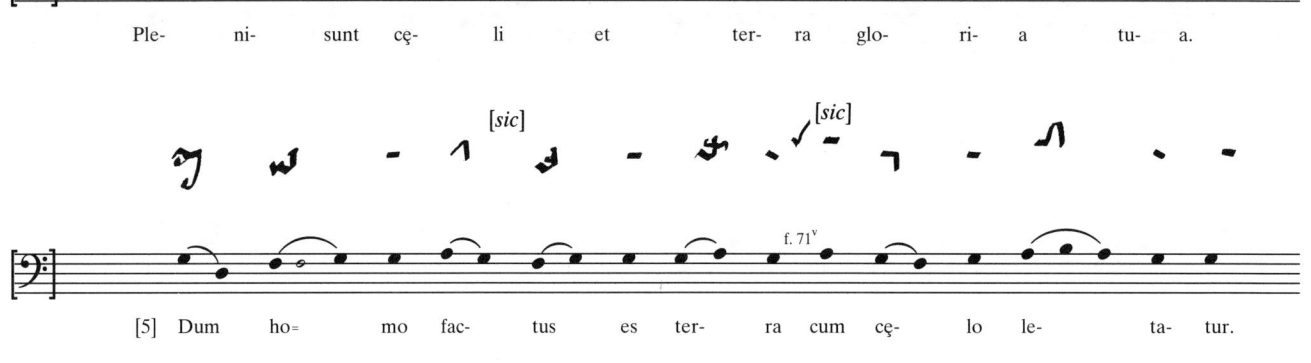

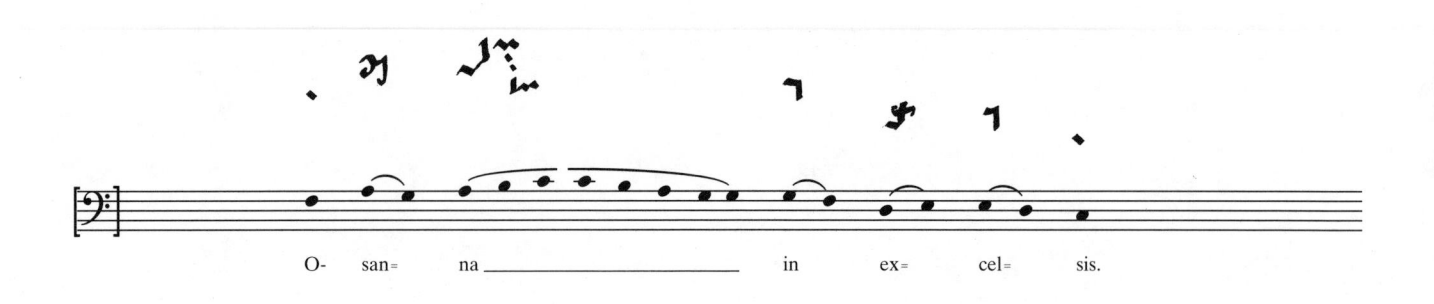

Do- mi- nus de- us sa- ba- oth.

[4] Rex re- gum et do- mi- na- tor om- ni- um re- rum.

Ple- ni sunt cę- li et ter- ra glo- ri- a tu- a.

[5] Dum ho- mo fac- tus es ter- ra cum cę- lo le- ta- tur.

O- san- na _____ in ex- cel- sis.

[6] Sal- ua ter- ri- ge- nos ho- mi- nes ut ce- les- tes an- ge- los.

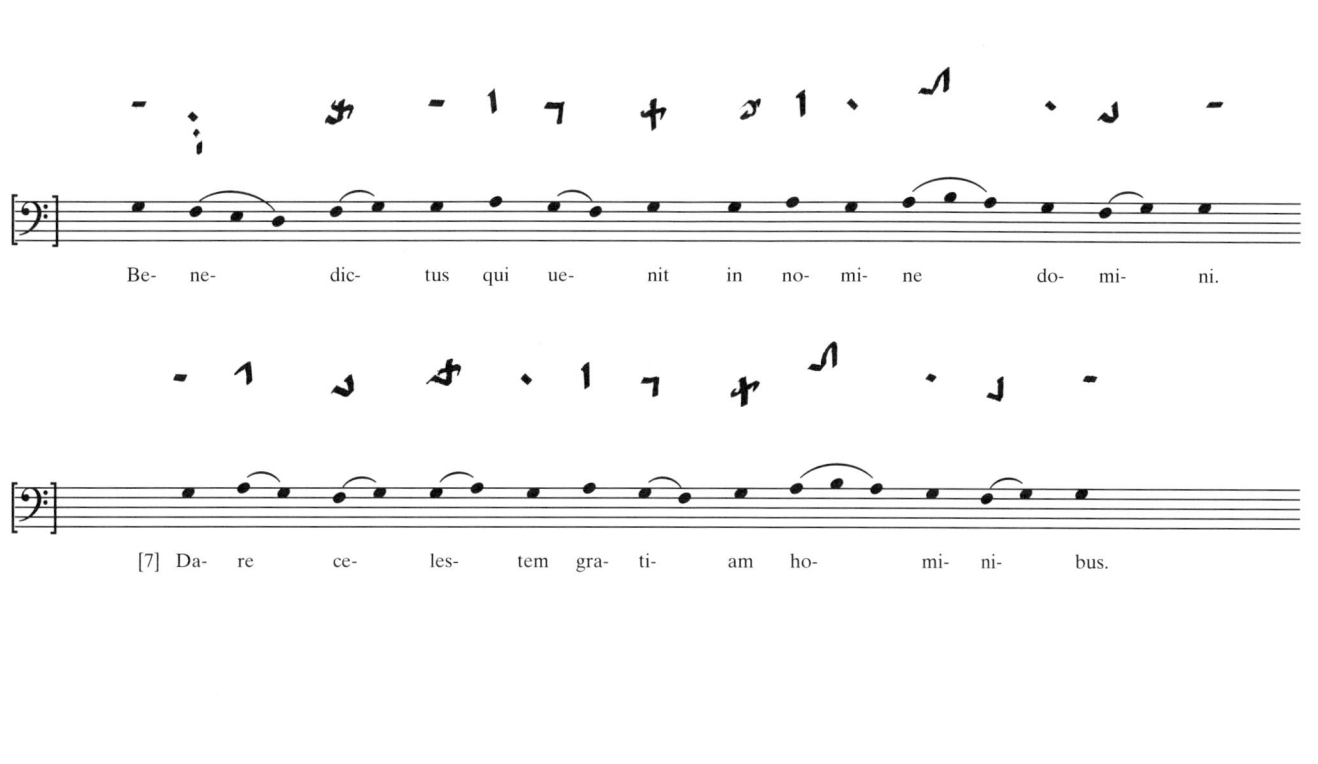

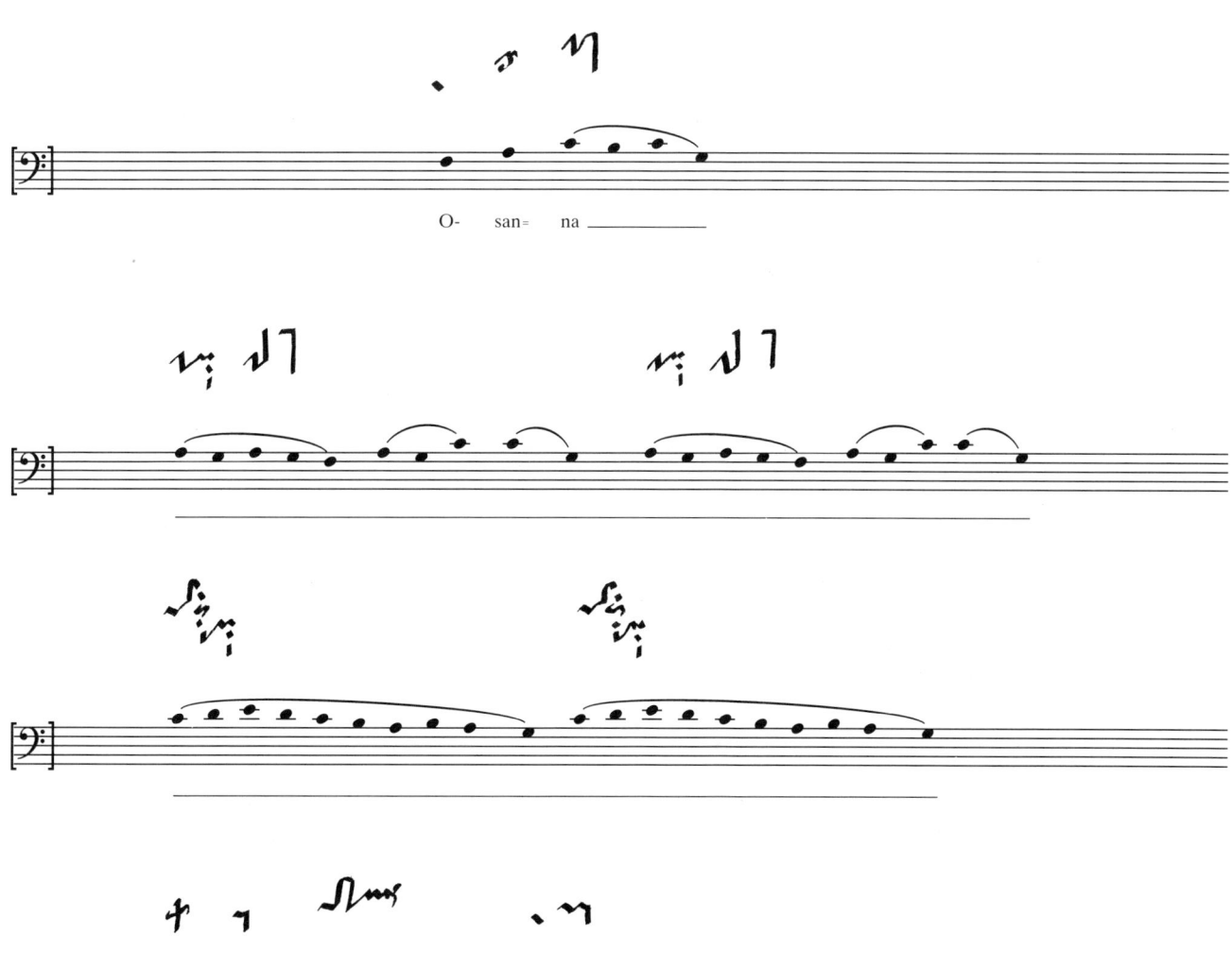

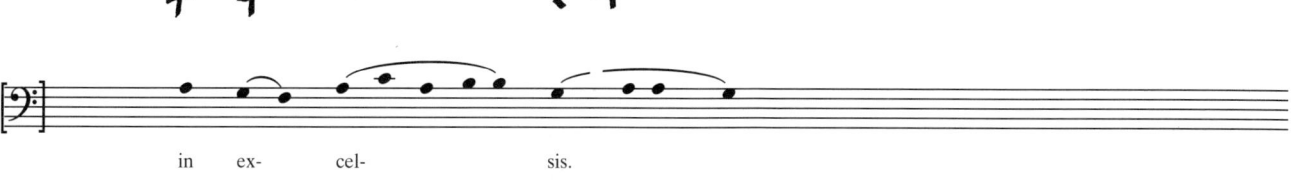

Be- ne- dic- tus qui ue- nit in no- mi- ne do- mi- ni.

[7] Da- re ce- les- tem gra- ti- am ho- mi- ni- bus.

O- san= na ____

in ex- cel- sis.

Sanctus
Thannabaur 60 (?=66, 67)

Pax in caelo
(=Laudatur trina maiestas)

74 — Sanc= tus

[1] Pax in cę- lo per- ma= net sem= per

cum de= o et cum e- lec= tis e- ius

35 — San- tus. [sic]

[1] Pax in ce- lo per- ma- net sem- per

cum de= o et cum e- lec= tis e- ius.

Commentary, see p. 90. This trope begins with [2] *Laudatur trina maiestas* in two north Italian MSS. See Commentary for the use of this text as a Gloria trope and for the relationship of Thannabaur 60, 66, and 67.

74 Sanc- tus

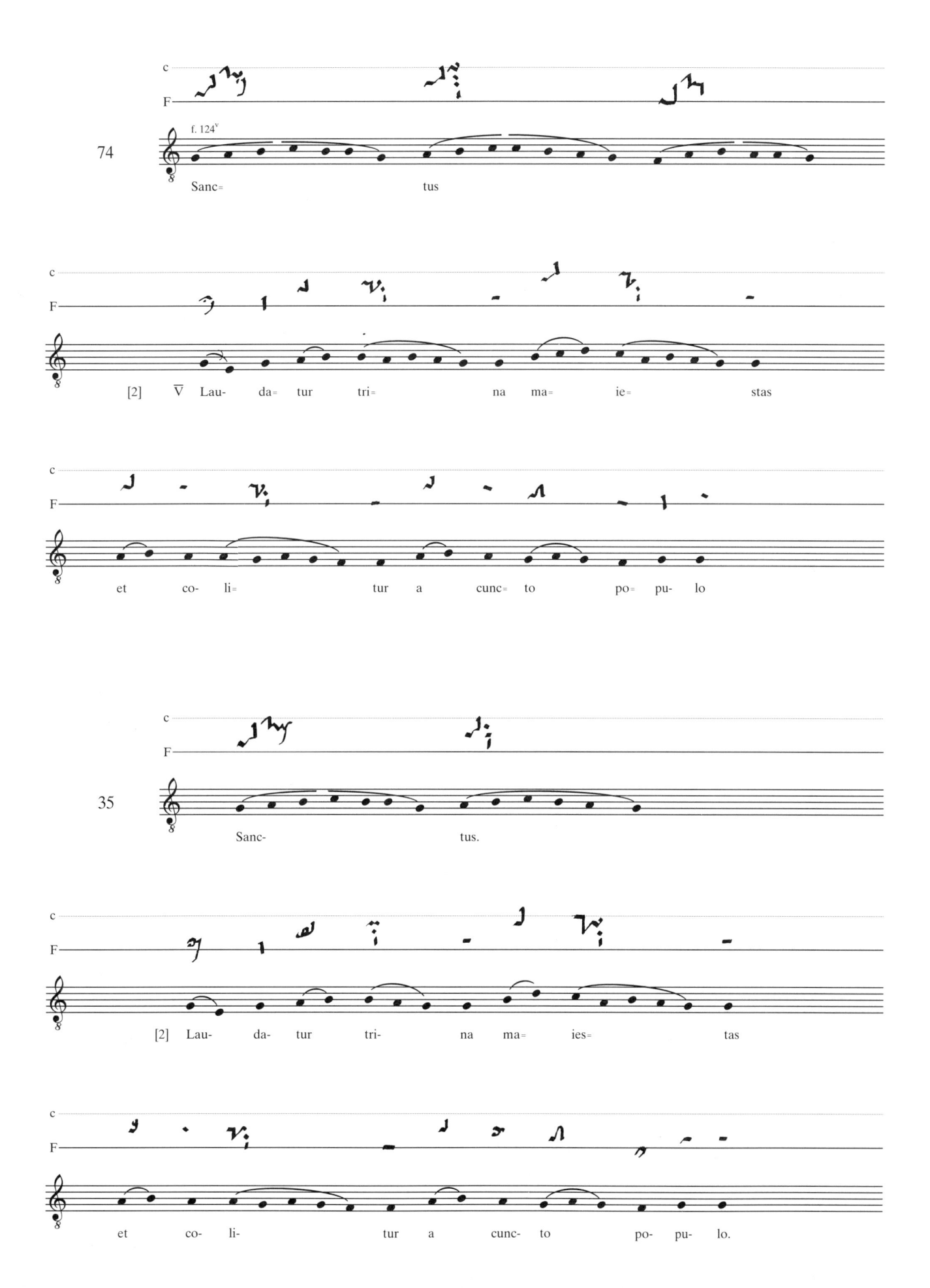

[2] ℣ Lau- da- tur tri- na ma- ie- stas

et co- li- tur a cunc- to po- pu- lo

35 Sanc- tus.

[2] Lau- da- tur tri- na ma- ies- tas

et co- li- tur a cunc- to po- pu- lo.

74 Sanc- tus

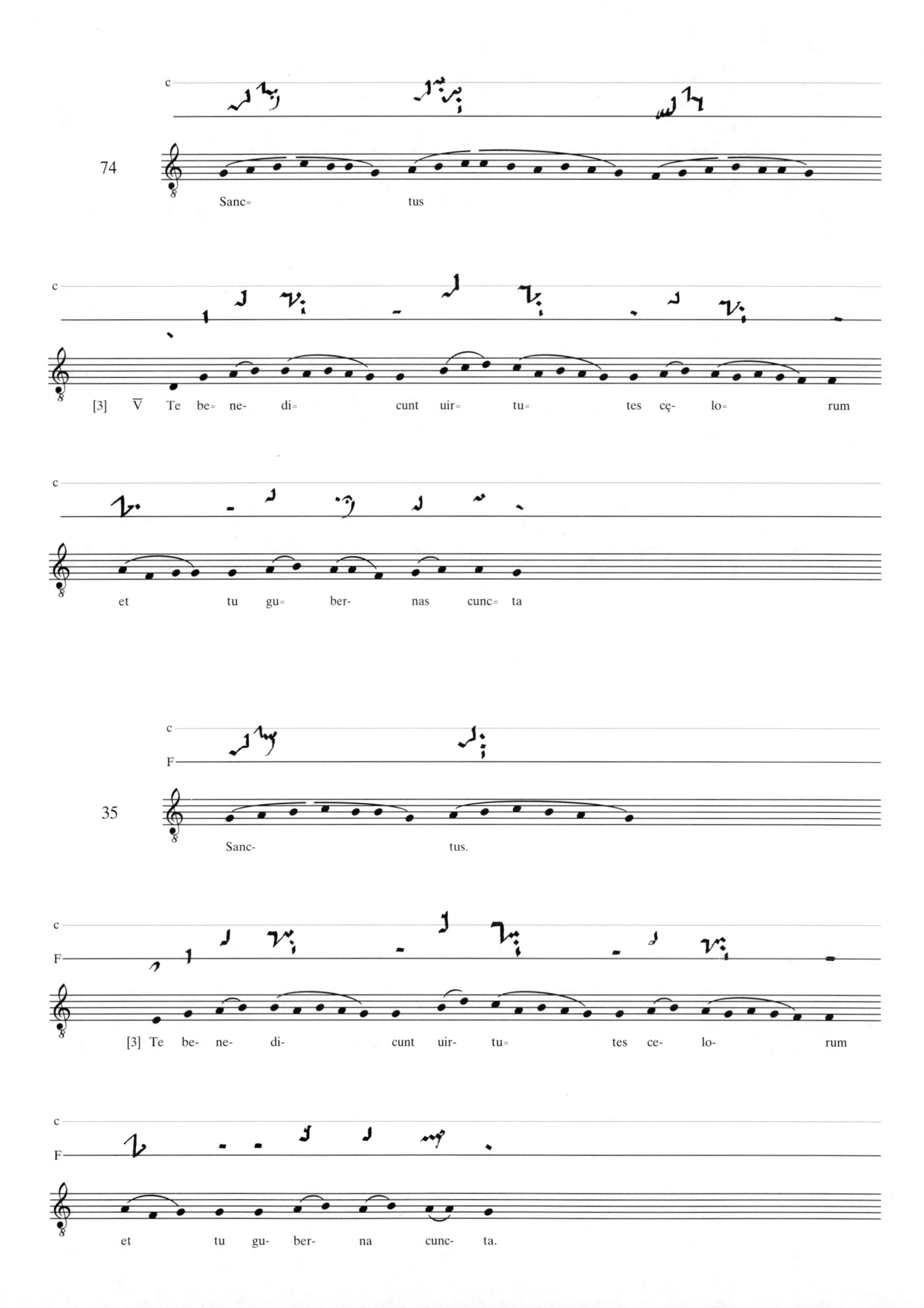

[3] ℣ Te be- ne- di- cunt uir- tu- tes cę- lo- rum

et tu gu- ber- nas cunc- ta

35 Sanc- tus.

[3] Te be- ne- di- cunt uir- tu- tes ce- lo- rum

et tu gu- ber- na cunc- ta.

74
Do- mi- nus de- us sa- ba- oth

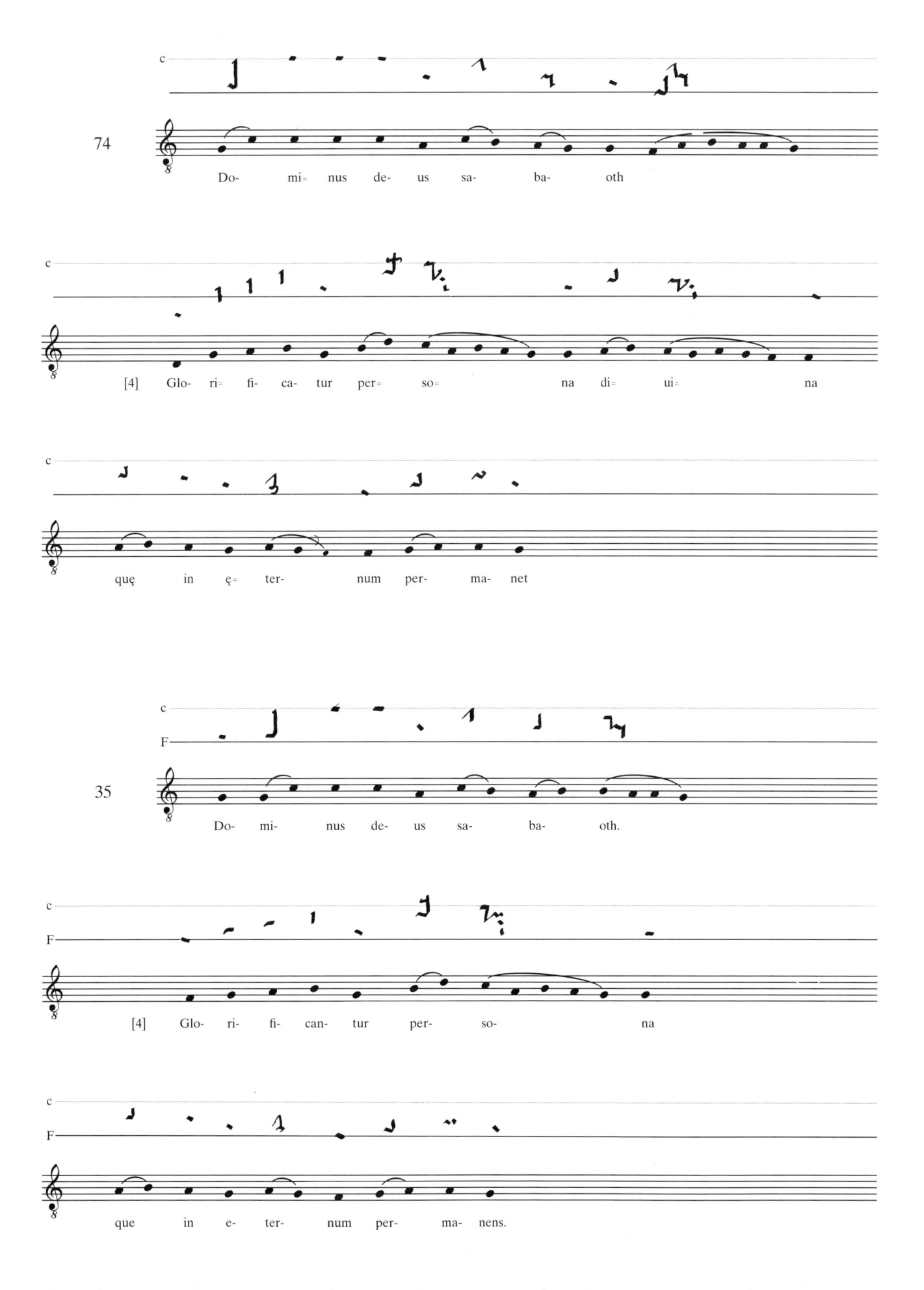

[4] Glo- ri- fi- ca- tur per- so- na di- ui- na

quę in ę- ter- num per- ma- net

35
Do- mi- nus de- us sa- ba- oth.

[4] Glo- ri- fi- can- tur per- so- na

que in e- ter- num per- ma- nens.

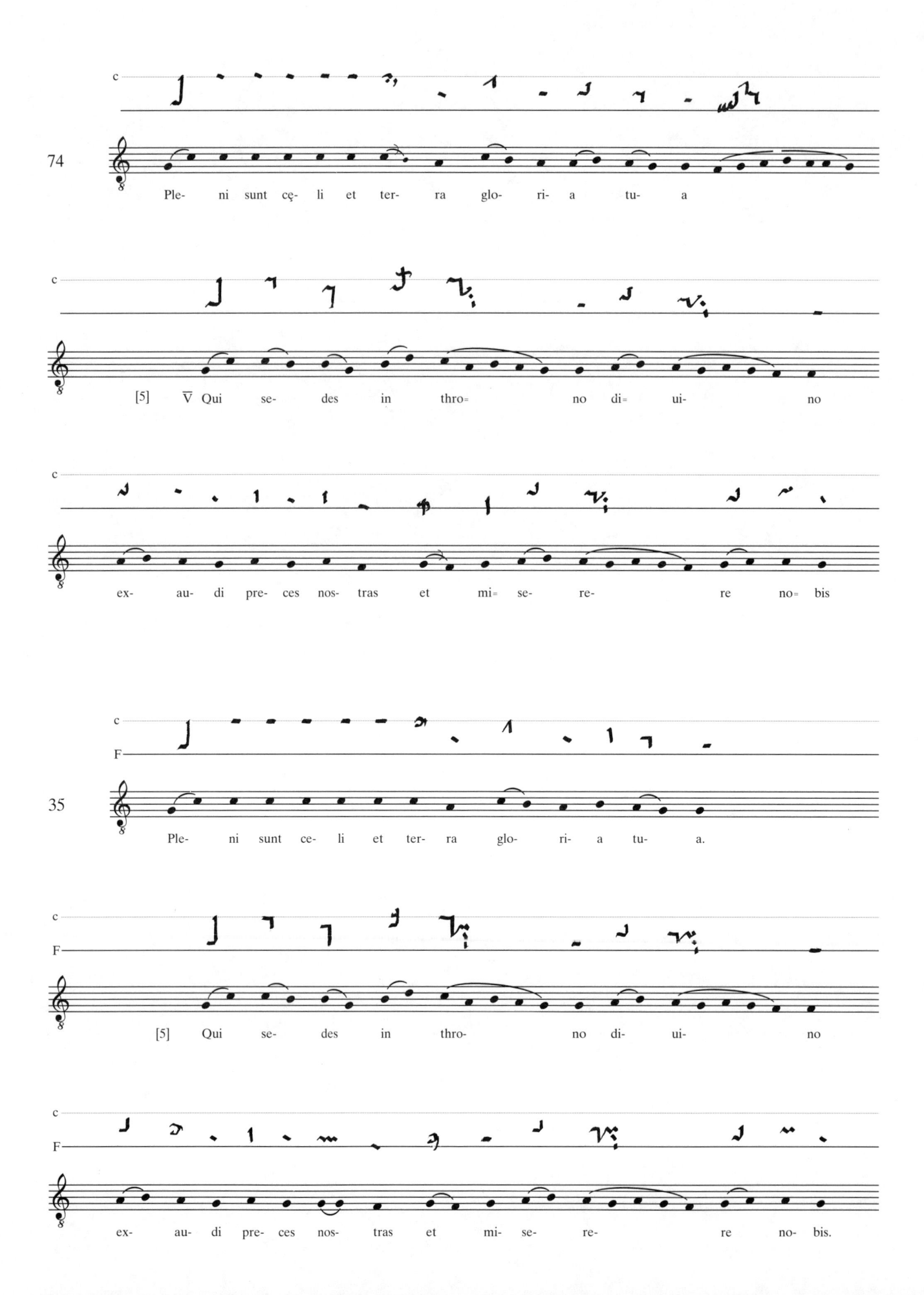

Ple- ni sunt cę- li et ter- ra glo- ri- a tu- a

[5] ℣ Qui se- des in thro- no di- ui- no

ex- au- di pre- ces nos- tras et mi- se- re- re no- bis

Ple- ni sunt ce- li et ter- ra glo- ri- a tu- a.

[5] Qui se- des in thro- no di- ui- no

ex- au- di pre- ces nos- tras et mi- se- re- re no- bis.

74
O- san- na in ex- cel- sis

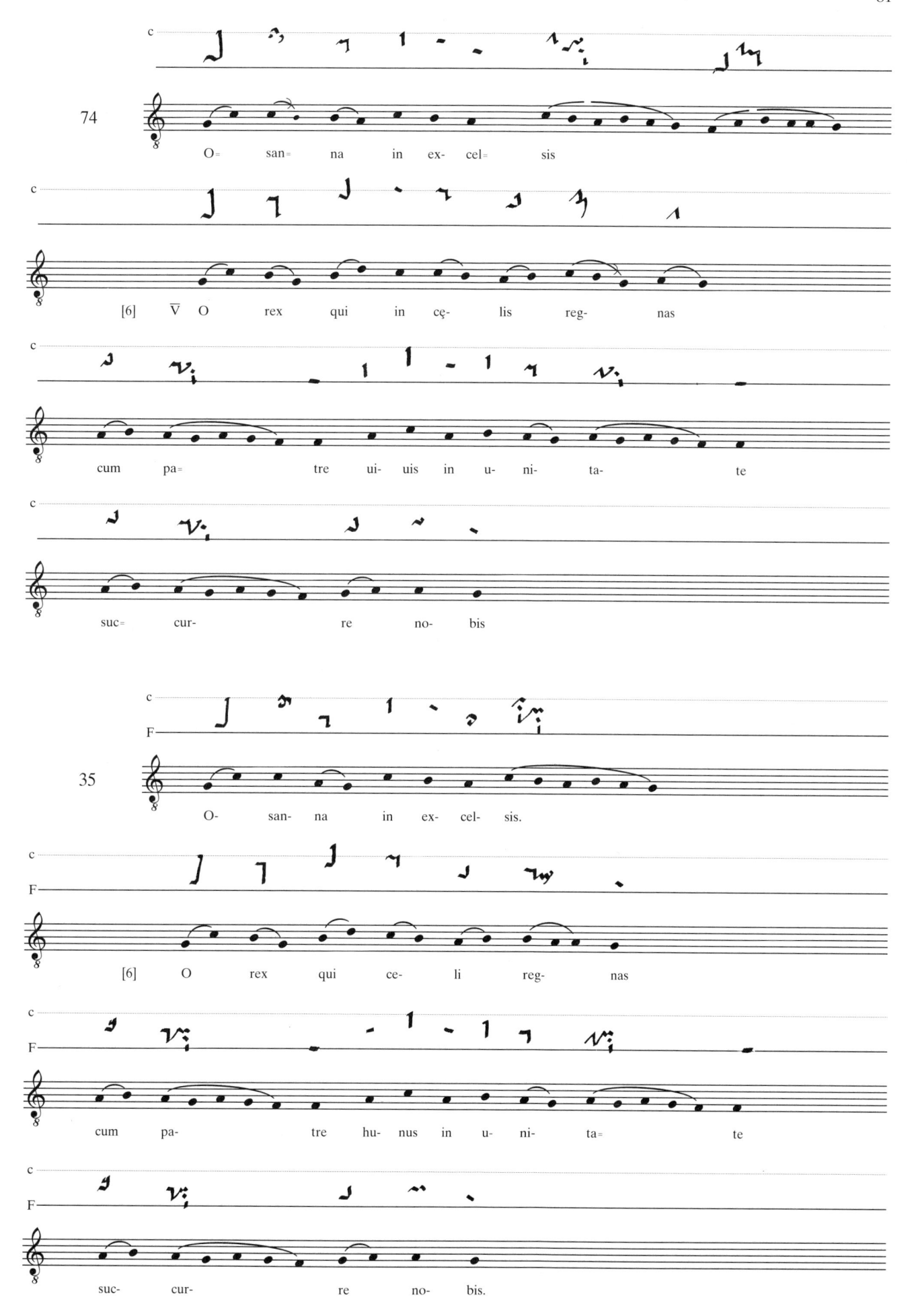

[6] V O rex qui in cę- lis reg- nas

cum pa- tre ui- uis in u- ni- ta- te

suc- cur- re no- bis

35
O- san- na in ex- cel- sis.

[6] O rex qui ce- li reg- nas

cum pa- tre hu- nus in u- ni- ta- te

suc- cur- re no- bis.

82

74 Be- ne- dic= tus qui ue- nit in no- mi- ne do- mi= ni

[7] O al= me in ex- cel=

sis

35 Be- ne= dic= tus ui ue- nit in no- mi- ne do-

f. 198ᵛ

mi- ni. [7] O al- me in ex- cel-

- sis.

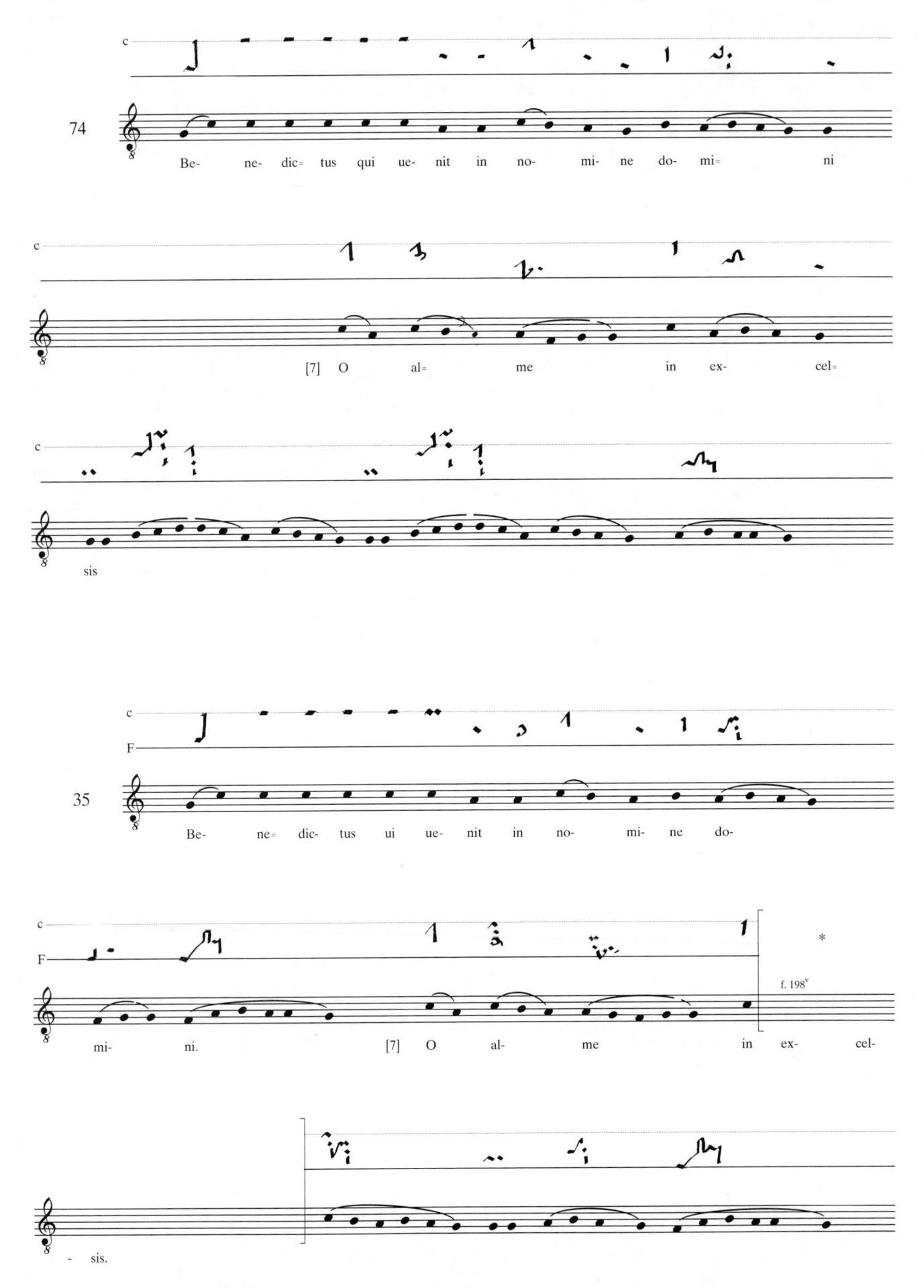

*Notes torn off.

Sanctus
Thannabaur 49; Vatican IV

Perpetuo numine
(Perpetuo lumine)

602 Sanc- tus.

[1] Per- pe- tu- o nu- mi- ne cunc- ta re- gens.

546 San= ctus.

38 Sanc- tus.

34 Sanc= tus.

[1] Per- pe- tu- o lu- mi- ne cunc- ta re- plens.

Commentary, see p. 93.
546, 38: without tropes

84

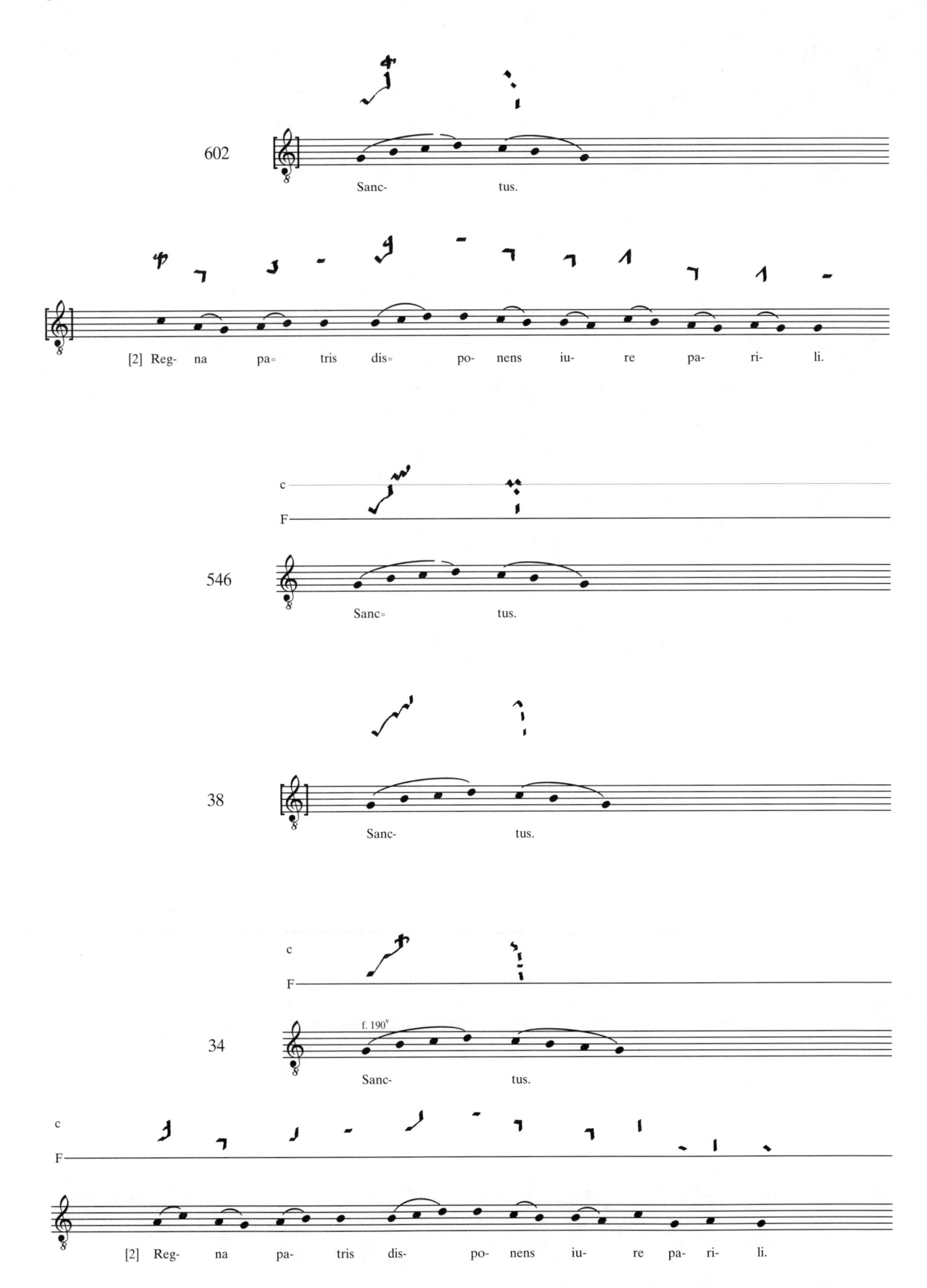

602 Sanc- tus.

[2] Reg- na pa- tris dis- po- nens iu- re pa- ri- li.

546 Sanc- tus.

38 Sanc- tus.

34 (f. 190ᵛ) Sanc- tus.

[2] Reg- na pa- tris dis- po- nens iu- re pa- ri- li.

602 Sanc- tus.

[3] Con- si- mi- lis qui bo- na cunc- ta nu- tris.

546 Sanc= tus.

38 Sanc- tus

34 Sanc- tus.

[3] Con- si- mi- lis qui bo- na cunc- ta nu- tris.

602

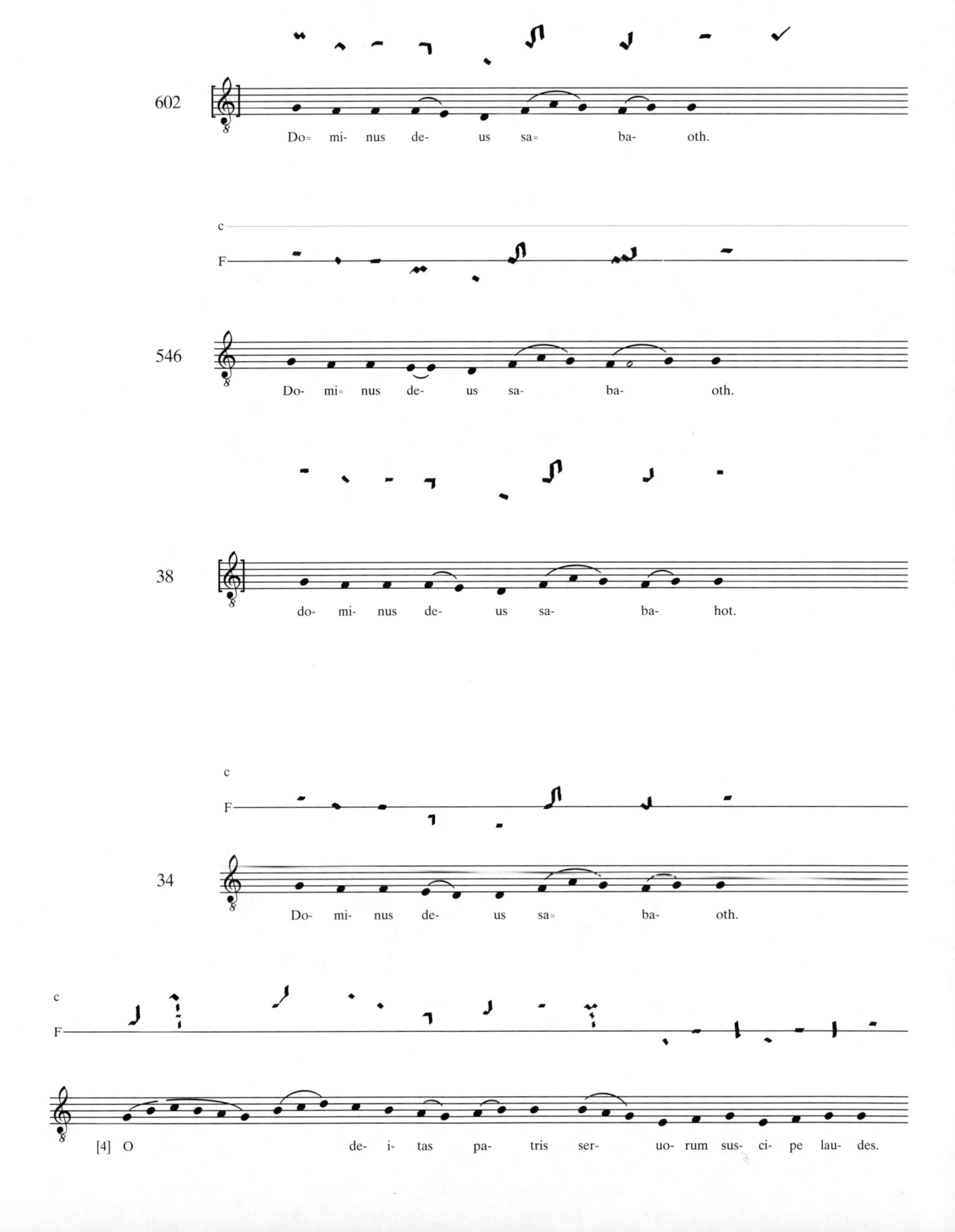

Do- mi- nus de- us sa- ba- oth.

546

Do- mi- nus de- us sa- ba- oth.

38

do- mi- nus de- us sa- ba- hot.

34

Do- mi- nus de- us sa- ba- oth.

[4] O de- i- tas pa- tris ser- uo- rum sus- ci- pe lau- des.

602　Ple- ni sunt cę- li et ter- ra glo- ri- a tu=_____ a.

546　Ple- ni sunt cę- li et ter- ra glo- ri- a tu= a.

38　Ple- ni sunt ce- li et ter- ra glo- ri- a tu- a

34　Ple- ni sunt cę- li et ter- ra glo- ri- a tu= a.

88

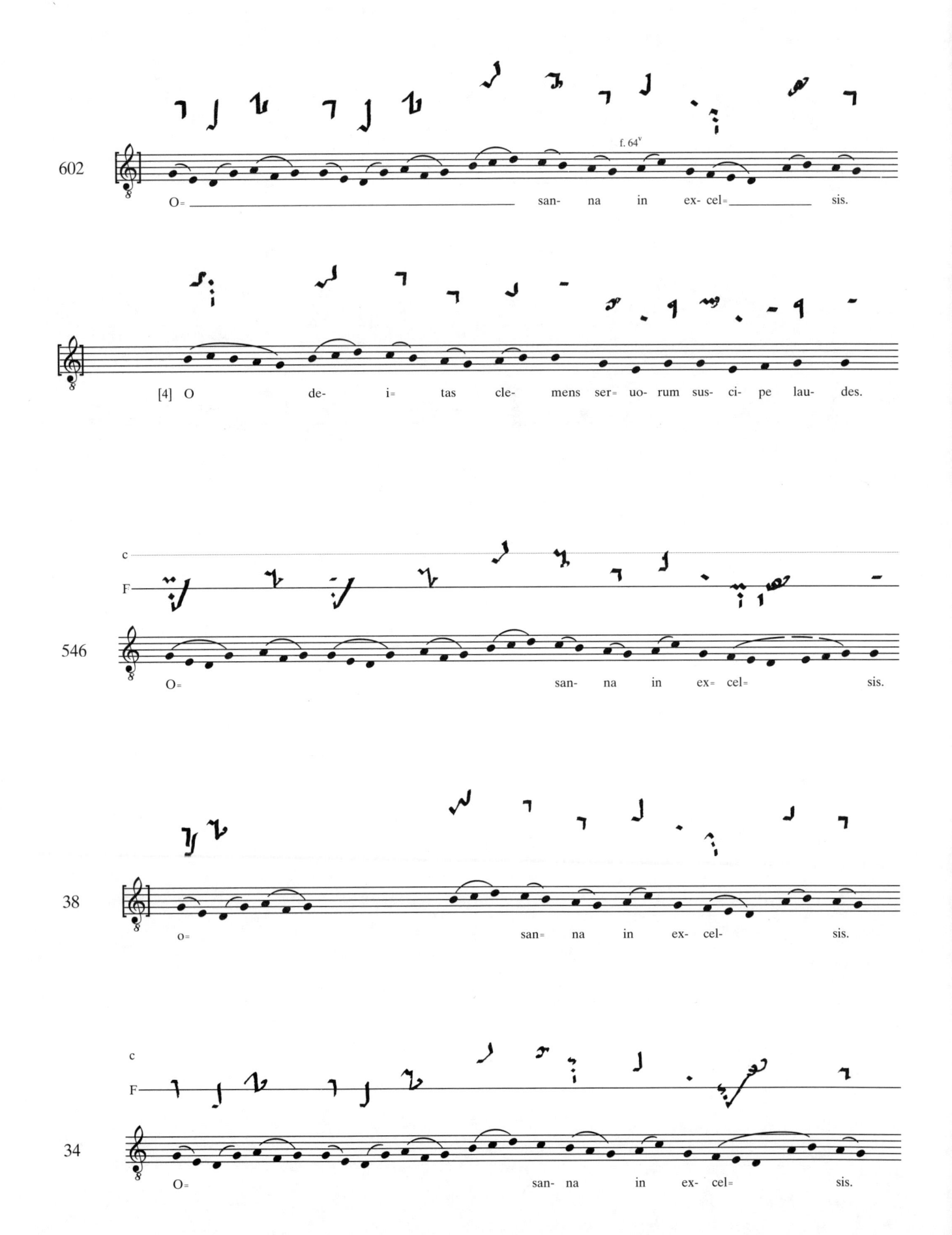

602 O— sanna in ex- cel— sis.

[4] O de- i= tas cle- mens ser= uo- rum sus- ci- pe lau- des.

546 O— sanna in ex= cel= sis.

38 O— san= na in ex- cel- sis.

34 O— sanna in ex- cel— sis.

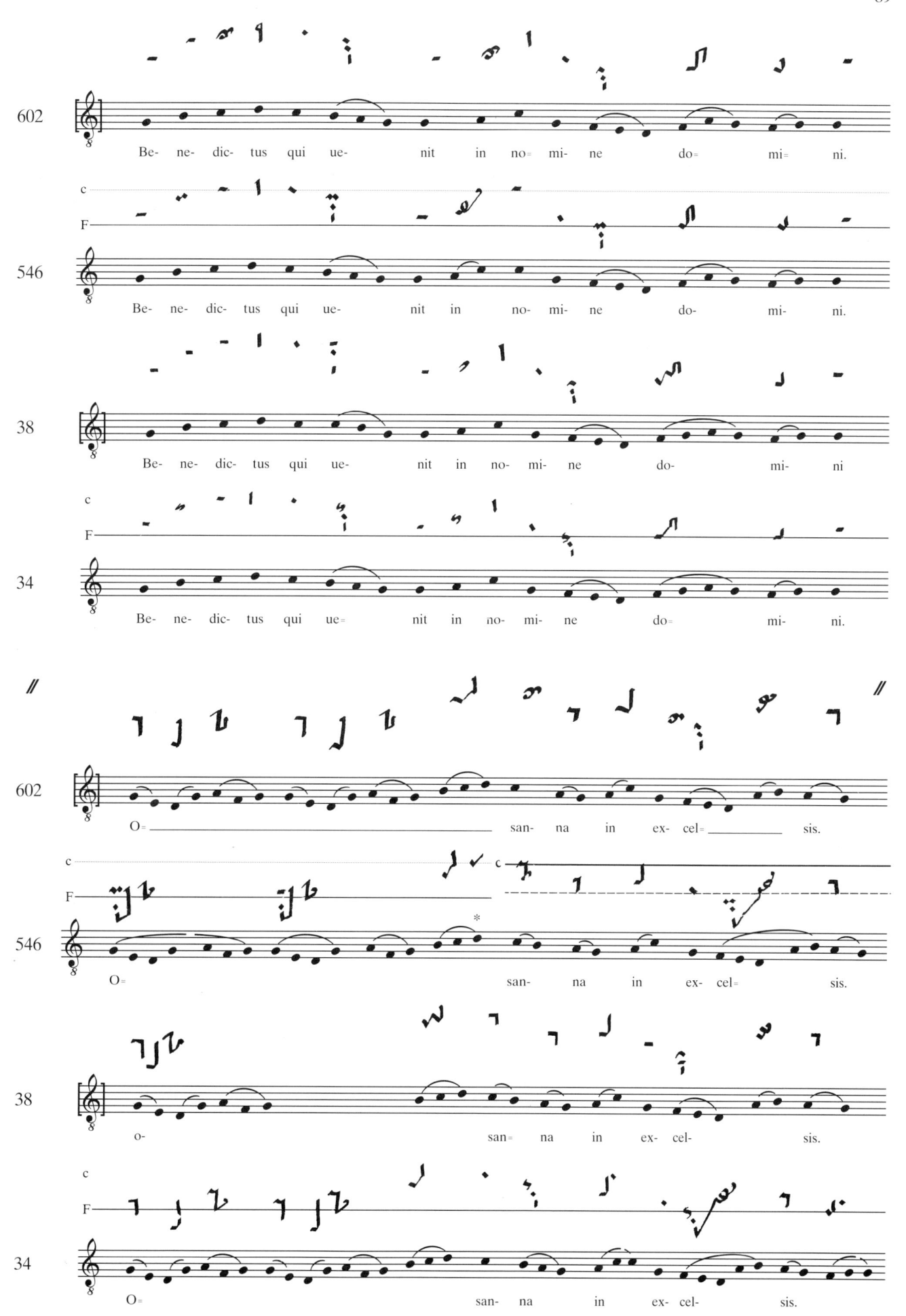

*Custos and clef correct; red and yellow lines incorrect in MS.

Pie Christe descendisti, Hosanna[2] Prosula with Thannabaur 223,
see *Mundi fabricator*, p. 64
Plasmatum populum, Hosanna[1] Prosa with Thannabaur 197,
see *Caelestia sidera*, p. 24; also see p. 128

Sanctus
Thannabaur 62

Quam pulchra est

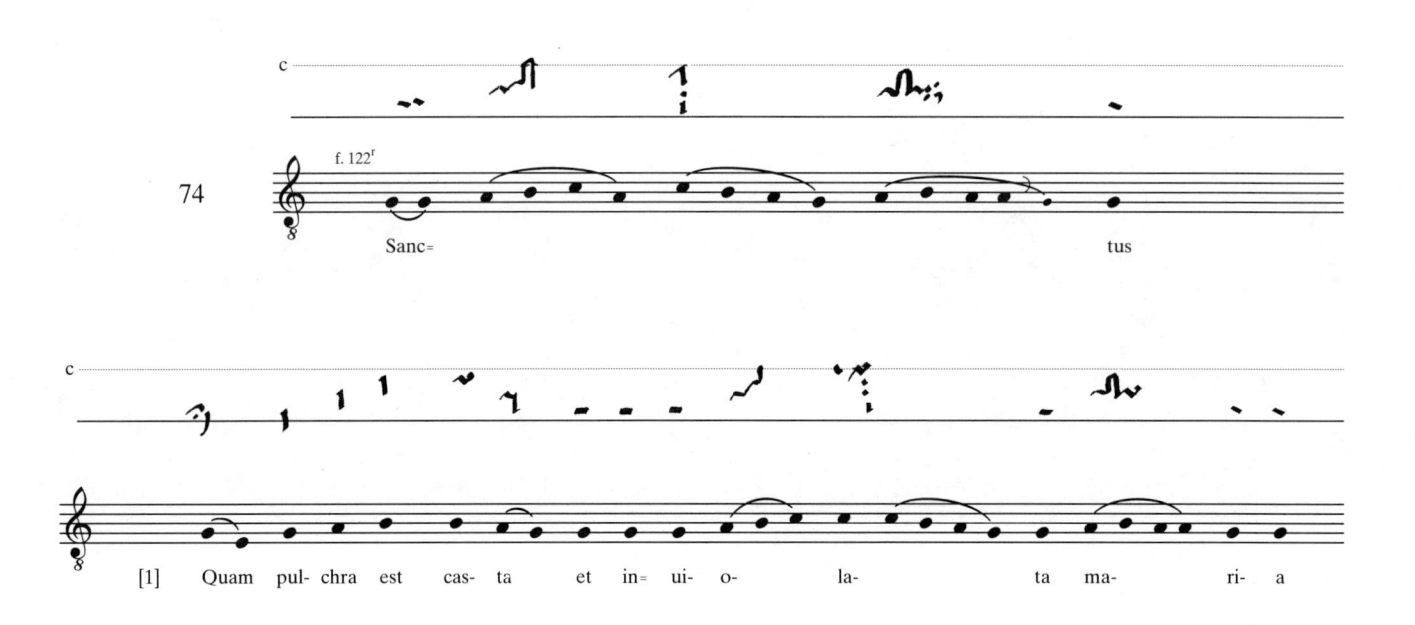

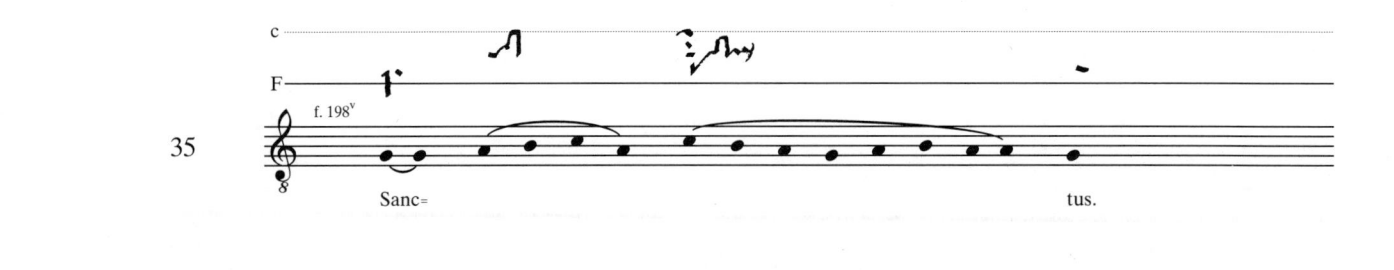

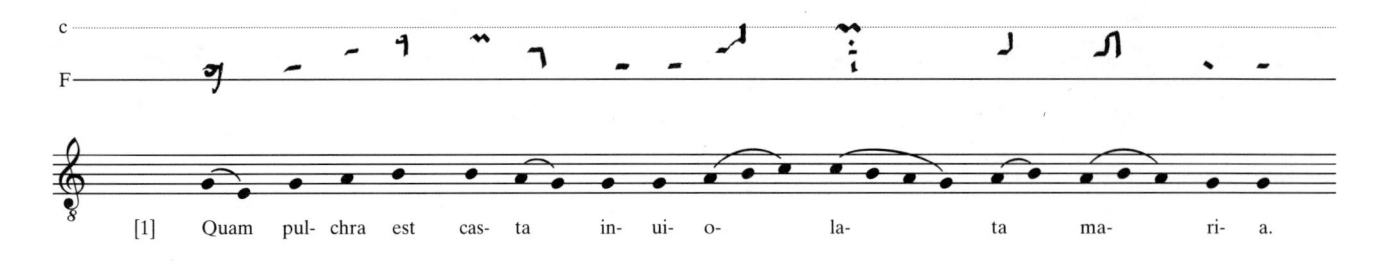

74 Sanc- tus

[1] Quam pul- chra est cas- ta et in- ui- o- la- ta ma- ri- a

35 Sanc- tus.

[1] Quam pul- chra est cas- ta in- ui- o- la- ta ma- ri- a.

Commentary, see p. 96.

35: Incomplete. The piece now breaks off just before *Pleni sunt*. The folio with the continuation has disappeared from the MS.

91

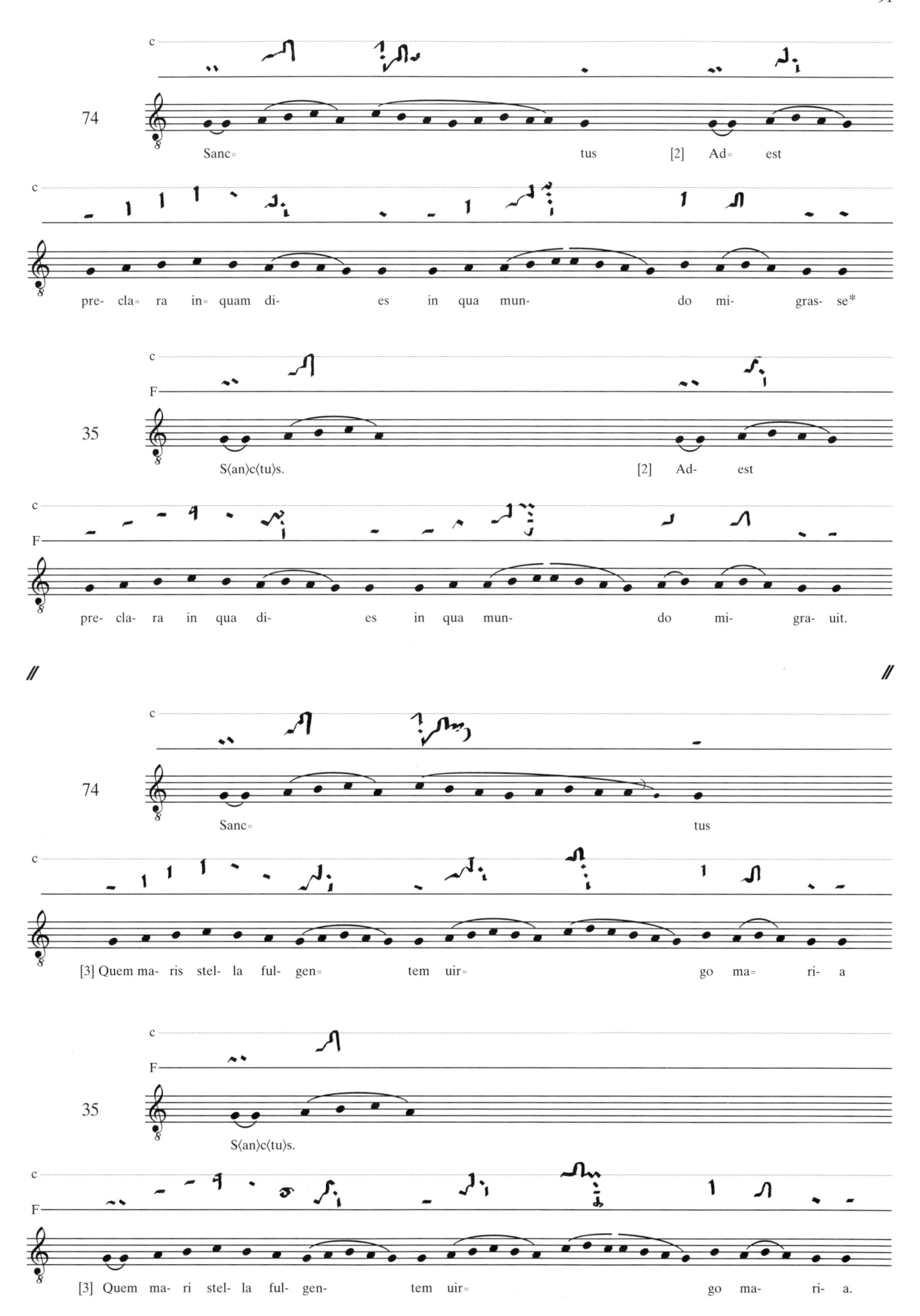

74 Sanc= tus [2] Ad- est

pre- cla= ra in= quam di- es in qua mun- do mi- gras- se*

35 S⟨an⟩c⟨tu⟩s. [2] Ad- est

pre- cla- ra in qua di- es in qua mun- do mi- grau- it.

74 Sanc= tus

[3] Quem ma- ris stel- la ful- gen- tem uir- go ma- ri- a

35 S⟨an⟩c⟨tu⟩s.

[3] Quem ma- ri stel- la ful- gen- tem uir= go ma- ri- a.

*sic; but the word has been corrected by erasure to read thus.

*The piece is broken off here by a lacuna in the MS of at least one folio.

Sanctus
Thannabaur 63

Quem cherubim atque seraphim
+*Cui pueri Hebraeorum*
Hosanna[2] Prosula: **Hebraeorum pueri ramos**

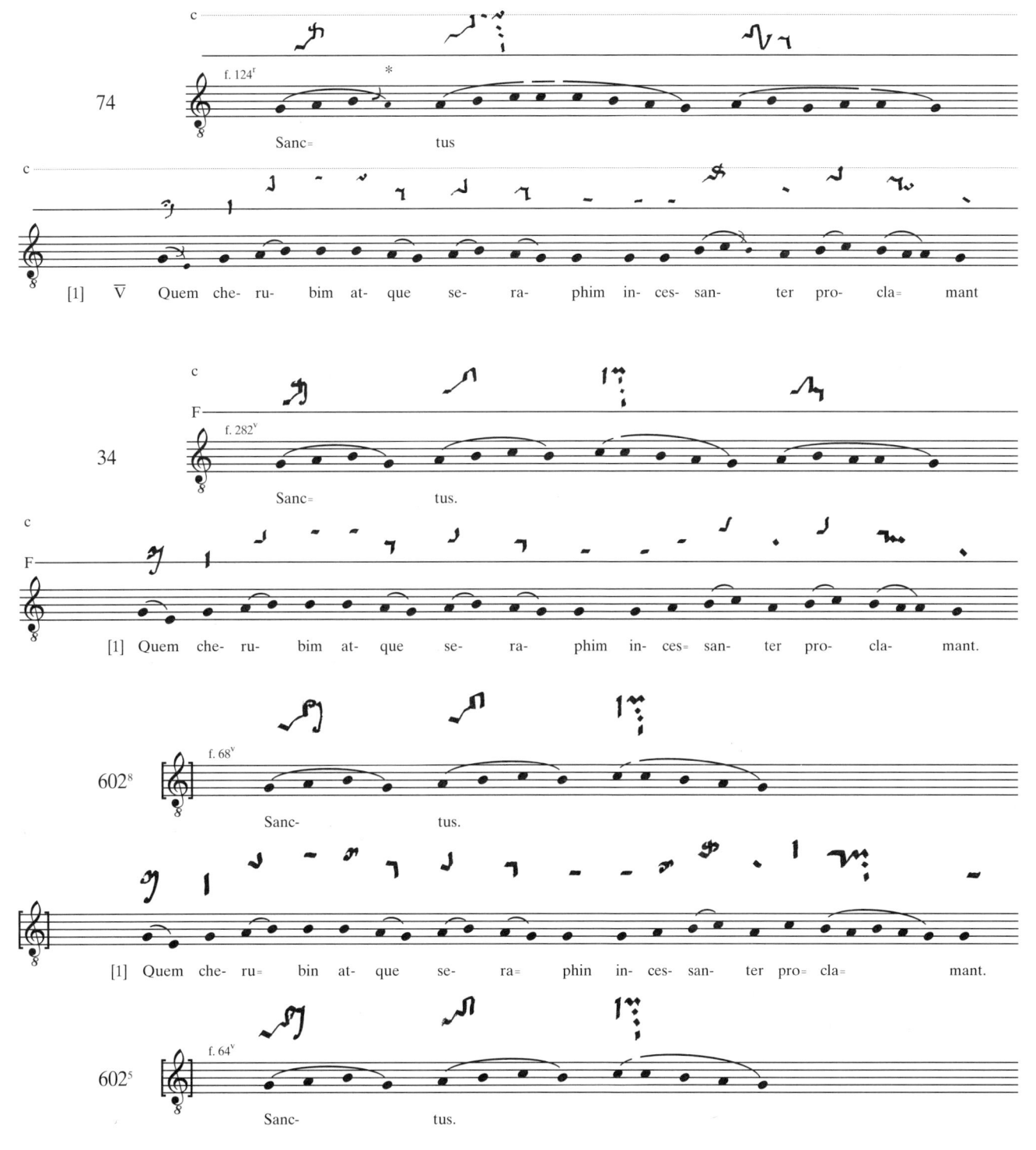

Commentary, see p. 98.

*Or "G"?

74: With tropes *Quem cherubim atque seraphim* and *Cui pueri Hebraeorum*, but without prosula.

34: With tropes *Quem cherubim atque seraphim* and *Cui pueri Hebraeorum* and with an expanded version of the Hosanna[2] prosula **Hebraeorum pueri ramos**.

602[8]: 8th of twelve Sanctus. With three verses of *Quem cherubim atque seraphim*, without *Cui pueri Hebraeorum* or prosula.

602[5]: 5th of twelve Sanctus. Without the trope verses beginning *Quem cherubim atque seraphim* but with three trope verses beginning *Cui pueri Hebraeorum*, and with Hosanna[2] prosula **Hebraeorum pueri ramos**.

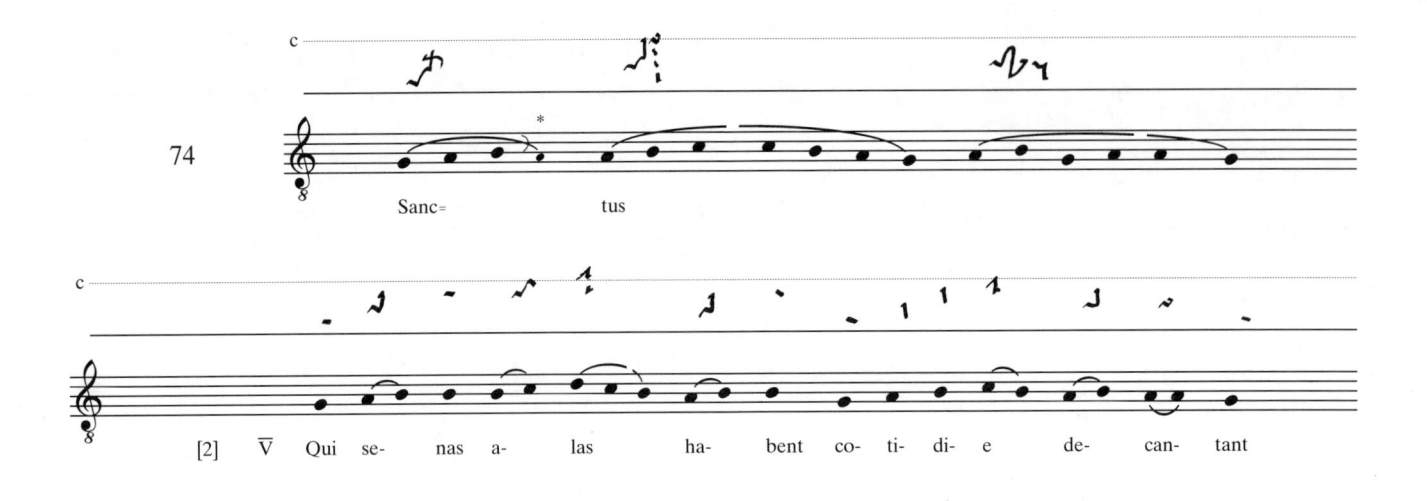

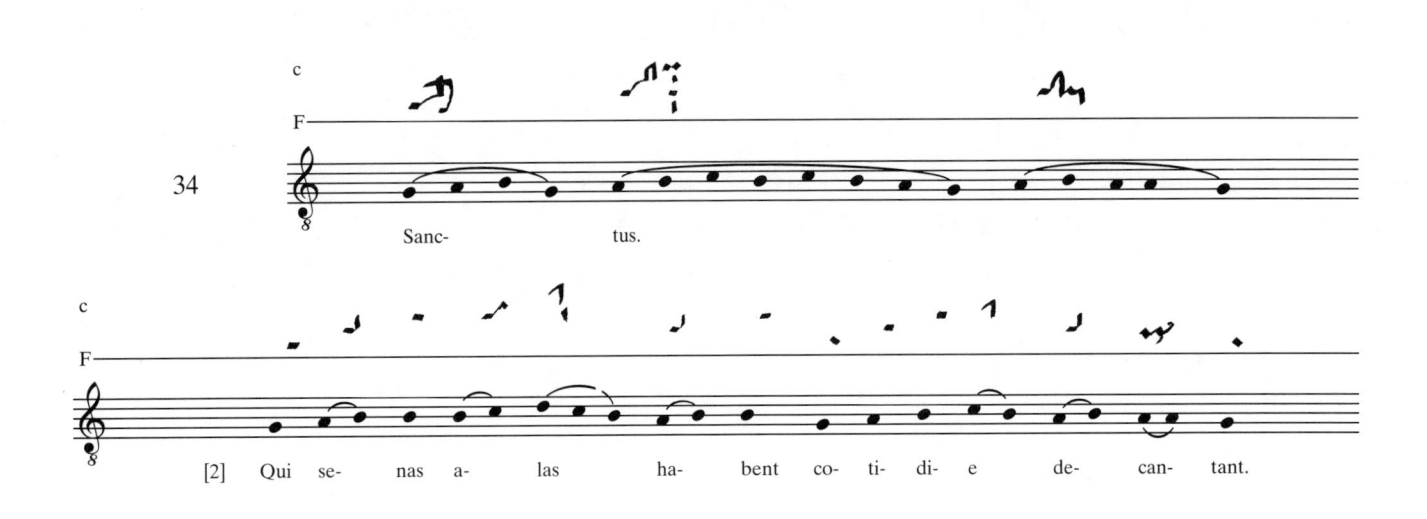

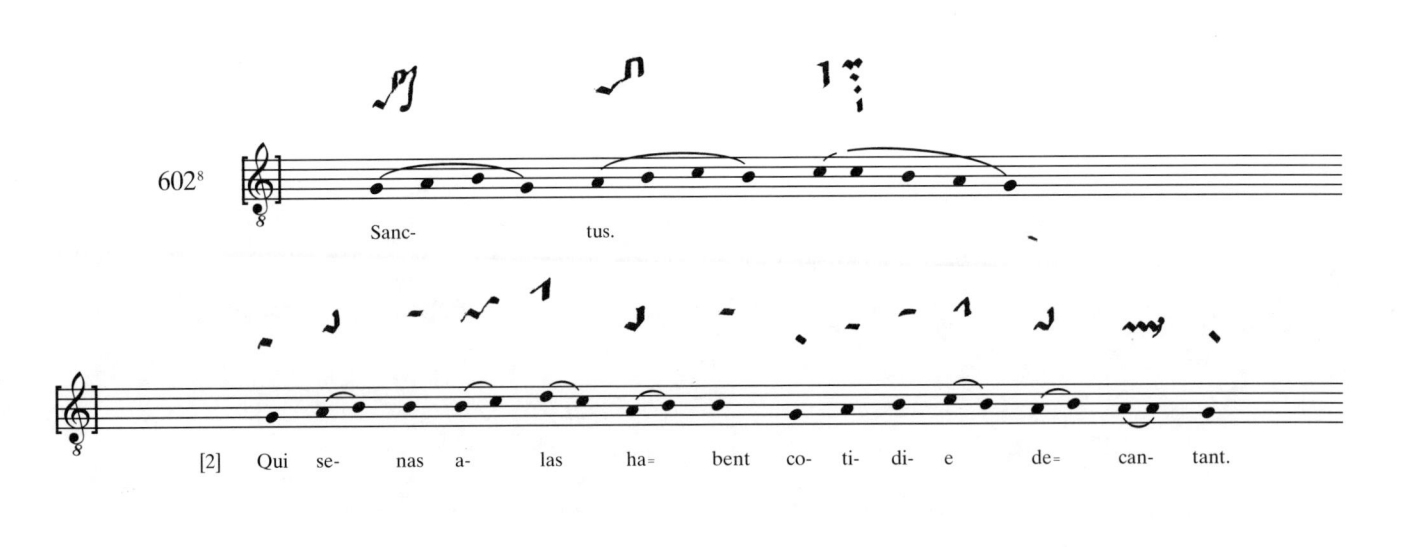

94

74 Sanc- tus

[2] ℣ Qui se- nas a- las ha- bent co- ti- di- e de- can- tant

34 Sanc- tus.

[2] Qui se- nas a- las ha- bent co- ti- di- e de- can- tant.

602[8] Sanc- tus.

[2] Qui se- nas a- las ha- bent co- ti- di- e de- can- tant.

602[5] Sanc- tus.

*Or "G"?

95

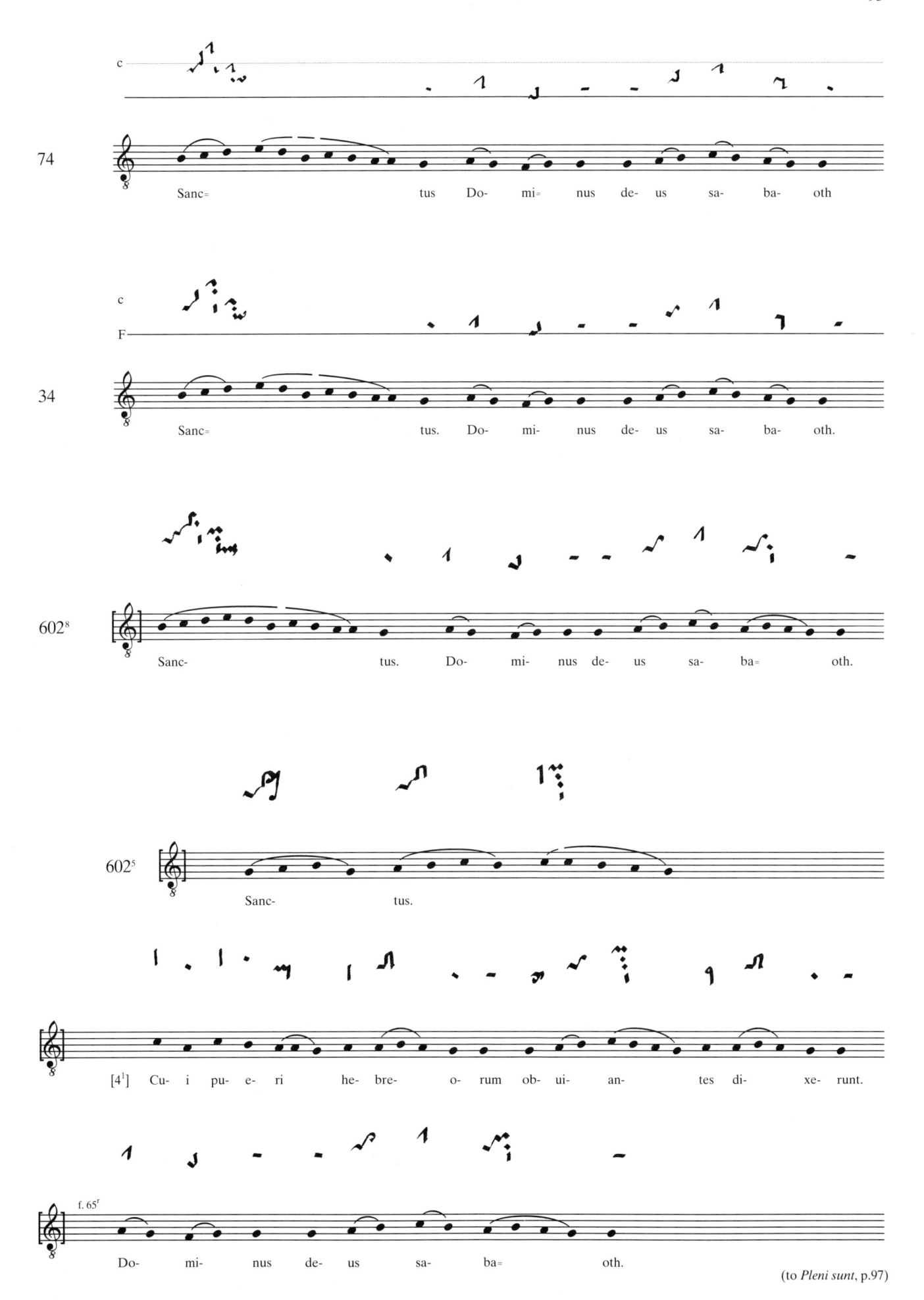

74

Sanc= tus Do- mi- nus de- us sa- ba- oth

34

Sanc= tus. Do- mi- nus de- us sa- ba- oth.

602[8]

Sanc- tus. Do- mi- nus de- us sa- ba= oth.

602[5]

Sanc- tus.

[4[1]] Cu- i pu- e- ri he- bre- o- rum ob- ui- an- tes di- xe- runt.

f. 65[r]

Do- mi- nus de- us sa- ba= oth.

(to *Pleni sunt*, p.97)

74

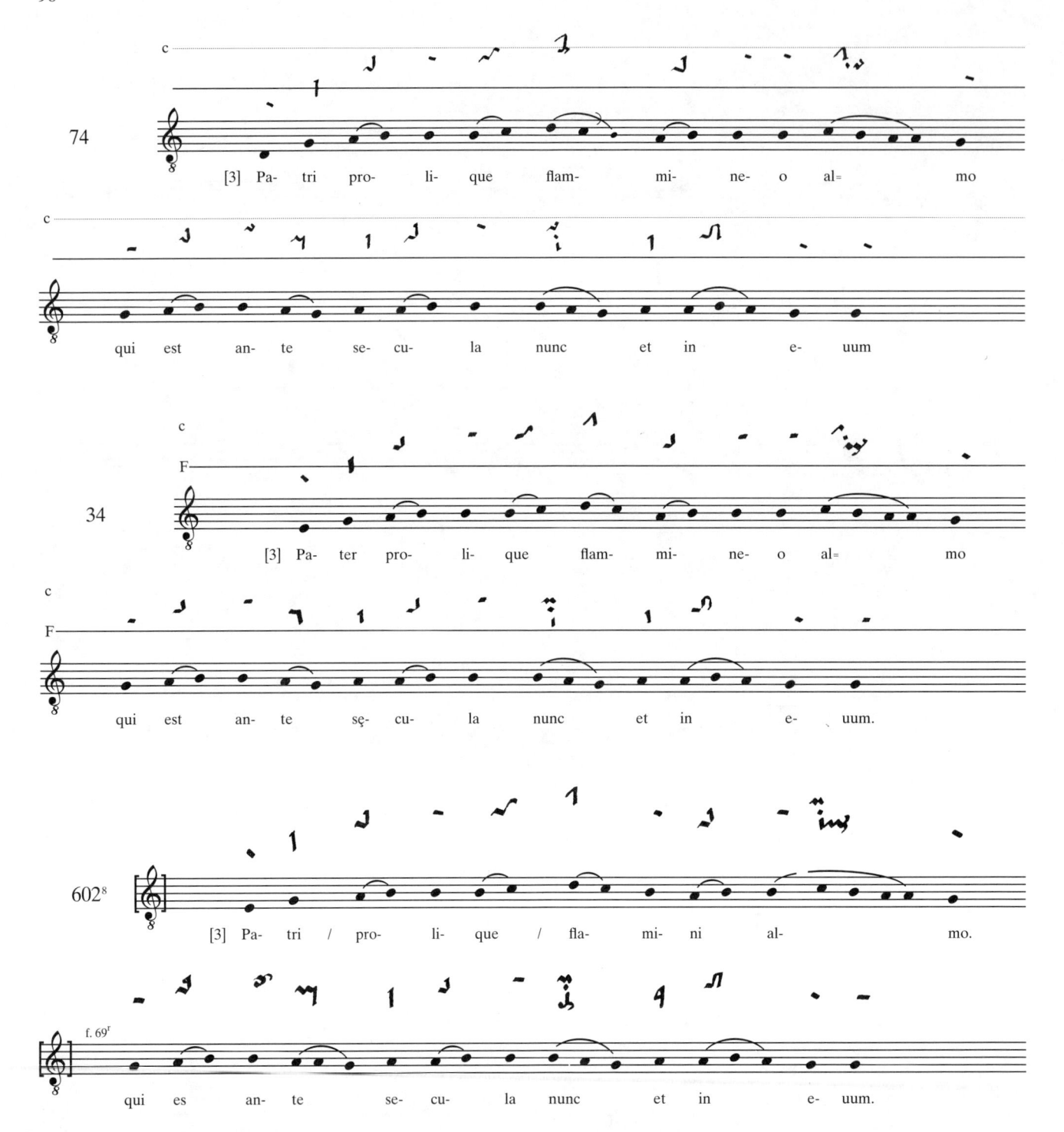

[3] Pa- tri pro- li- que flam- mi- ne o al= mo

qui est an- te se- cu- la nunc et in e- uum

34

[3] Pa- ter pro- li- que flam- mi- ne o al= mo

qui est an- te sę- cu- la nunc et in e- uum.

602[8]

[3] Pa- tri / pro- li- que / fla- mi- ni al- mo.

qui es an- te se- cu- la nunc et in e- uum.

74
Ple- ni sunt cę- li et ter= ra glo- ri- a tu- a

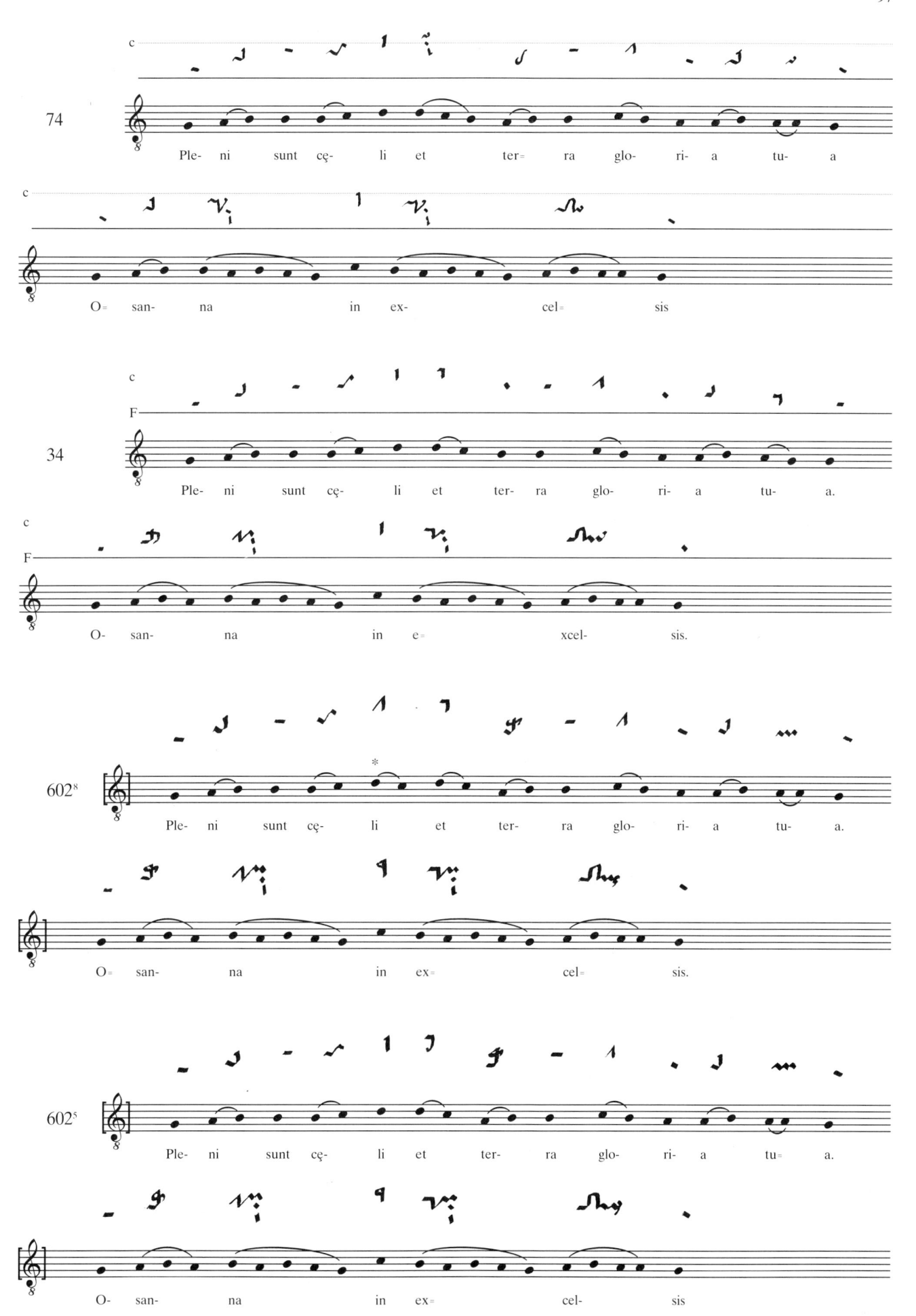

O= san- na in ex- cel= sis

34
Ple- ni sunt cę- li et ter- ra glo- ri- a tu- a.

O- san- na in e= xcel- sis.

602⁸
Ple- ni sunt cę- li et ter- ra glo- ri- a tu- a.

O= san- na in ex- cel= sis.

602⁵
Ple- ni sunt cę- li et ter- ra glo- ri- a tu- a.

O- san- na in ex= cel- sis

*Clivis written in error for a virga on "d."

74 [4] Cu- i pu- e- ri ę- brę- o- rum ob= ui- an= tes cla- ma- bant.

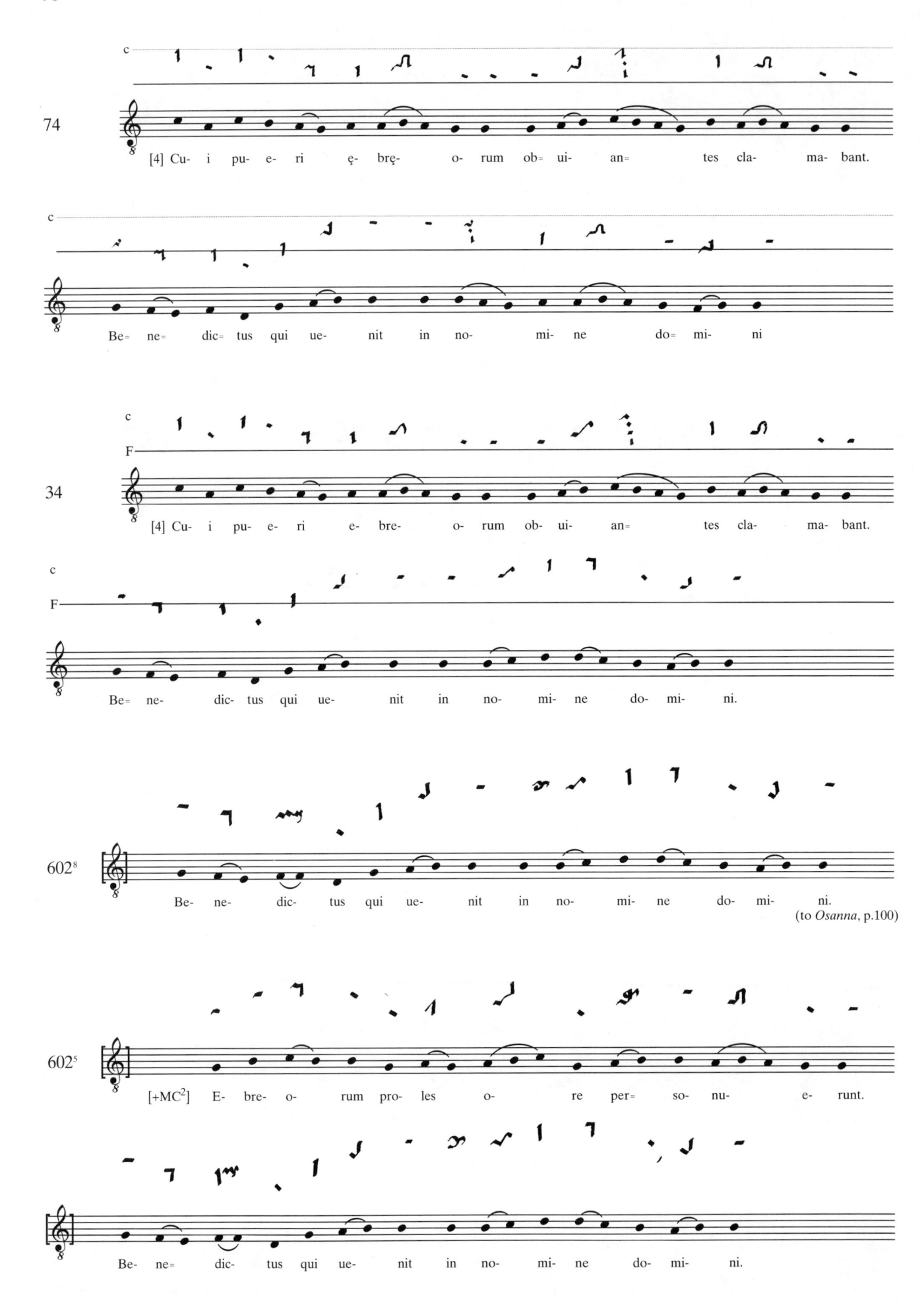

Be= ne= dic- tus qui ue- nit in no- mi- ne do- mi- ni

34 [4] Cu- i pu- e- ri e- bre- o- rum ob- ui- an= tes cla- ma- bant.

Be- ne- dic- tus qui ue- nit in no- mi- ne do- mi- ni.

602⁸ Be- ne- dic- tus qui ue- nit in no- mi- ne do- mi- ni.
(to *Osanna*, p.100)

602⁵ [+MC²] E- bre- o- rum pro- les o- re per- so- nu- e- runt.

Be= ne- dic- tus qui ue- nit in no- mi- ne do- mi- ni.

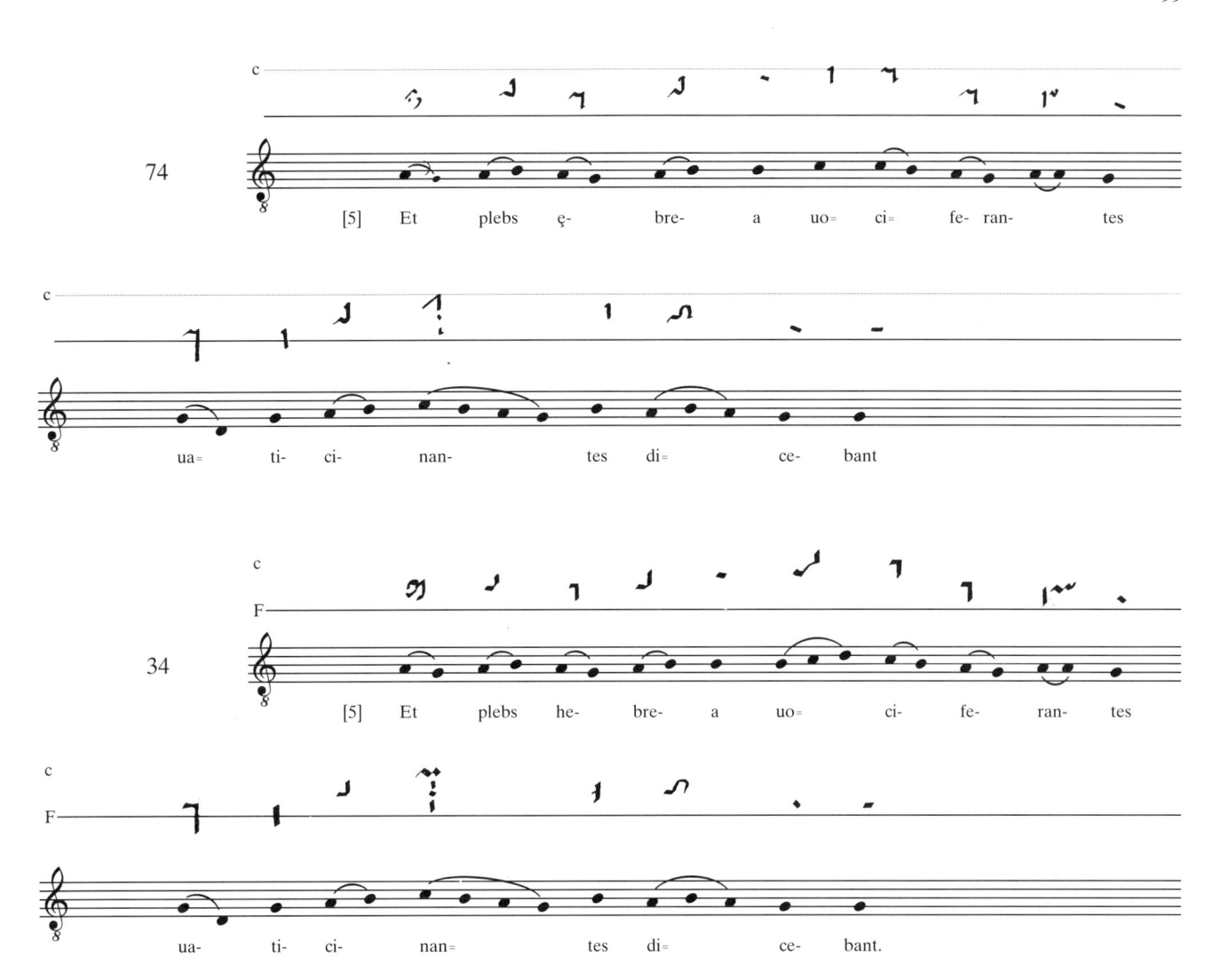

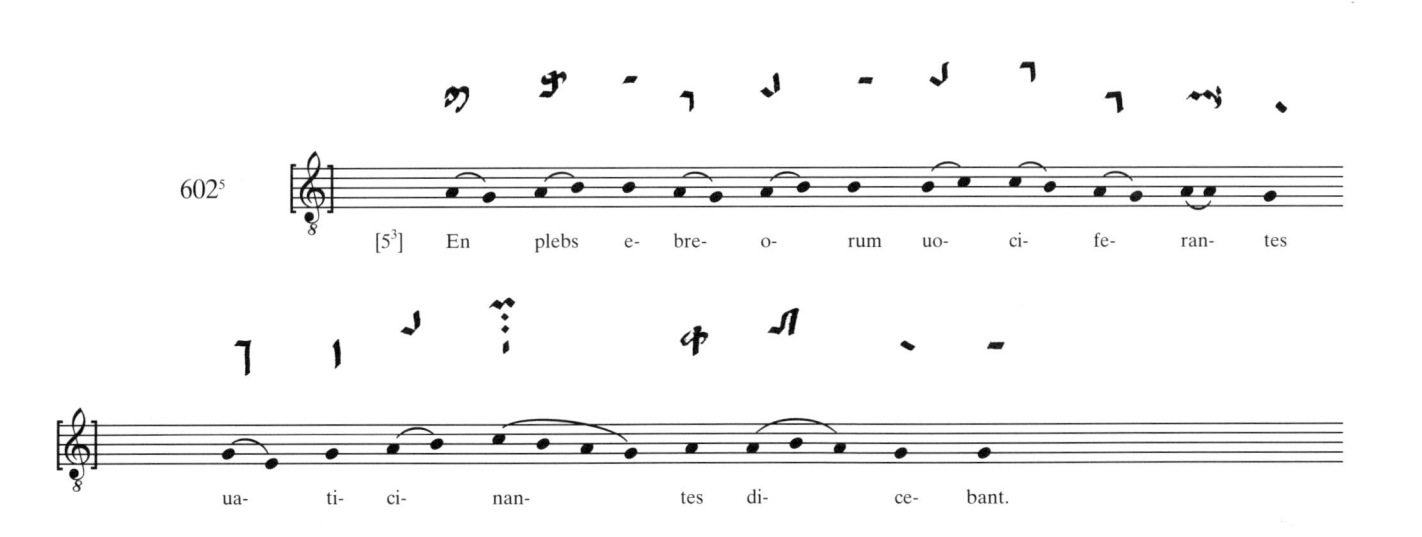

74 [5] Et plebs ę- bre- a uo= ci= fe- ran- tes ua= ti- ci- nan- tes di- ce- bant

34 [5] Et plebs he- bre- a uo= ci- fe- ran- tes ua- ti- ci- nan= tes di= ce- bant.

602[5] [5³] En plebs e- bre- o- rum uo- ci- fe- ran- tes ua- ti- ci- nan- tes di- ce- bant.

100

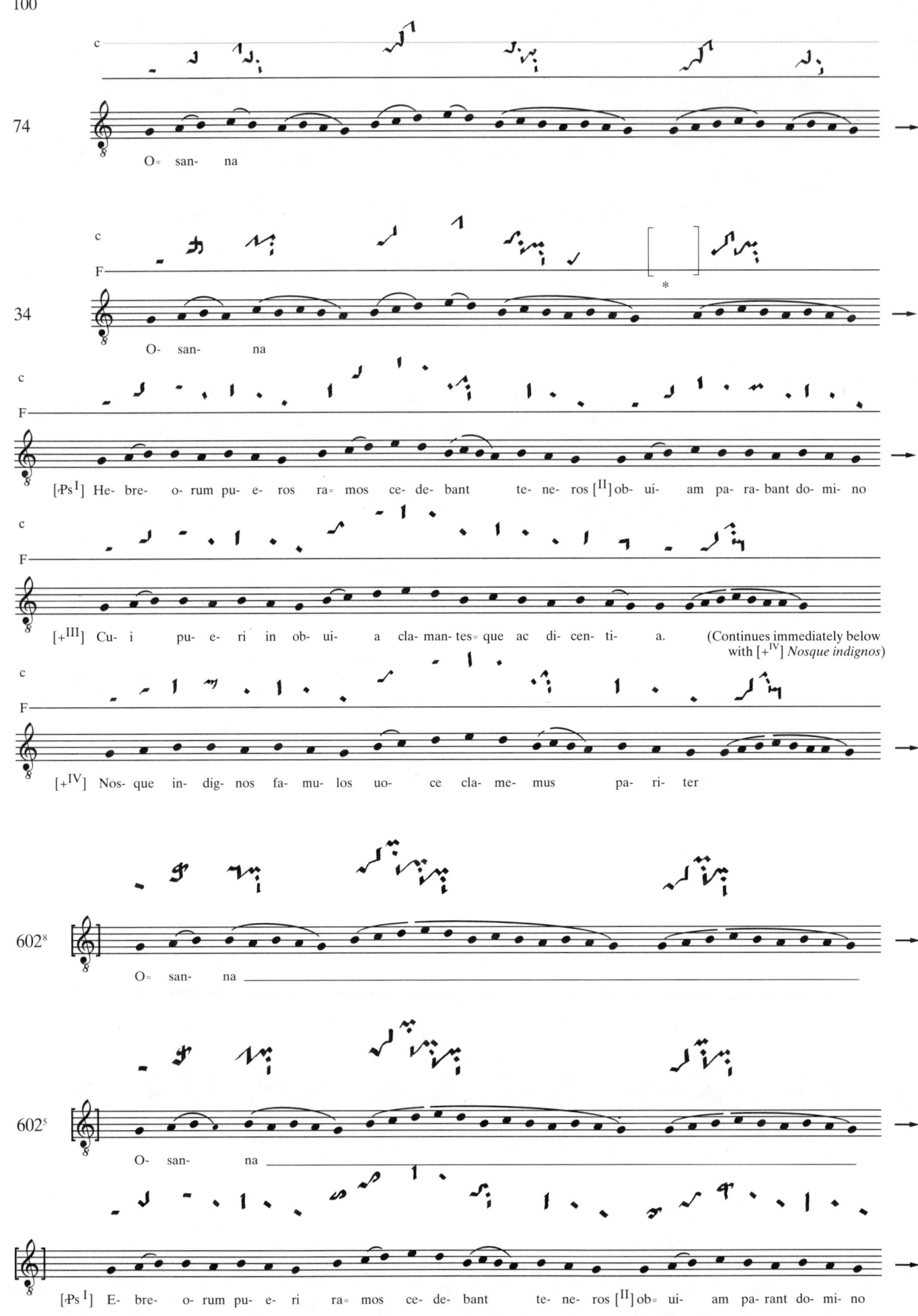

74 O- san- na

34 O- san- na

[Ps I] He- bre- o- rum pu- e- ros ra= mos ce- de- bant te- ne- ros [II] ob- ui- am pa- ra- bant do- mi- no

[+III] Cu- i pu- e- ri in ob- ui- a cla- man- tes= que ac di- cen- ti- a. (Continues immediately below with [+IV] *Nosque indignos*)

[+IV] Nos- que in- dig- nos fa- mu- los uo- ce cla- me- mus pa- ri- ter

602⁸ O= san- na

602⁵ O- san- na

[Ps I] E- bre- o- rum pu- e- ri ra= mos ce- de- bant te- ne- ros [II] ob= ui- am pa- rant do- mi- no

*The note "G," indicated by the custos, was omitted at the beginning of this neume.

in ex- cel= sis
(end of piece)

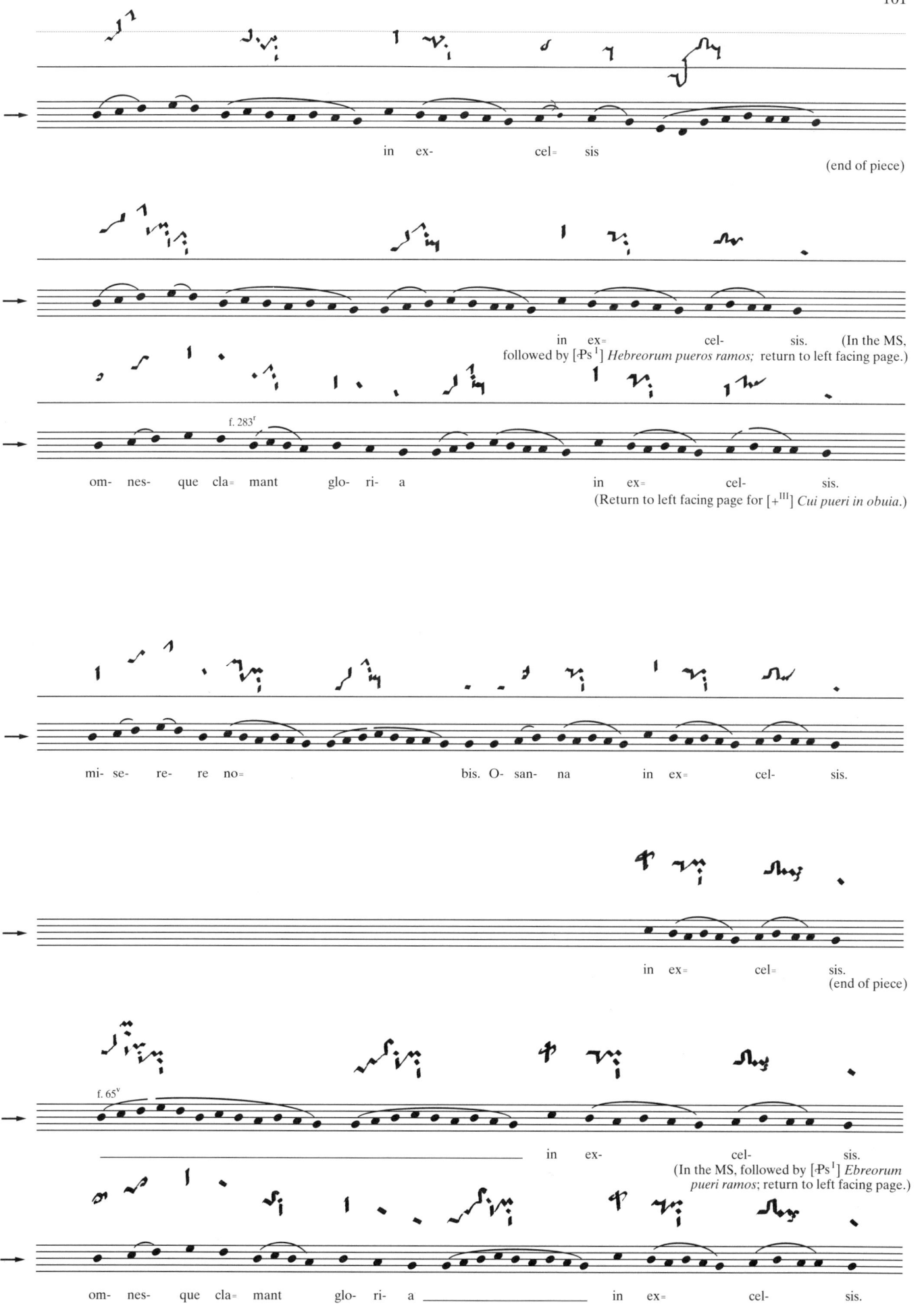

in ex= cel- sis. (In the MS, followed by [♣Ps¹] *Hebreorum pueros ramos;* return to left facing page.)

f. 283ʳ

om- nes- que cla= mant glo- ri- a in ex= cel- sis.
(Return to left facing page for [+ᴵᴵᴵ] *Cui pueri in obuia.*)

mi- se- re- re no= bis. O- san- na in ex= cel- sis.

in ex= cel= sis.
(end of piece)

f. 65ᵛ

in ex- cel- sis.
(In the MS, followed by [♣Ps¹] *Ebreorum pueri ramos*; return to left facing page.)

om- nes- que cla= mant glo- ri- a _____ in ex= cel- sis.

102

Quem cherubim et seraphim non cessant, Thannabaur 223,
see *Mundi fabricator*, p.64

Sanctus
Thannabaur 86

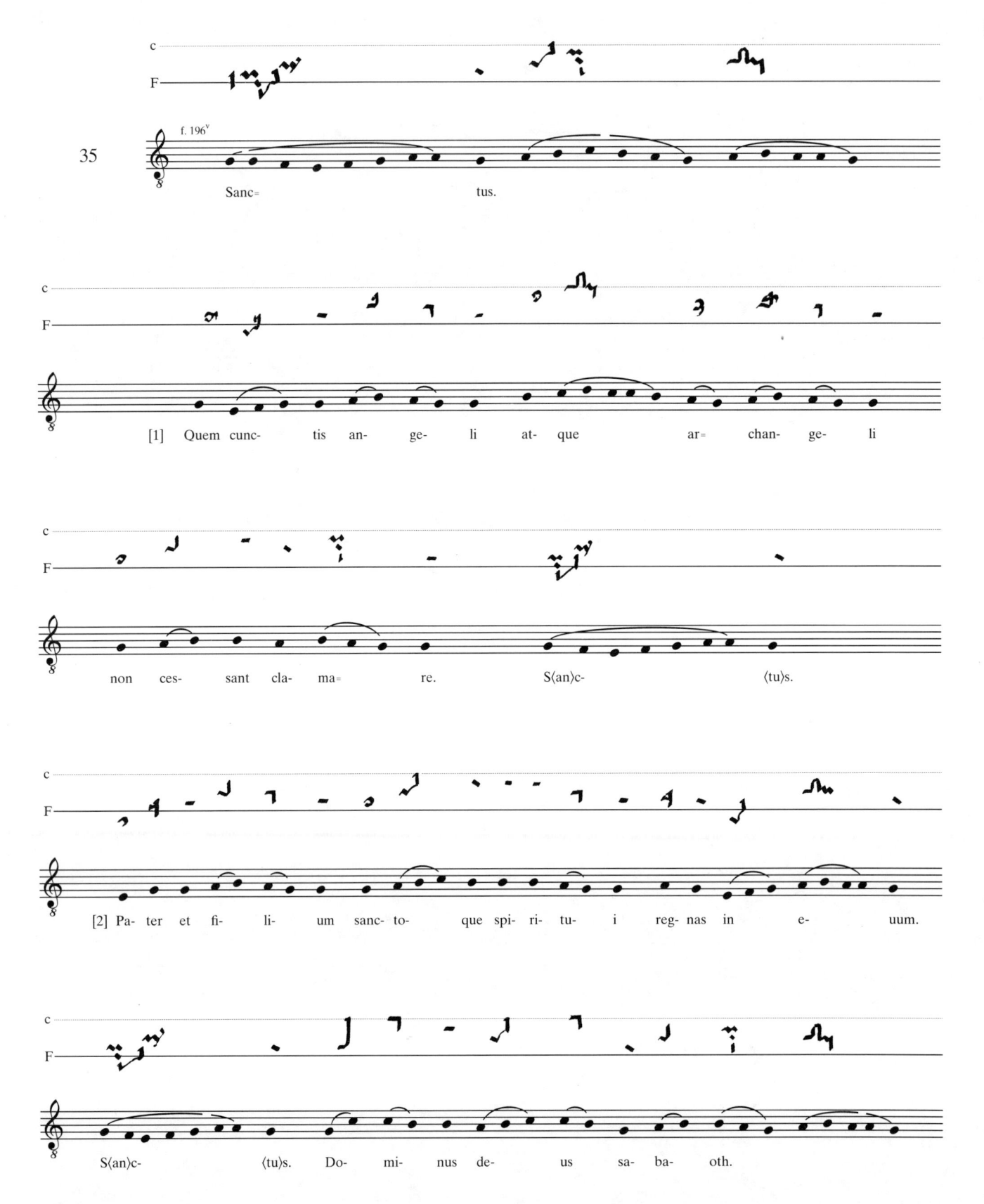

Quem cuncti angeli

35

Sanc= tus.

[1] Quem cunc- tis an- ge- li at- que ar= chan- ge- li

non ces- sant cla= ma= re. S⟨an⟩c- ⟨tu⟩s.

[2] Pa- ter et fi- li- um sanc- to- que spi- ri- tu- i reg- nas in e- uum.

S⟨an⟩c- ⟨tu⟩s. Do- mi- nus de- us sa- ba- oth.

Commentary, see p. 103.

[3] Par- ce mi- se- ris in- dul- ge pec- can- ti- bus.

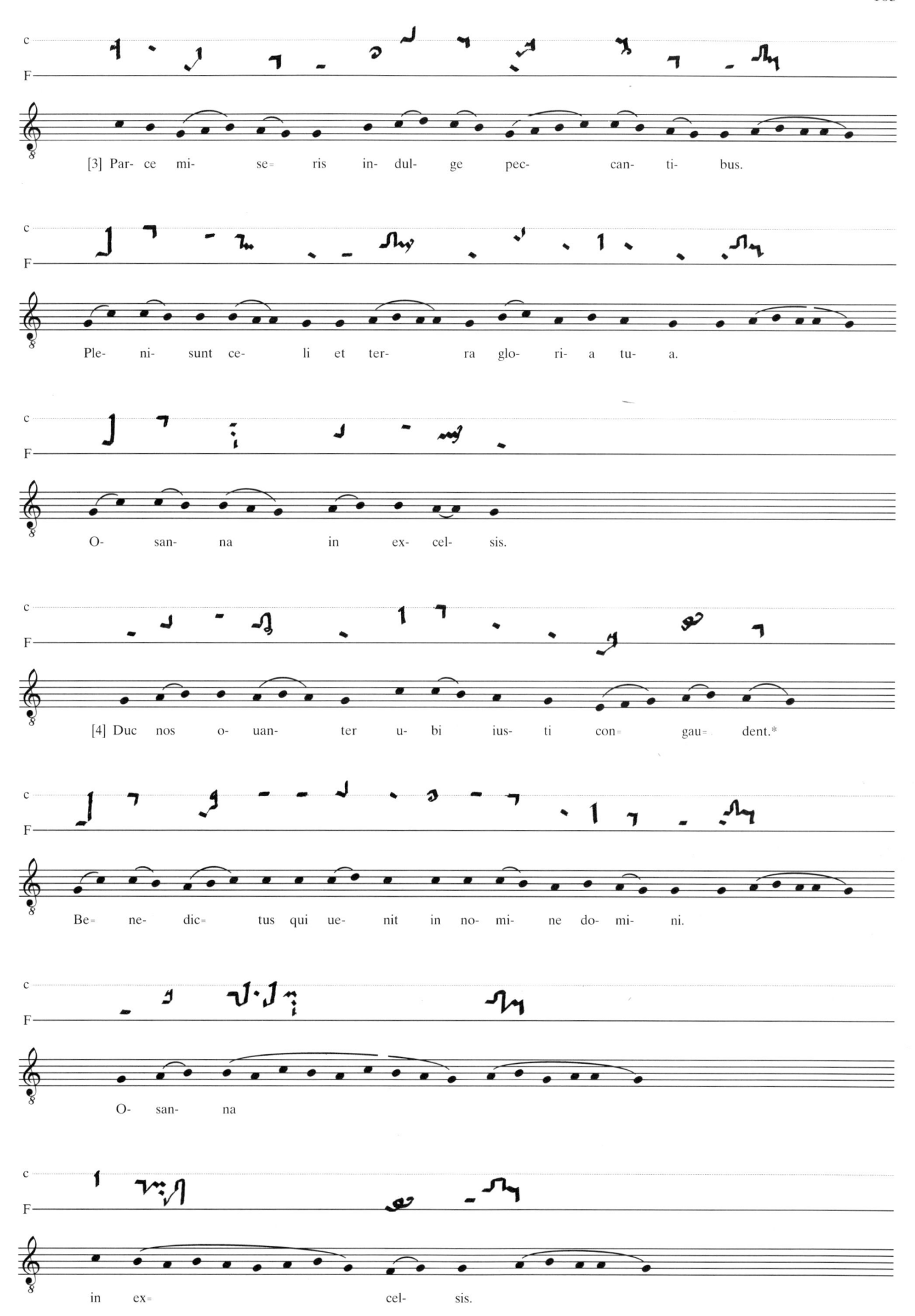

Ple- ni- sunt ce- li et ter- ra glo- ri- a tu- a.

O- san- na in ex- cel- sis.

[4] Duc nos o- uan- ter u- bi ius- ti con- gau- dent.*

Be- ne- dic- tus qui ue- nit in no- mi- ne do- mi- ni.

O- san- na

in ex- cel- sis.

*Originally *gaudent;* but corrected superscript to *congaudent.*

Qui uenisti carnem sumens, Hosanna[2] Prosula with Thannabaur 154 (= 152),
see *Deus pater ingenitus*, p.38; also see p.32

Sanctus
Thannabaur 226, Var. (p. 199)

Hosanna[2] Prosa:
Saluifica tuum plasma

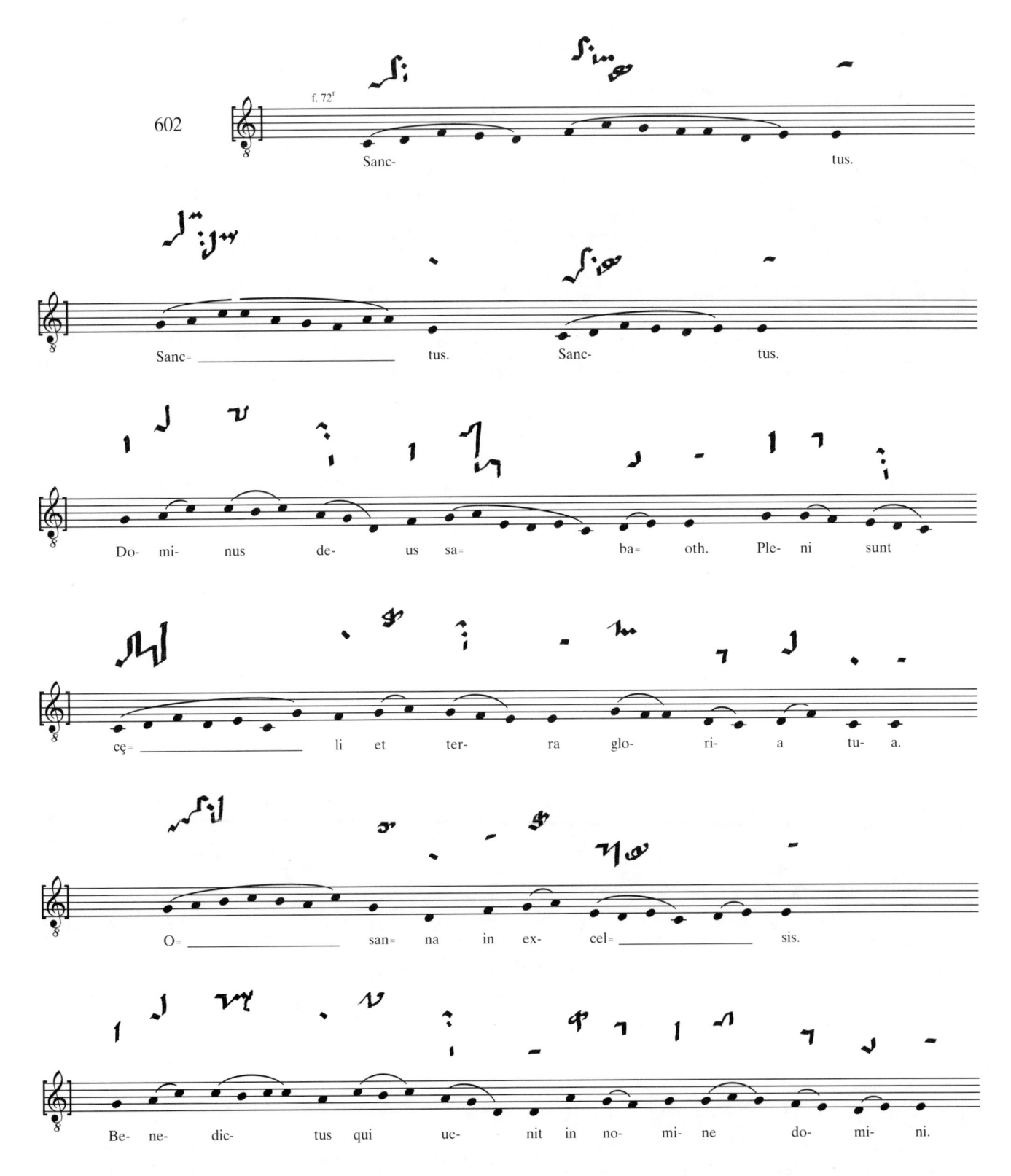

602 f. 72ʳ

Sanc- tus.

Sanc- tus. Sanc- tus.

Do- mi- nus de- us sa- ba- oth. Ple- ni sunt

cę- li et ter- ra glo- ri- a tu- a.

O- san- na in ex- cel- sis.

Be- ne- dic- tus qui ue- nit in no- mi- ne do- mi- ni.

Commentary, see p. 104.

[Ps 1.I] O- san- na sal- ui= fi- ca tu- um plas- ma qui cre- as- ti si- mul om- ni- a.

[1.II] Te- met laus de- cet ho- nor et glo- ri- a rex ę- ter- ne in sę- cu- la.

[2.I] Qui de pa= tris gre- mi- o ge- ni- tus ad- ue- nis- ti sum- mo.

[2.II] Re- di- me- re per- di- tum ho- mi- nem san- gui- ne pro- pri- o.

[3.I] Quem de- ce- pe- rat lu- ci- fer frau- de ne- quam cal- li- dis- si- me ser- pen- ti- no con- iu- gis den- te.

[3.II] Quem ex- pu- le- rat pro- pe- re hoc in ce- no cri- mi- nę pa- ra- dy- si car- di- ne ad- que li- mi- ne.

[4.I] Tu di= gna- re sal- ua- re / [4.II] Ie- su chris- te be- nig- ne

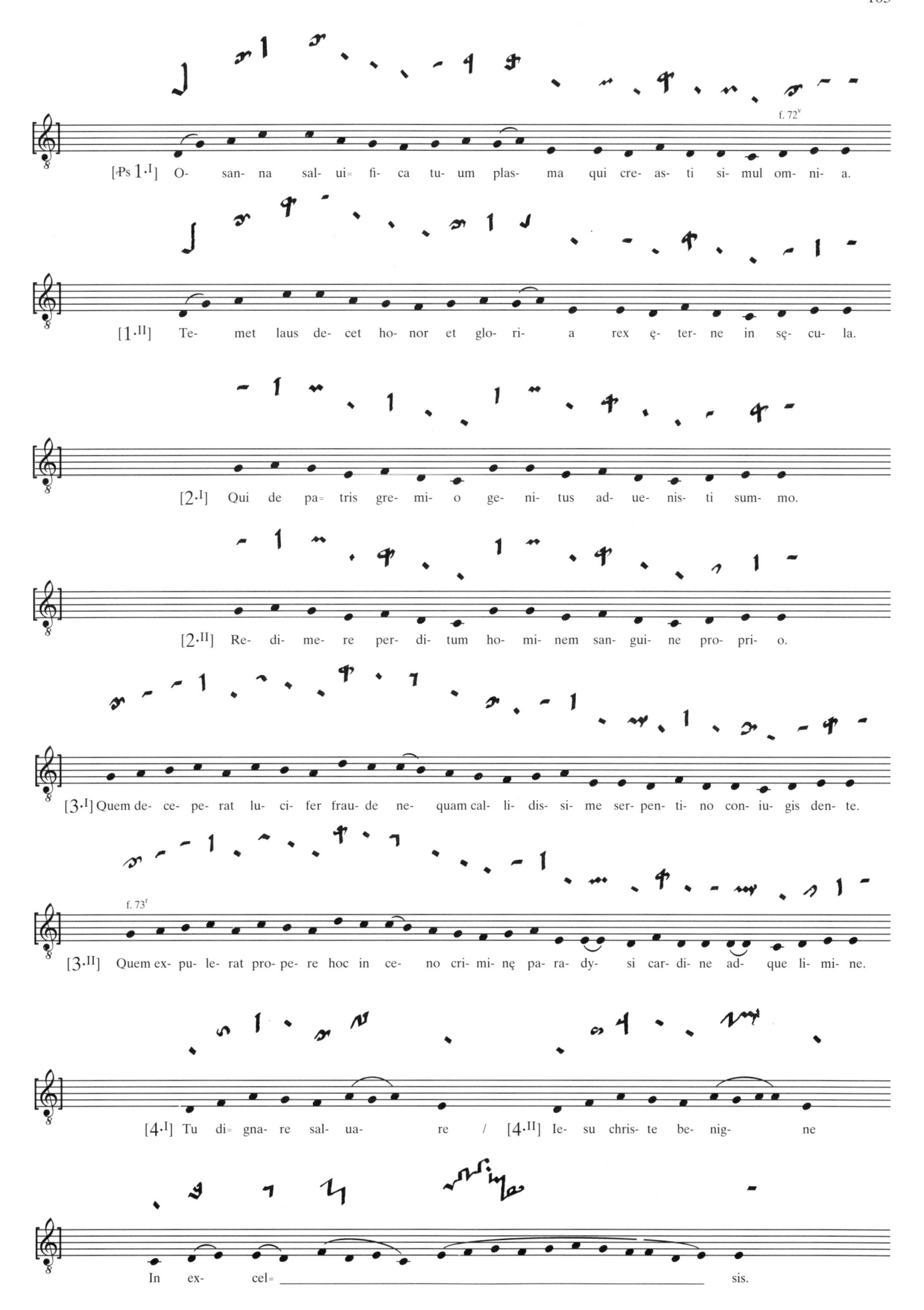

In ex- cel= sis.

Sanctus
Thannabaur 56; Vatican III

Summe pater de quo
[*Hosanna*][2] Prosa: ***Omnes tua gratia***

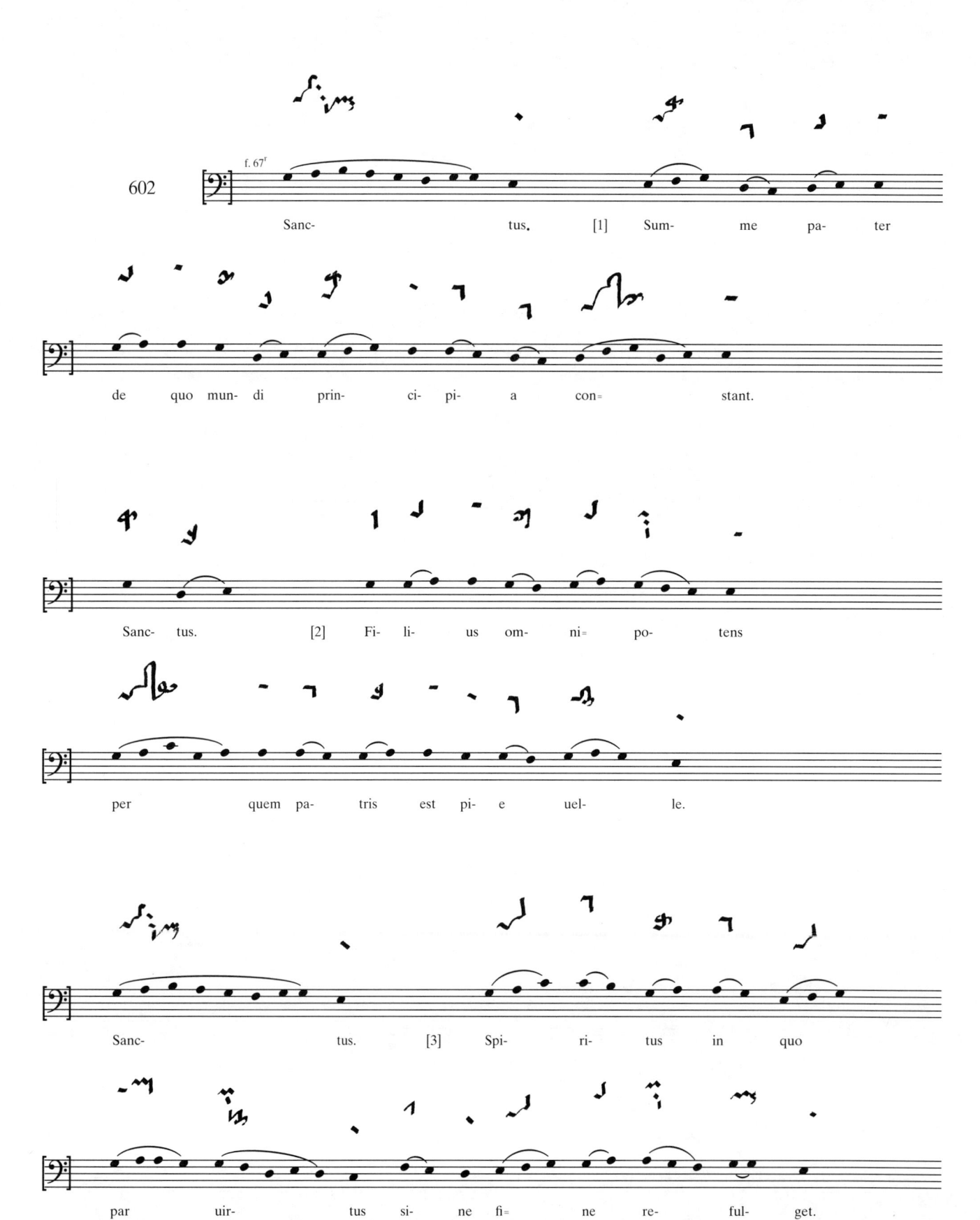

602

Sanc- tus. [1] Sum- me pa- ter de quo mun- di prin- ci- pi- a con- stant.

Sanc- tus. [2] Fi- li- us om- ni- po- tens per quem pa- tris est pi- e uel- le.

Sanc- tus. [3] Spi- ri- tus in quo par uir- tus si- ne fi- ne re- ful- get.

Commentary, see p. 110. *Summe pater de quo* also occurs as a trope for Agnus Dei—see References in Commentary.

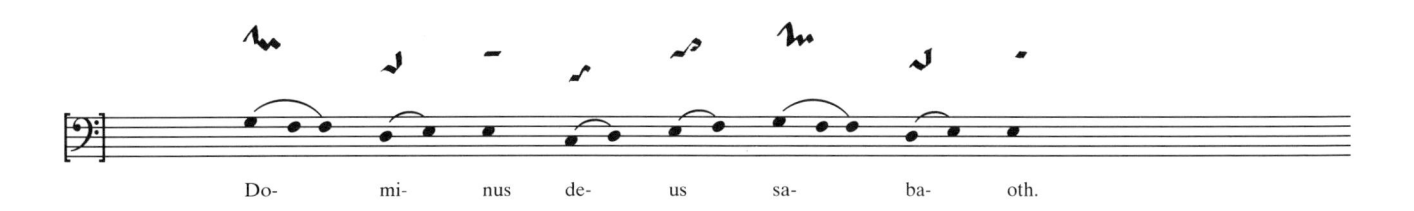

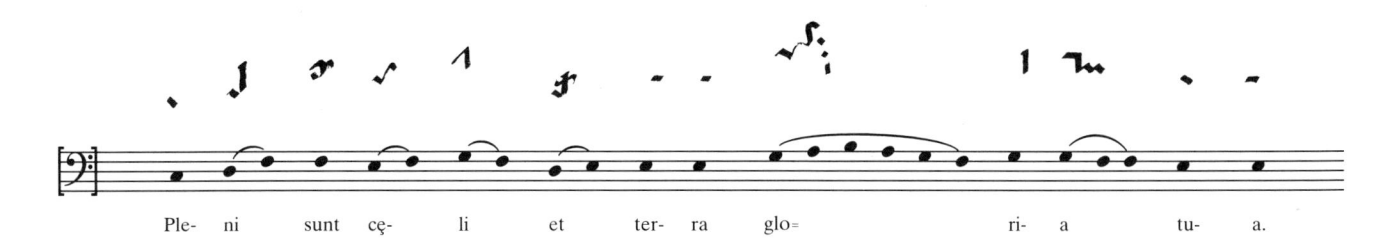

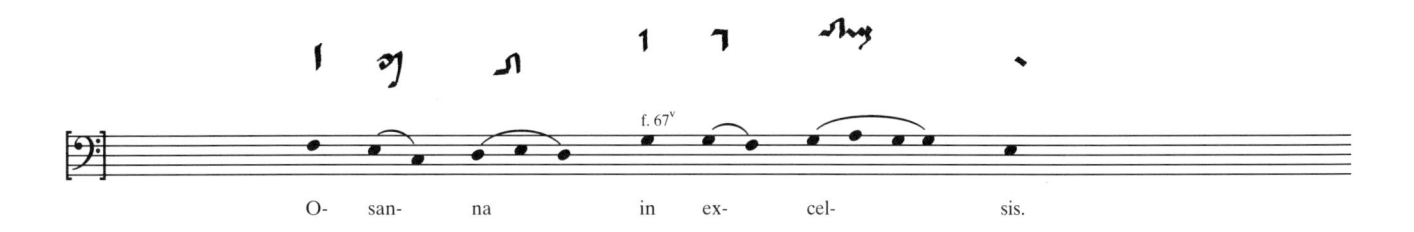

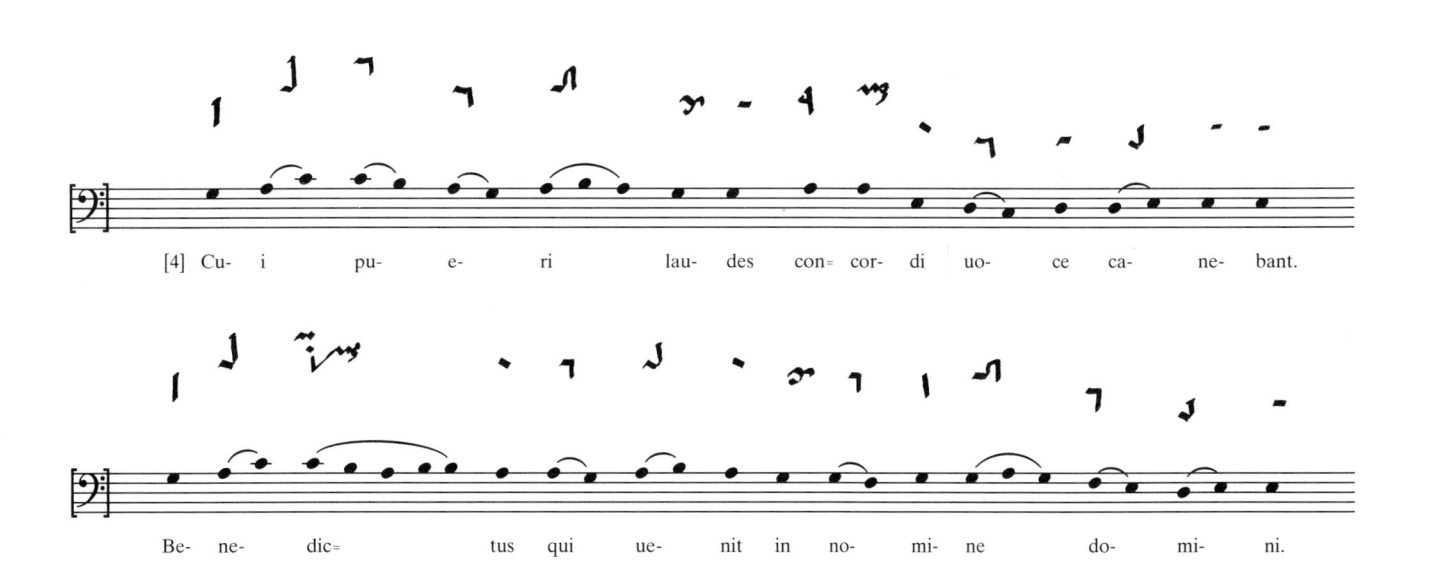

Do- mi- nus de- us sa- ba- oth.

Ple- ni sunt cę- li et ter- ra glo- ri- a tu- a.

O- san- na in ex- cel- sis.

[4] Cu- i pu- e- ri lau- des con- cor- di uo- ce ca- ne- bant.

Be- ne- dic- tus qui ue- nit in no- mi- ne do- mi- ni.

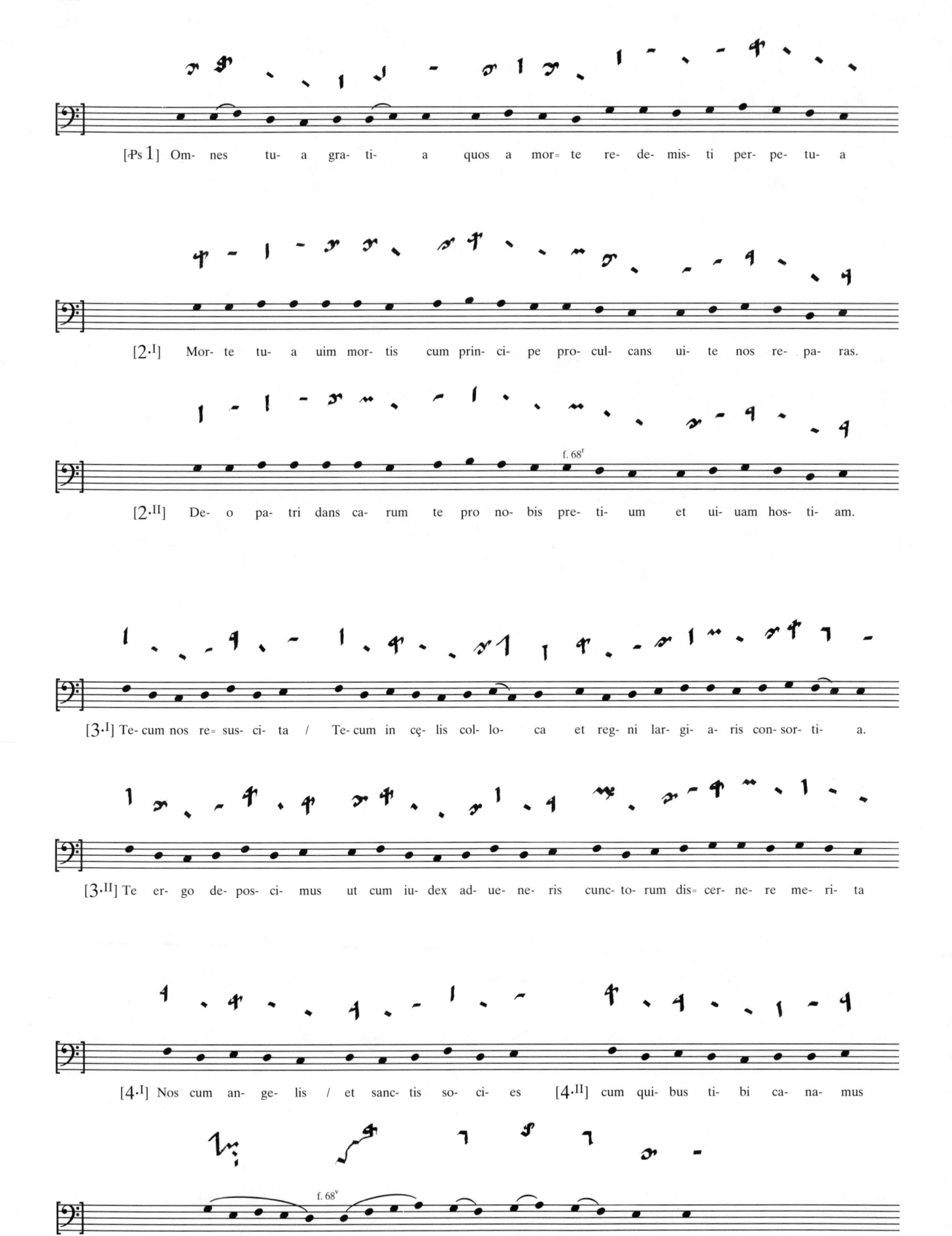

[Ps 1] Om- nes tu- a gra- ti- a quos a mor= te re- de- mis- ti per- pe- tu- a

[2.I] Mor- te tu- a uim mor- tis cum prin- ci- pe pro- cul- cans ui- te nos re- pa- ras.

[2.II] De- o pa- tri dans ca- rum te pro no- bis pre- ti- um et ui- uam hos- ti- am.

[3.I] Te- cum nos re= sus- ci- ta / Te- cum in cę- lis col- lo- ca et reg- ni lar- gi- a- ris con- sor- ti- a.

[3.II] Te er- go de- pos- ci- mus ut cum iu- dex ad- ue- ne- ris cunc- to- rum dis= cer- ne- re me- ri- ta

[4.I] Nos cum an- ge- lis / et sanc- tis so- ci- es [4.II] cum qui- bus ti- bi ca- na- mus

O=_____ san= na in ex= cel= sis.

Sanctus Chants Lacking Tropes or Pros(ul)as in South Italian Sources
Chants with Thannabaur Numbers

Thannabaur 32; Vatican XVII

Commentary, see p. 114.

112

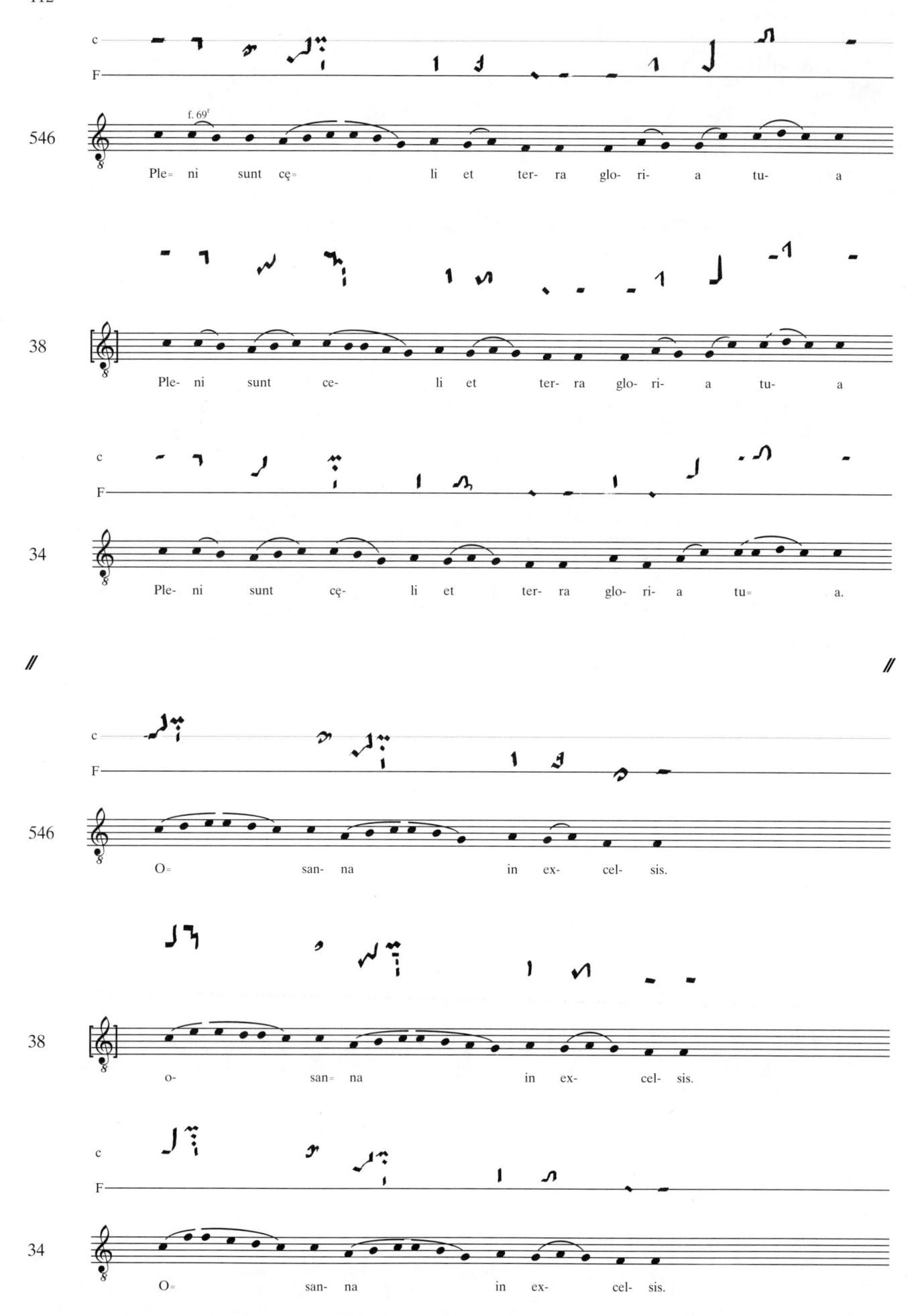

546 Ple- ni sunt cę- li et terra glo- ri- a tu- a

38 Ple- ni sunt ce- li et terra glo- ri- a tu- a

34 Ple- ni sunt cę- li et terra glo- ri- a tu- a.

546 O- sanna in ex- cel- sis.

38 o- san- na in ex- cel- sis.

34 O- sanna in ex- cel- sis.

546 Be- ne- dic- tus qui ue- nit in no- mi- ne do- mi- ni

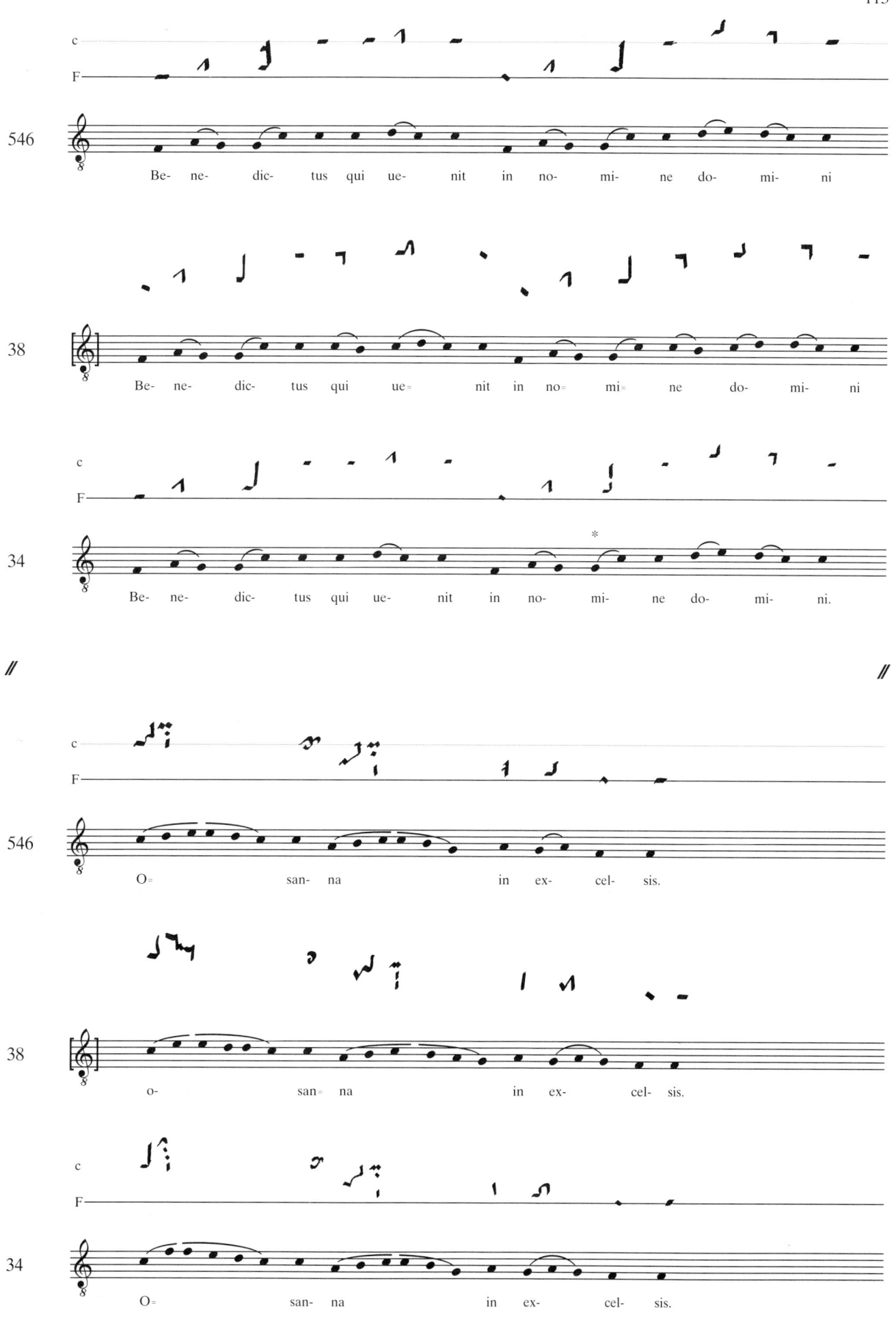

38 Be- ne- dic- tus qui ue= nit in no= mi= ne do- mi- ni

34 Be- ne- dic- tus qui ue- nit in no- mi- ne do- mi- ni.

546 O= san- na in ex- cel- sis.

38 o- san= na in ex- cel- sis.

34 O= san- na in ex- cel- sis.

*Perhaps three notes, "Gac."

114

Thannabaur 41, Var. (p. 133); Vatican XVIII

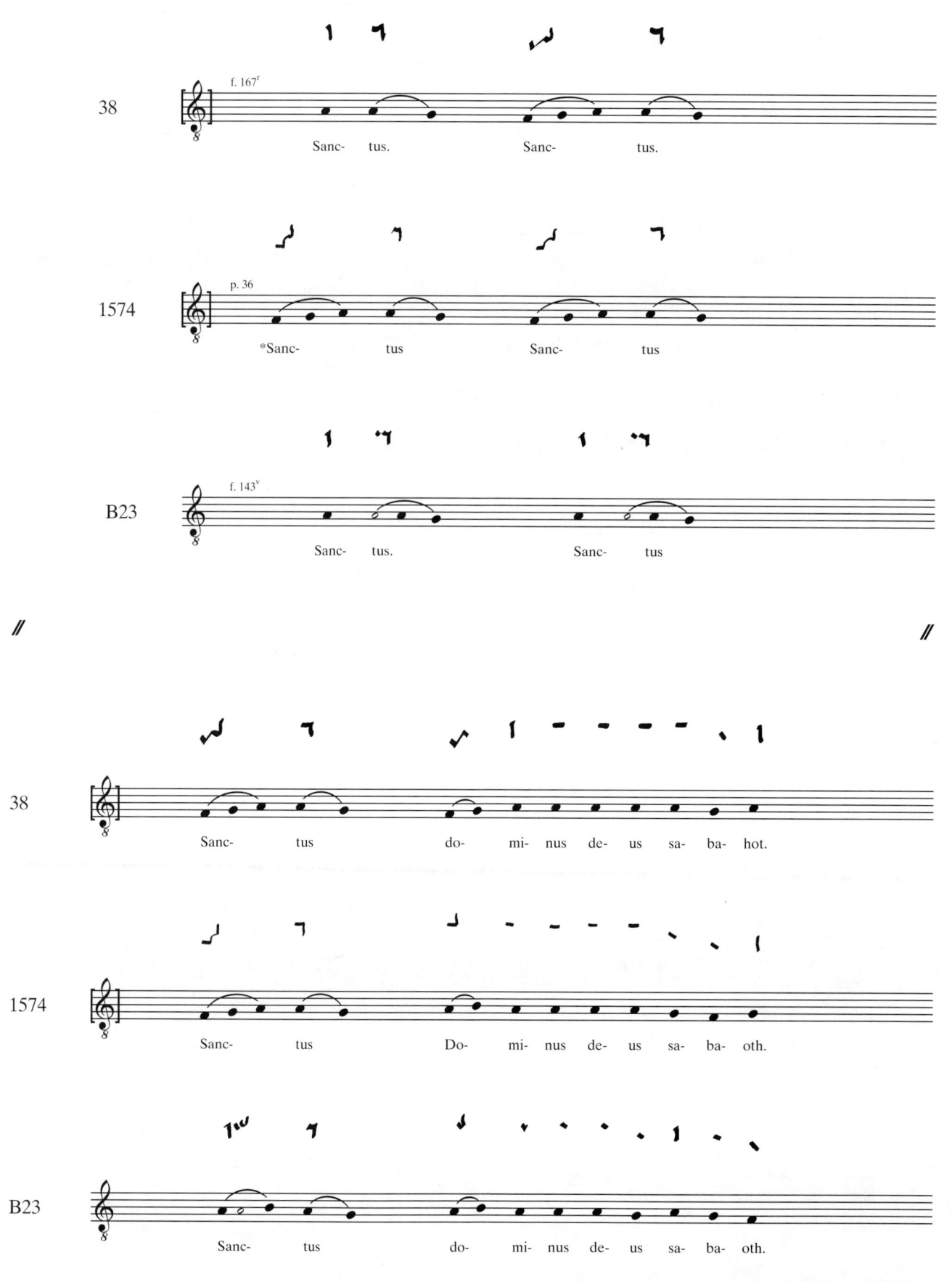

Commentary, see p. 116.

*Text entirely in capitals, the opening abbreviated SCS SCS SCS DNS.

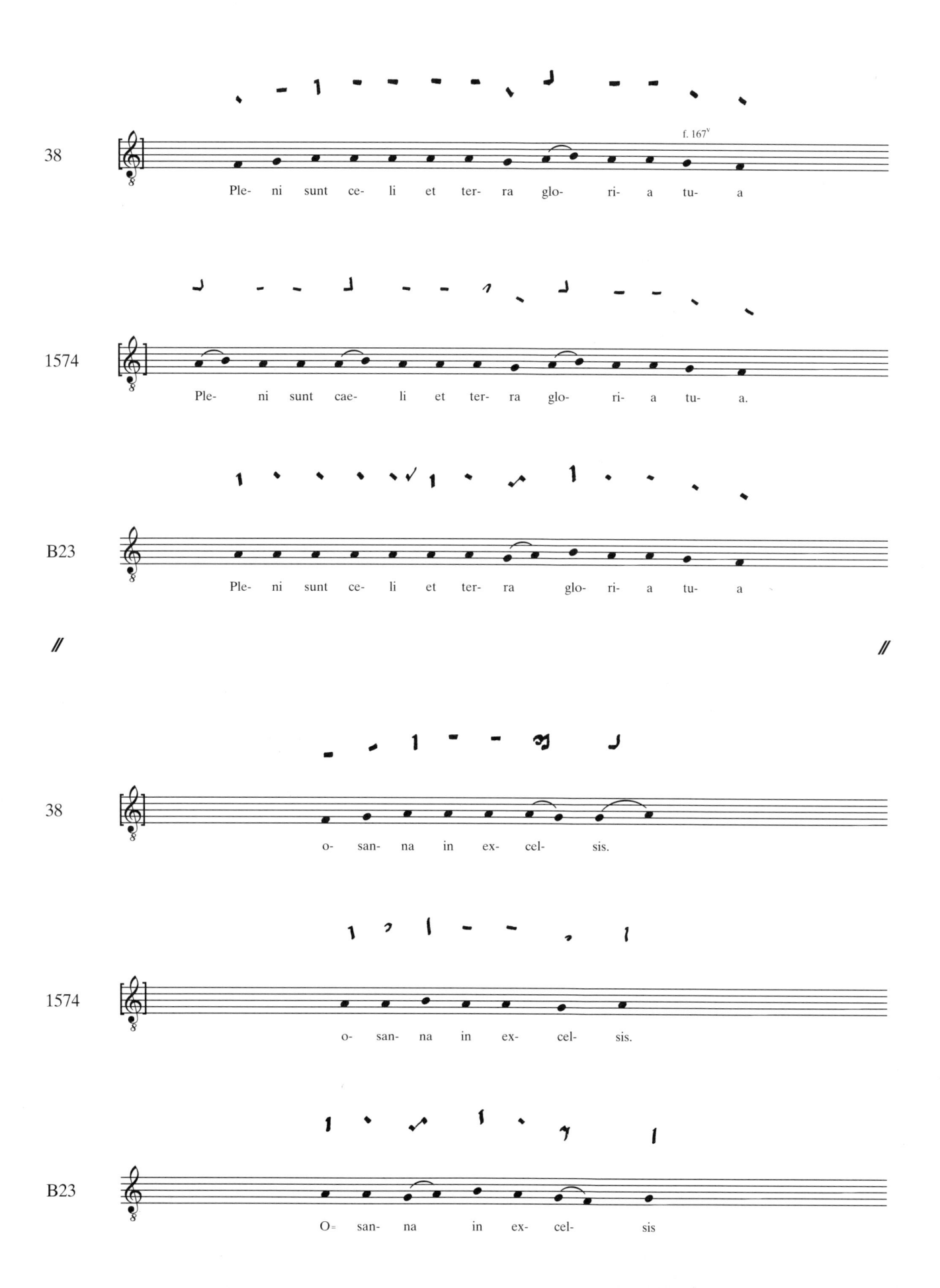

116

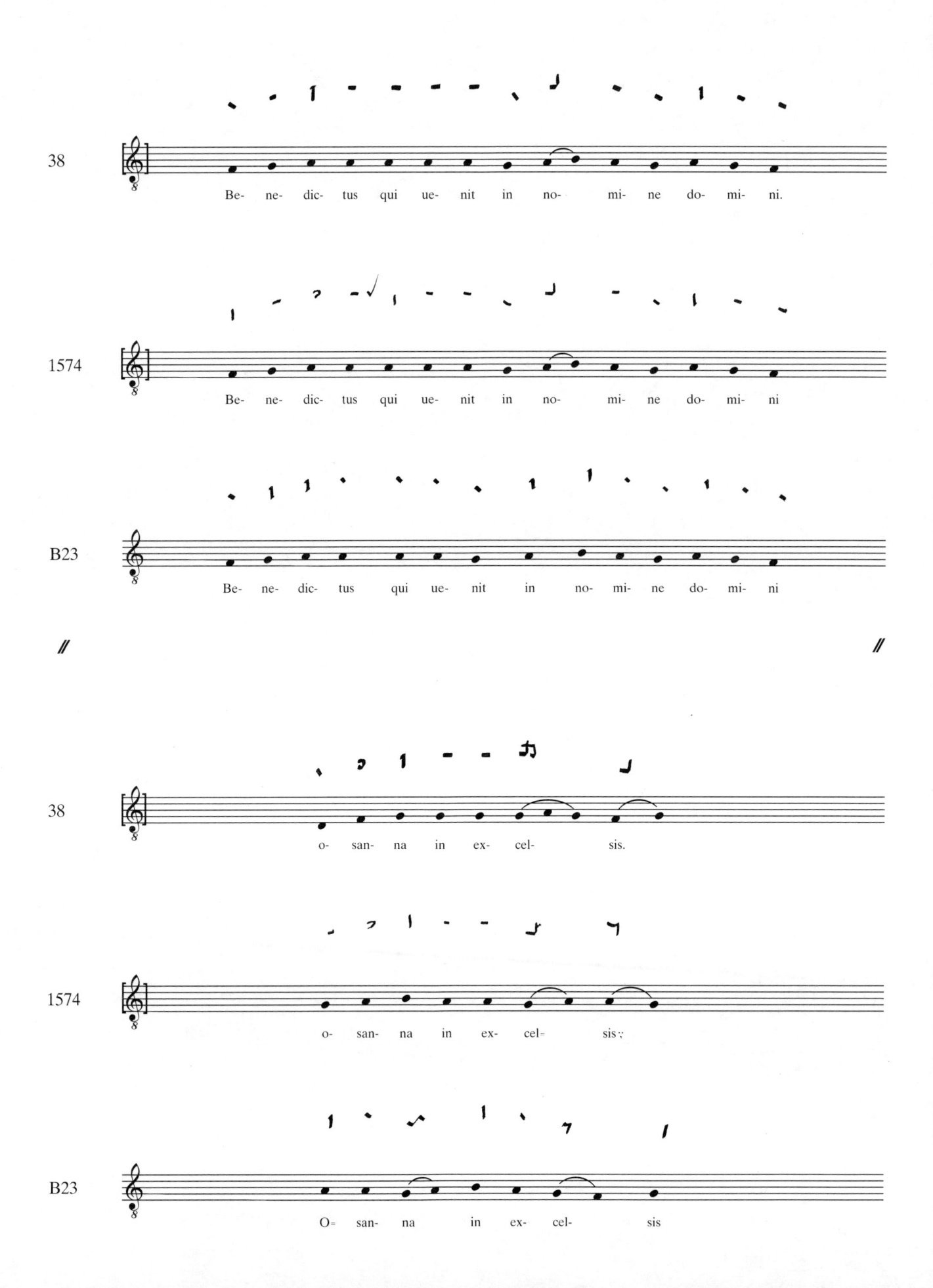

38: Be- ne- dic- tus qui ue- nit in no- mi- ne do- mi- ni.

1574: Be- ne- dic- tus qui ue- nit in no- mi- ne do- mi- ni

B23: Be- ne- dic- tus qui ue- nit in no- mi- ne do- mi- ni

38: o- san- na in ex- cel- sis.

1574: o- san- na in ex- cel- sis.

B23: O= san- na in ex- cel- sis

Thannabaur 49; Vatican IV
    see *Perpetuo numine*, pp. 93 and 83
Thannabaur ?64 (cf. 60, 66, 67)
    see *Inuisibiliter penetrauit rex*, pp. 77 and 48;
    also see Easter Verses *Hodie Dominus Iesus Christus resurrexit a mortuis*, pp. 124 and 131

Thannabaur 80

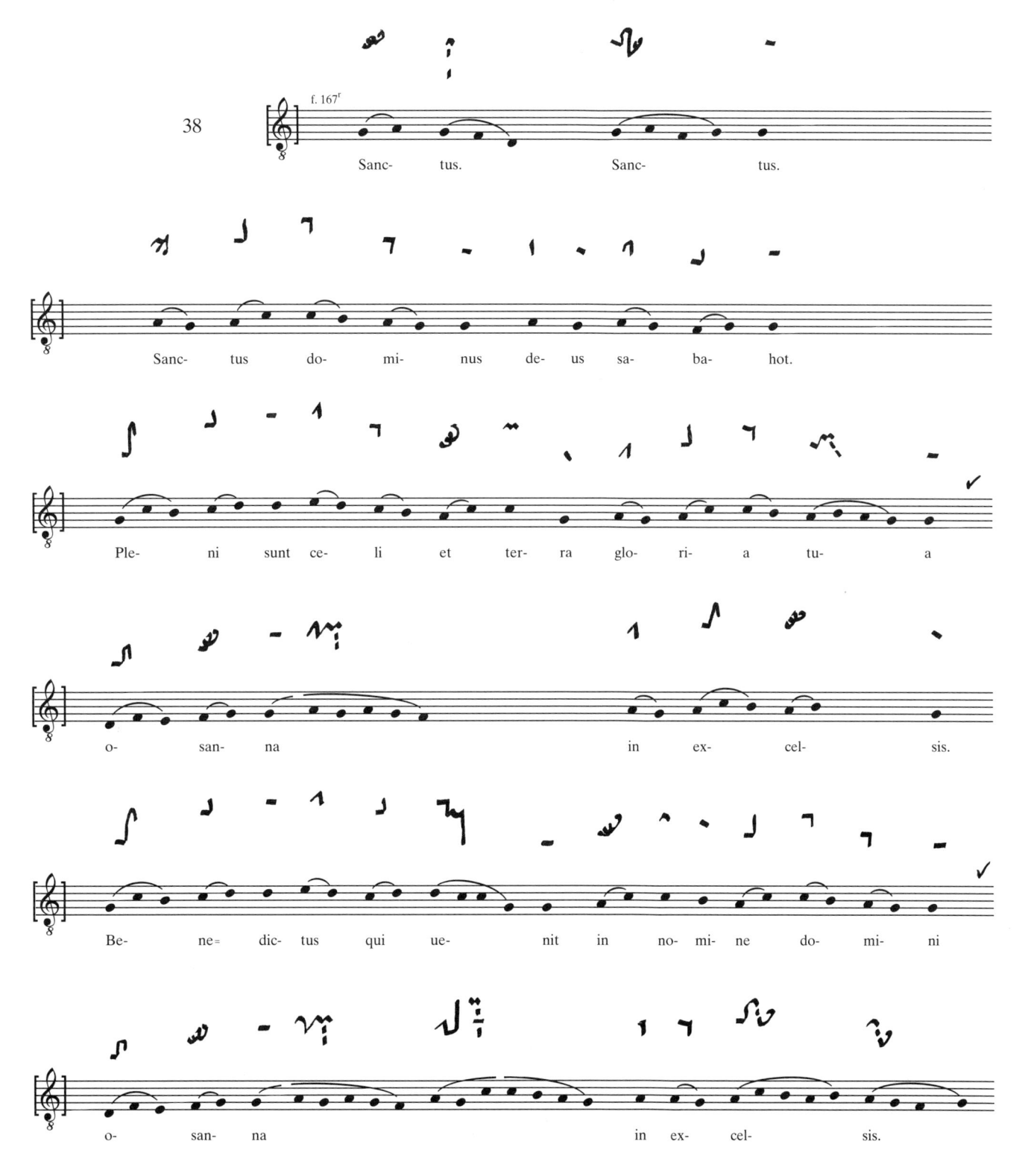

Commentary, see p. 119.

Thannabaur 81

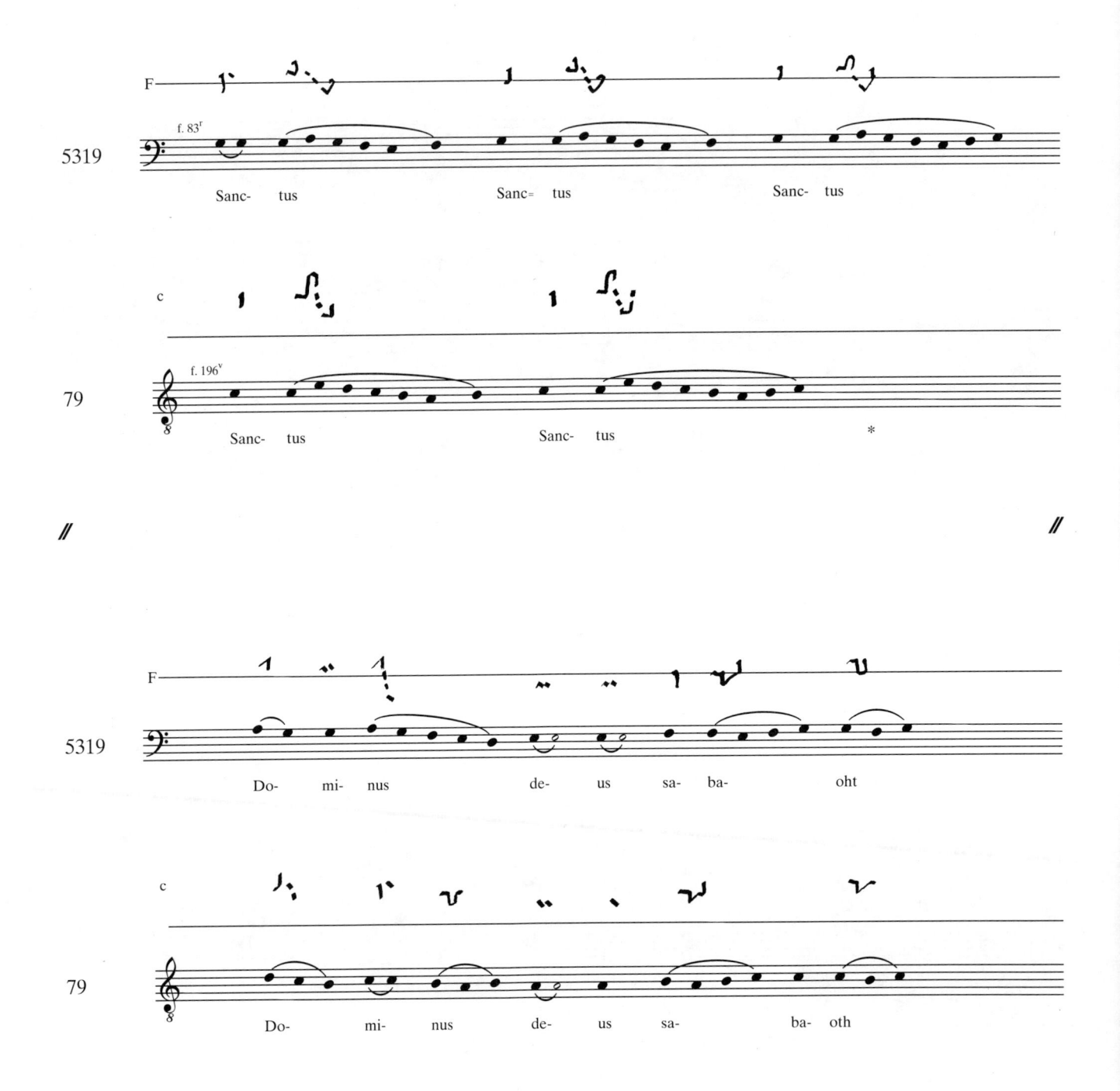

Commentary, see p. 119.

Sic: only two acclamations.

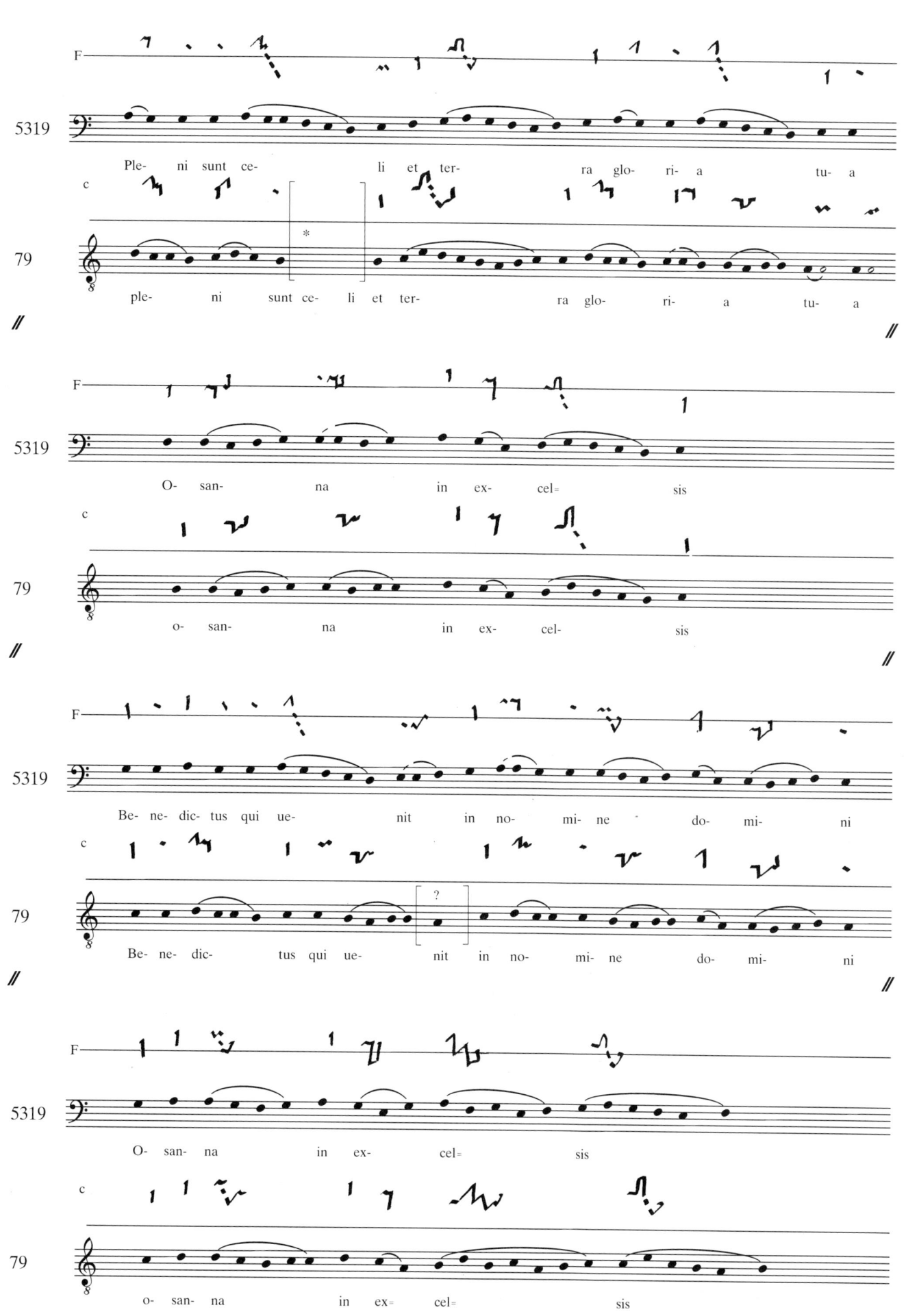

*Illegible: mold.

Thannabaur 109

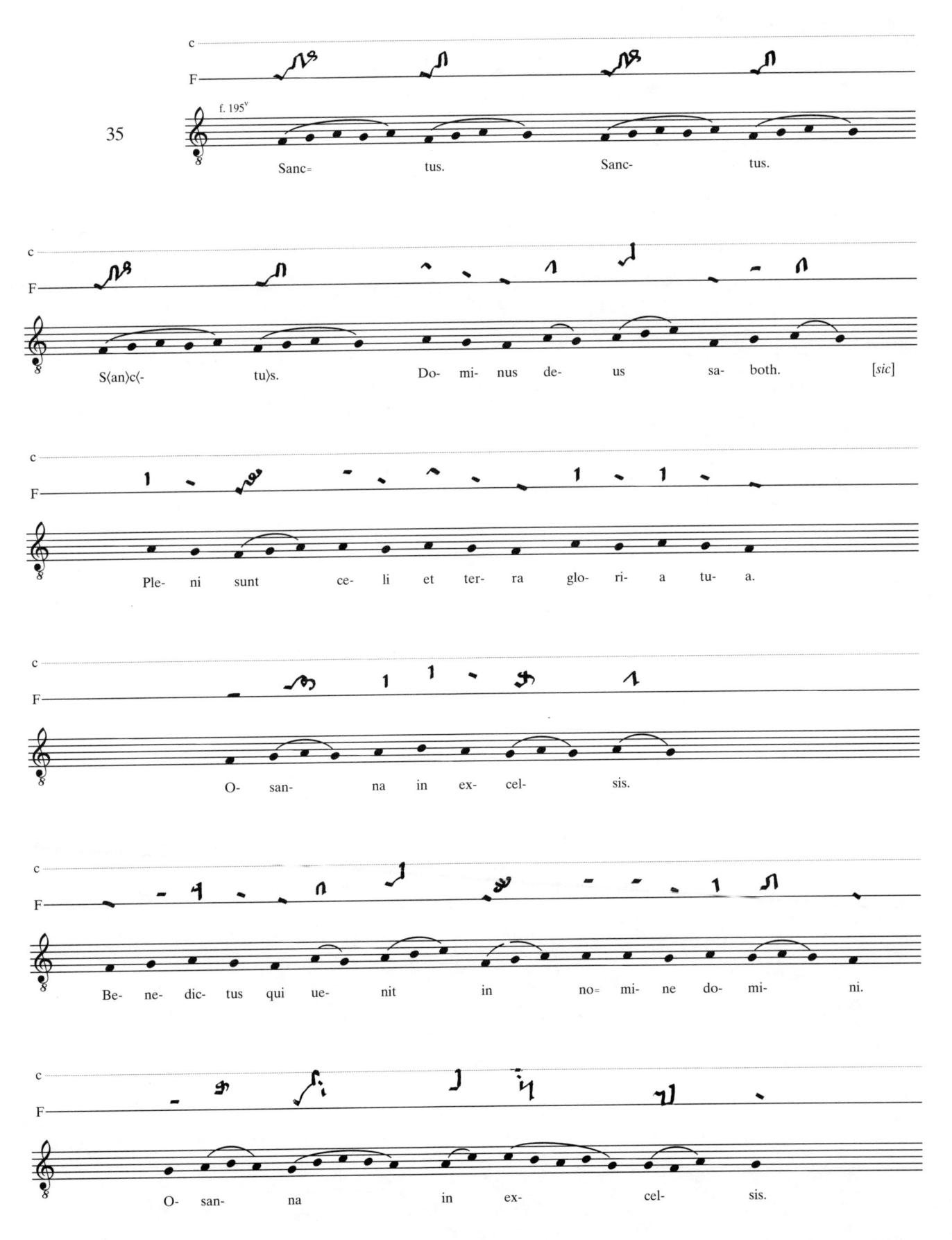

35 Sanc=tus. Sanc-tus.

S⟨an⟩c⟨-tu⟩s. Do-mi-nus de-us sa-both. [sic]

Ple-ni sunt ce-li et ter-ra glo-ri-a tu-a.

O-san-na in ex-cel-sis.

Be-ne-dic-tus qui ue-nit in no=mi-ne do-mi-ni.

O-san-na in ex-cel-sis.

Commentary, see p. 120.

Thannabaur 111, Var. (p. 163)

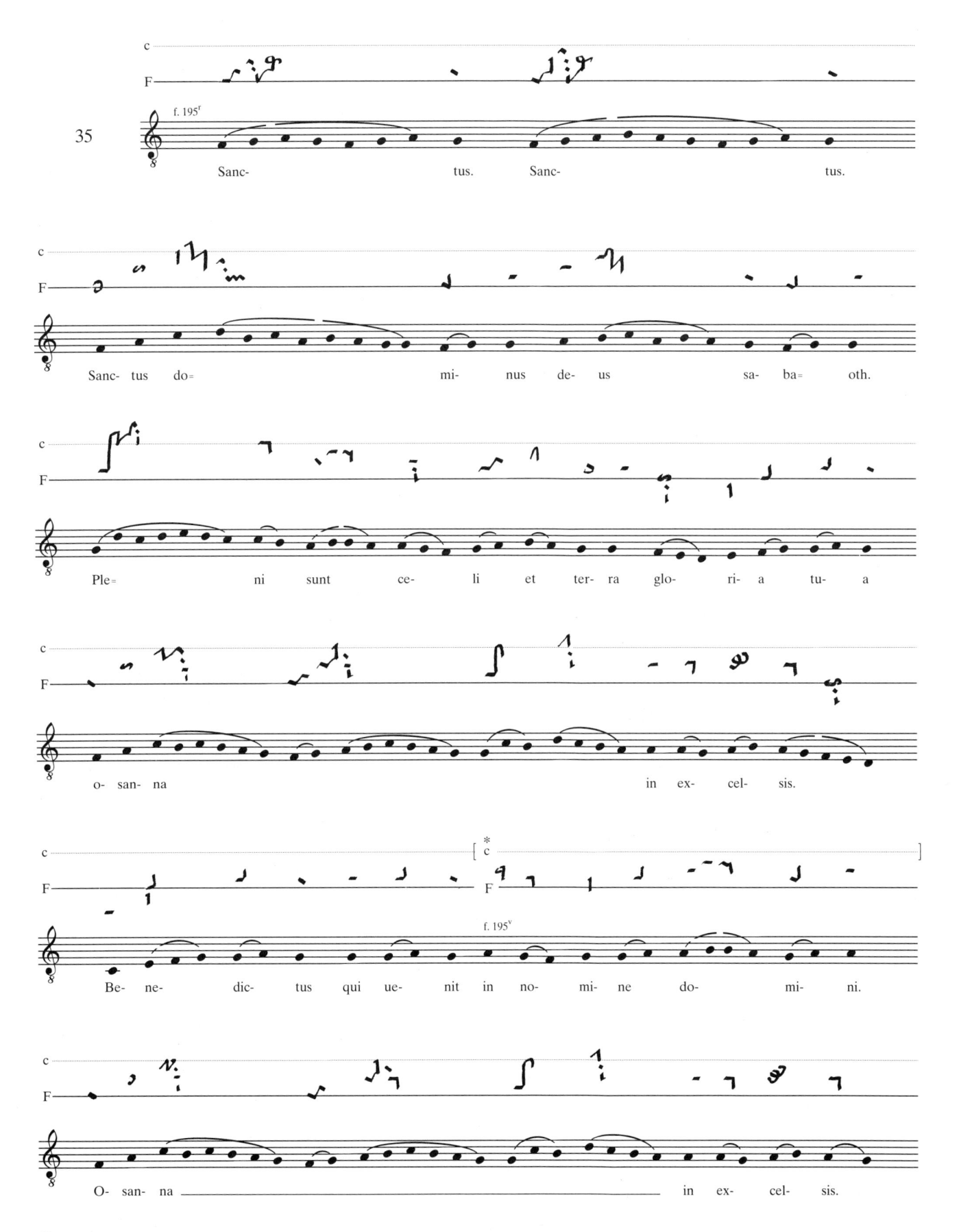

Commentary, see p. 121.

*c clef and yellow line torn off.

Thannabaur 213, Var. (p. 200)
see *Laudes Deo ore pio,* pp. 79 and 57

Thannabaur 216, Var. (p. 177)

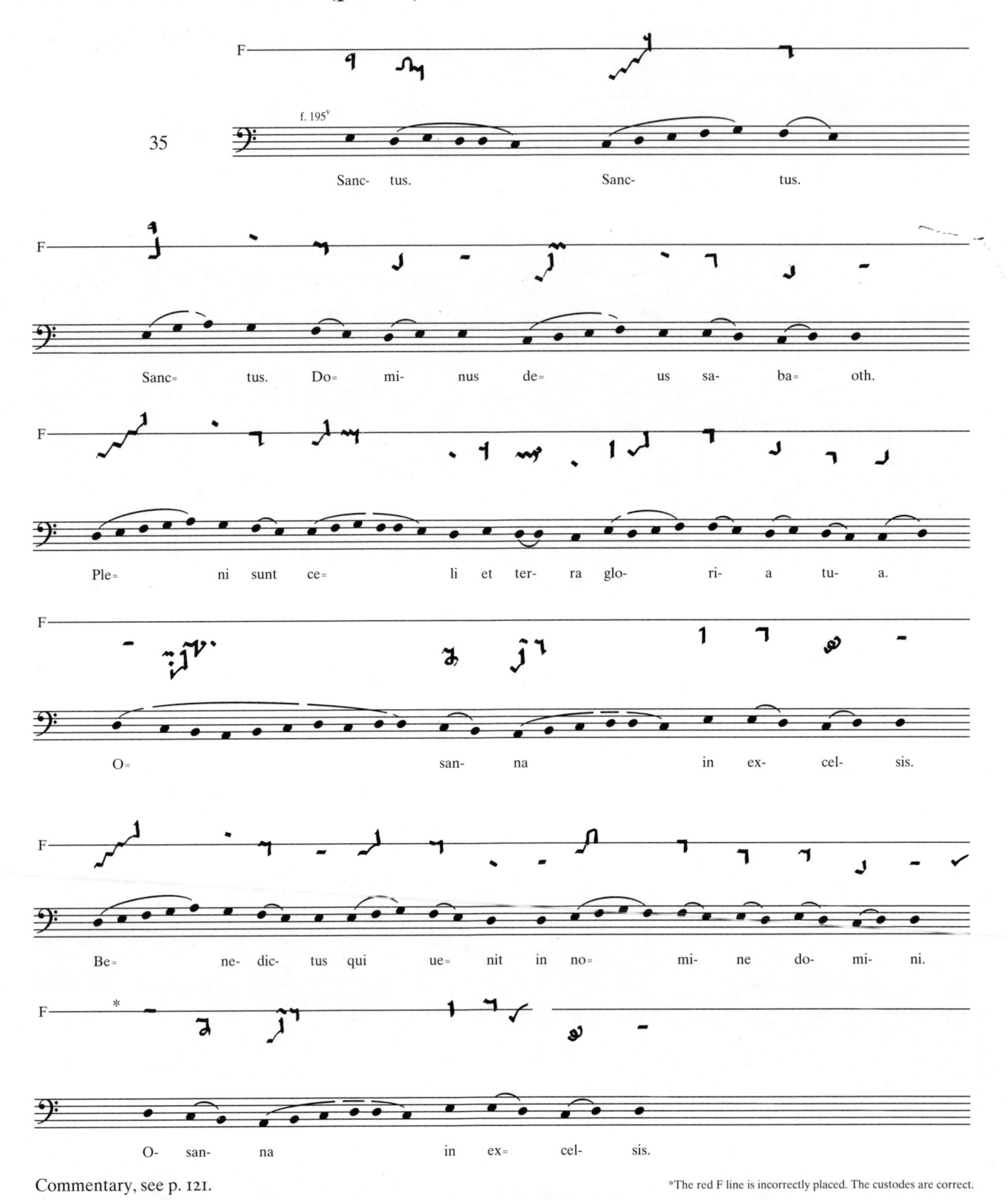

35 Sanc- tus. Sanc- tus.

Sanc= tus. Do= mi- nus de= us sa- ba= oth.

Ple= ni sunt ce= li et ter- ra glo- ri- a tu- a.

O= san- na in ex- cel- sis.

Be= ne- dic- tus qui ue- nit in no- mi- ne do- mi- ni.

O- san- na in ex= cel- sis.

Commentary, see p. 121.

*The red F line is incorrectly placed. The custodes are correct.

Thannabaur 223; Vatican XV
see *Mundi fabricator*
Quem cherubim et seraphim non cessant, pp. 82 and 64

Sanctus Chants Lacking Tropes or Pros(ul)as in South Italian Sources

Chants without Thannabaur Numbers
(Assigned BTC-Scs Numbers)

BTC-Scs 1

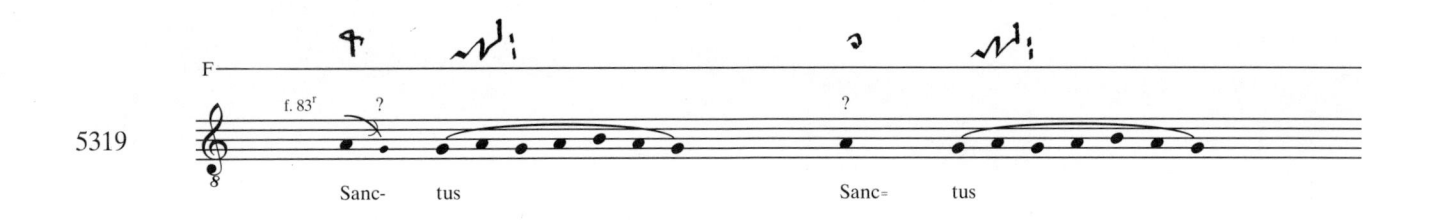

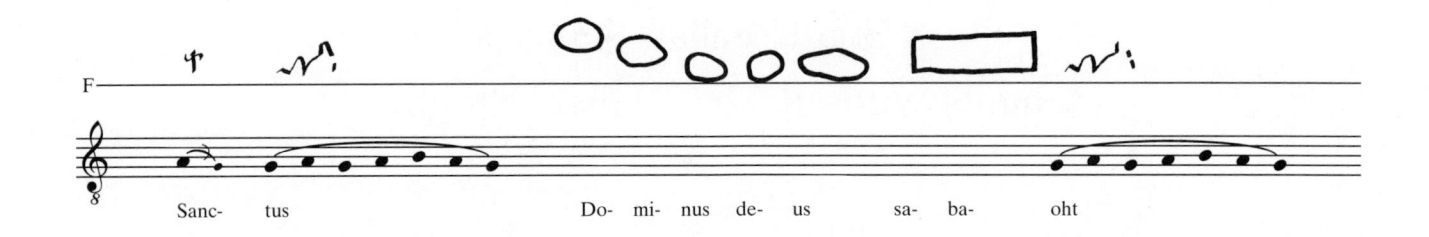

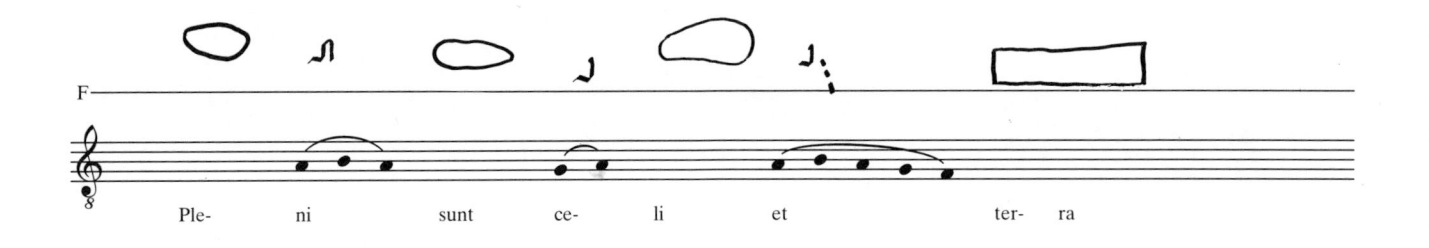

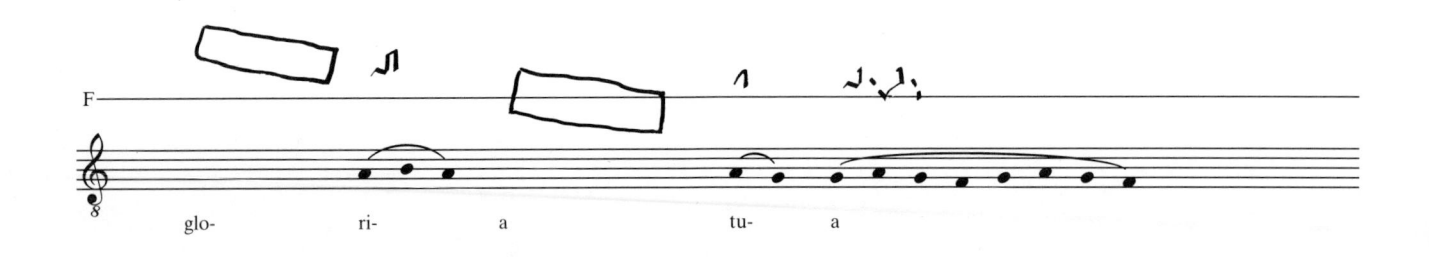

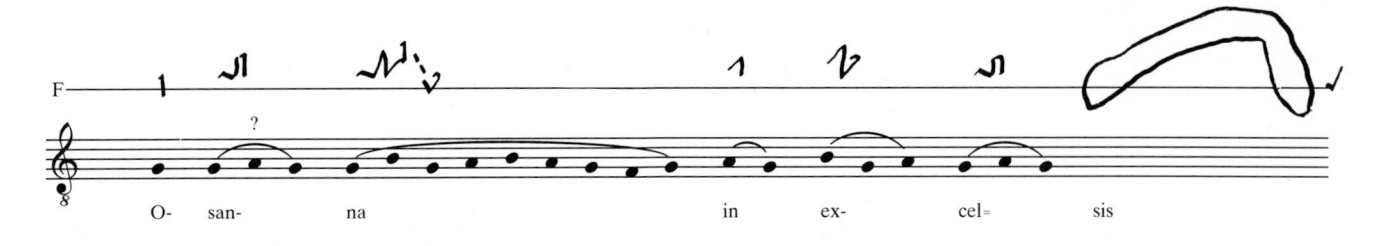

5319

Sanc- tus   Sanc= tus

Sanc- tus   Do- mi- nus de- us   sa- ba- oht

Ple- ni   sunt   ce- li   et   ter- ra

glo- ri- a   tu- a

O- san- na   in   ex- cel= sis

Commentary, see p. 122.

5319: Legible fragments of the original but erased notation of the Easter-vigil Sanctus, now replaced by Thannabaur 81.

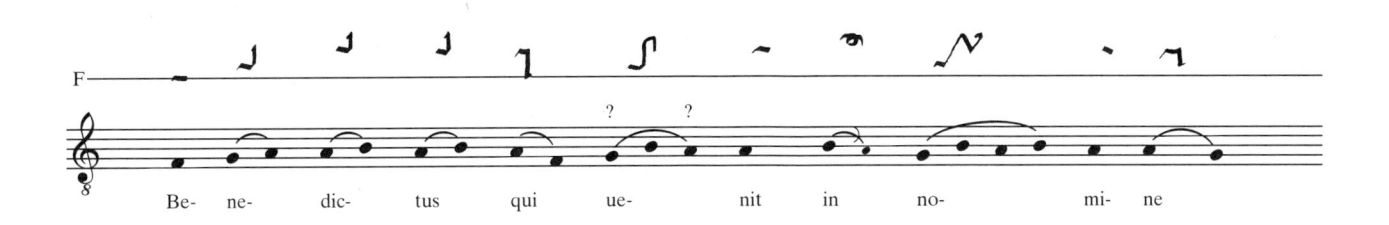

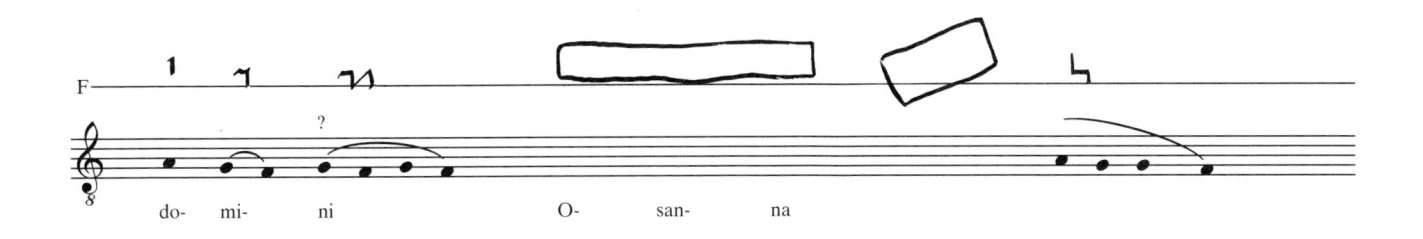

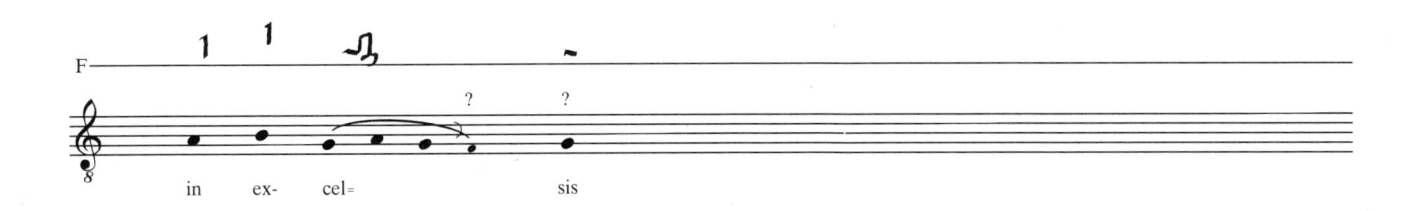

BTC-Scs 2

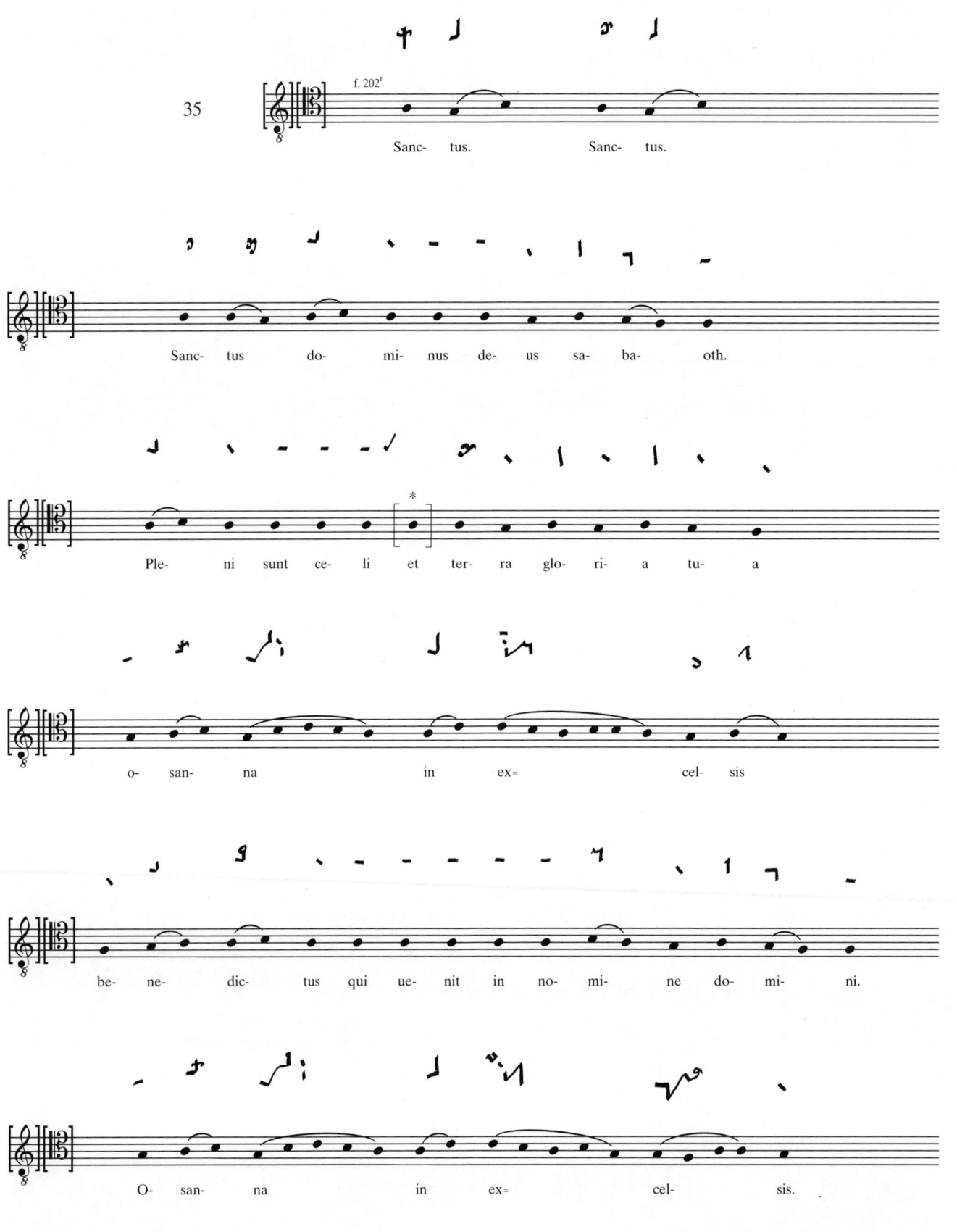

35 Sanc- tus. Sanc- tus.

Sanc- tus do- mi- nus de- us sa- ba- oth.

Ple- ni sunt ce- li et ter- ra glo- ri- a tu- a

o- san- na in ex= cel- sis

be- ne- dic- tus qui ue- nit in no- mi- ne do- mi- ni.

O- san- na in ex= cel- sis.

Commentary, see p. 122.

*The note predicted by the custos is illegible in the MS.

35, fol. 202ʳ: Guard-leaf from an old Beneventan gradual. Contains part of the old Beneventan masses for Christmas Day and St. Stephen.

APPENDICES

APPENDIX I

Sanctus
BTC-Scs 3
(?=Thannabaur 111, Var. pp. 129 and 149)

*Hosanna[1]: **Plasmatum populum***
*Hosanna[2]: **Dulcis est cantica***

Commentary, see p. 123. (The repetition of Pleni sunt ... gloria tua was perhaps meant to introduce the missing complete first Osanna in excelsis.)

40: From the unusual second mass in Ben 40 for the Milanese saints Nazarius and Celsus, where Ambrosian pieces (introit and Gloria in excelsis) are mixed among others in Gregorian style. This unique Sanctus borrows modal outline and certain phrases from other Sanctus melodies — see Commentary. Also see pp. 24–28 and p. 64, where these prosa texts are deployed in a more usual way with Thannabaur 197. No attempt to number the incomplete and confused lines of the texts has been made here — but see the Appendix Commentary.

O- san- na plas= ma= tum po- pu- lum. O- san- na.

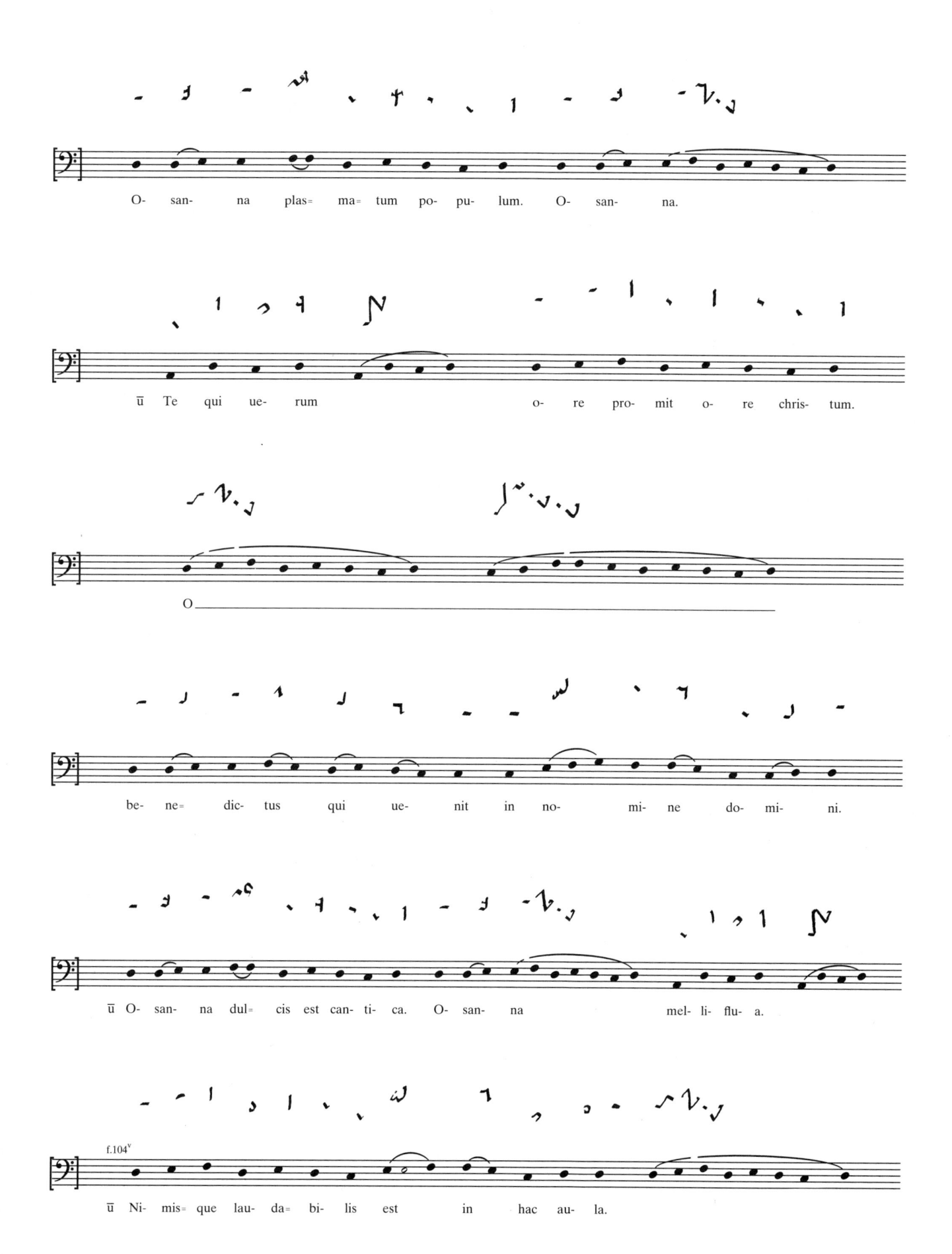

ū Te qui ue- rum o- re pro- mit o- re chris- tum.

O

be- ne= dic- tus qui ue- nit in no- mi- ne do- mi- ni.

ū O- san- na dul= cis est can- ti- ca. O- san- na mel- li- flu- a.

ū Ni- mis= que lau- da= bi- lis est in hac au- la.

ū Sus- ci- pe cum ag- mi- na.   ū Tri- num et u- num

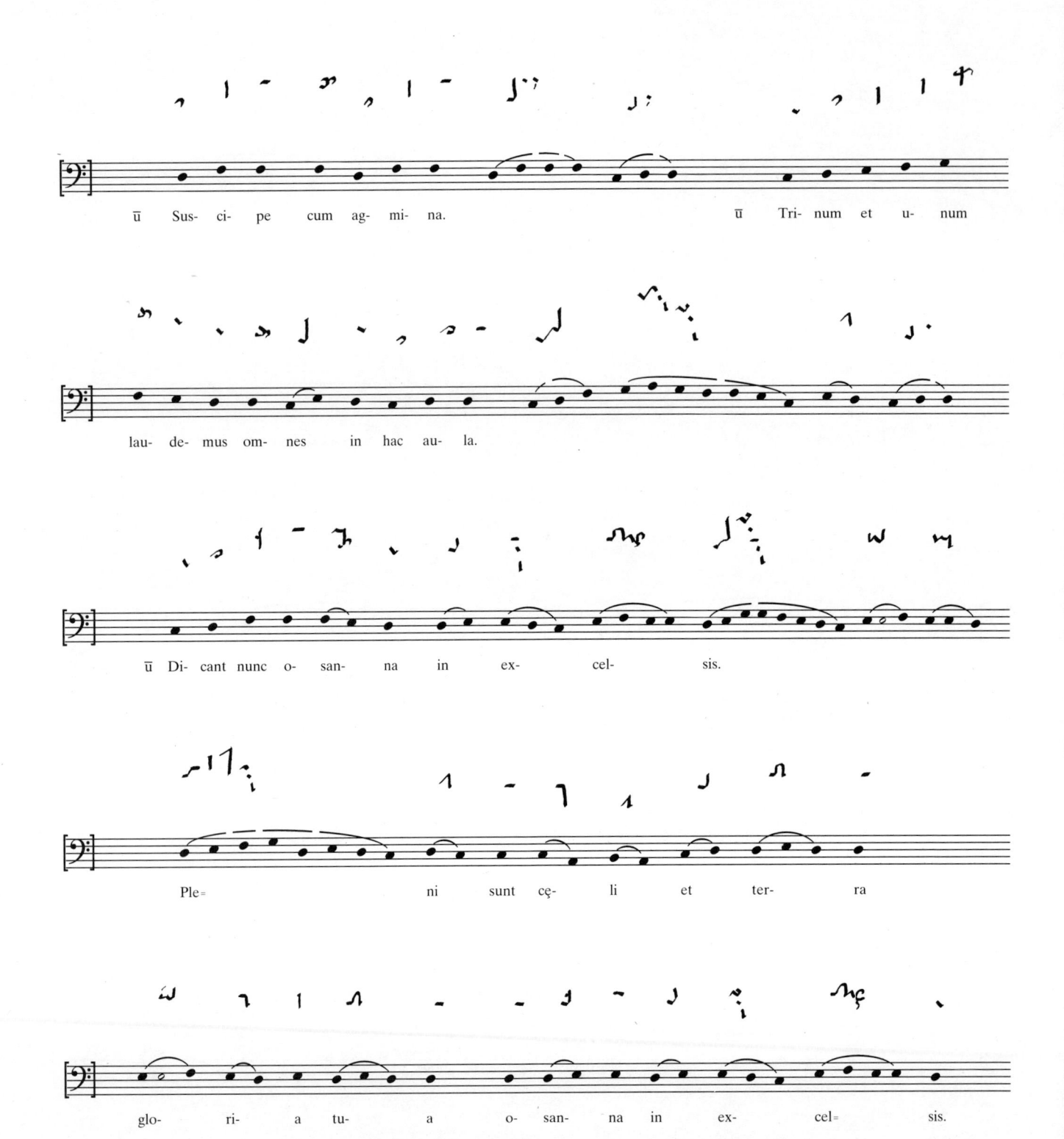

lau- de- mus om- nes in hac au- la.

ū Di- cant nunc o- san- na in ex- cel- sis.

Ple= ni sunt cę- li et ter- ra

glo- ri- a tu- a o- san- na in ex- cel= sis.

APPENDIX II

Easter Verses: *Hodie Dominus Iesus Christus resurrexit a mortuis*

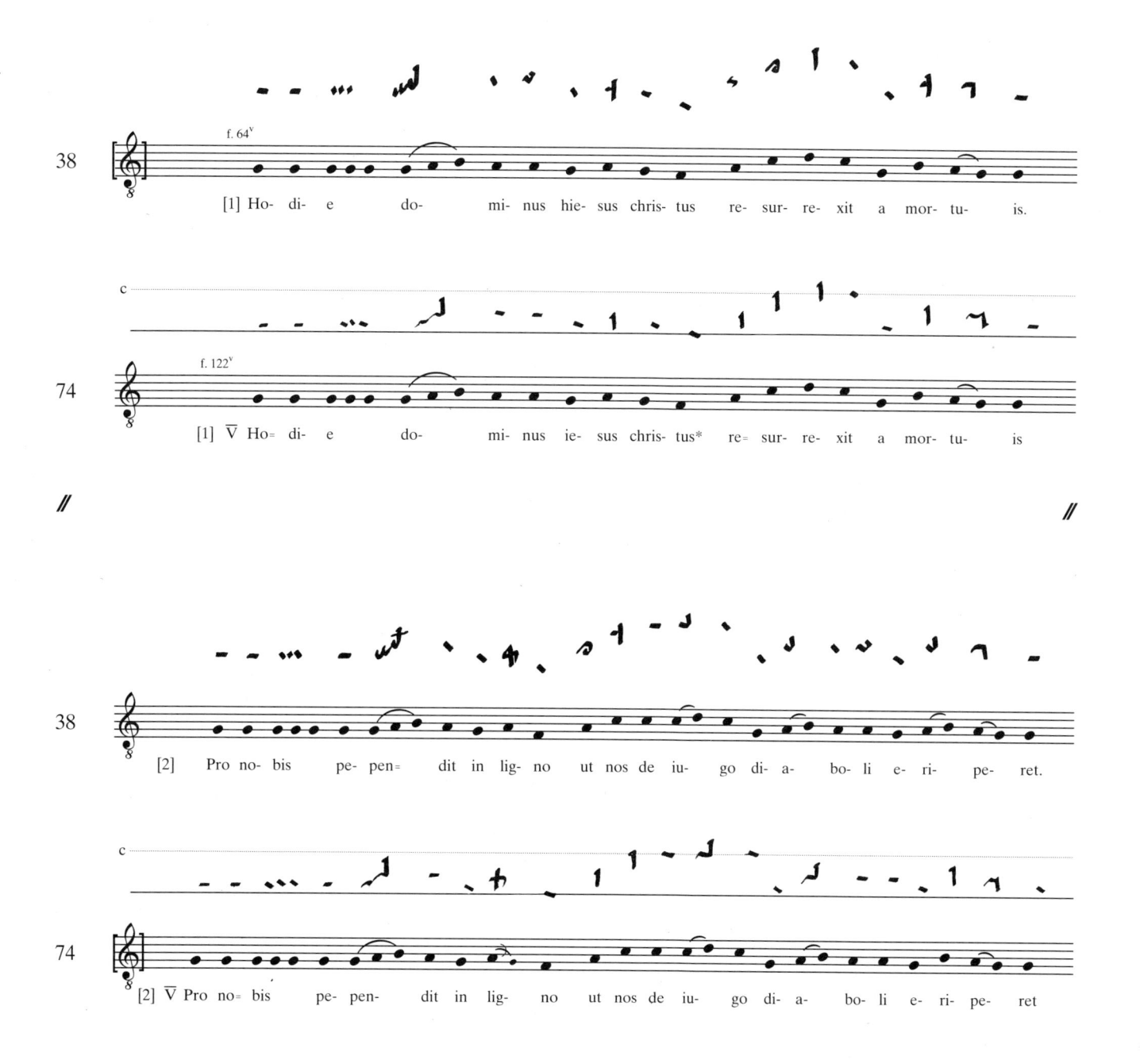

38 [1] Ho- di- e do- mi- nus hie- sus chris- tus re- sur- re- xit a mor- tu- is.

74 [1] ℣ Ho- di- e do- mi- nus ie- sus chris- tus* re- sur- re- xit a mor- tu- is

38 [2] Pro no- bis pe- pen- dit in lig- no ut nos de iu- go di- a- bo- li e- ri- pe- ret.

74 [2] ℣ Pro no- bis pe- pen- dit in lig- no ut nos de iu- go di- a- bo- li e- ri- pe- ret

Commentary, see p. 124. The added verses of Urb 602, [+⁶] to [+¹¹], are given in the Commentary.   *i̅h̅c̅ xp̅c̅ in MS.

38: Inserted after the communion of the Low Sunday mass — where these Easter verses also appear in Ben 40.

74: Inserted immediately following a melisma for the second *Osanna in excelsis* of the fourth of nine collected Sanctus, Thannabaur ?64 (cf. 60, 66, 67); see pp. 48–56 and 77–78.

132

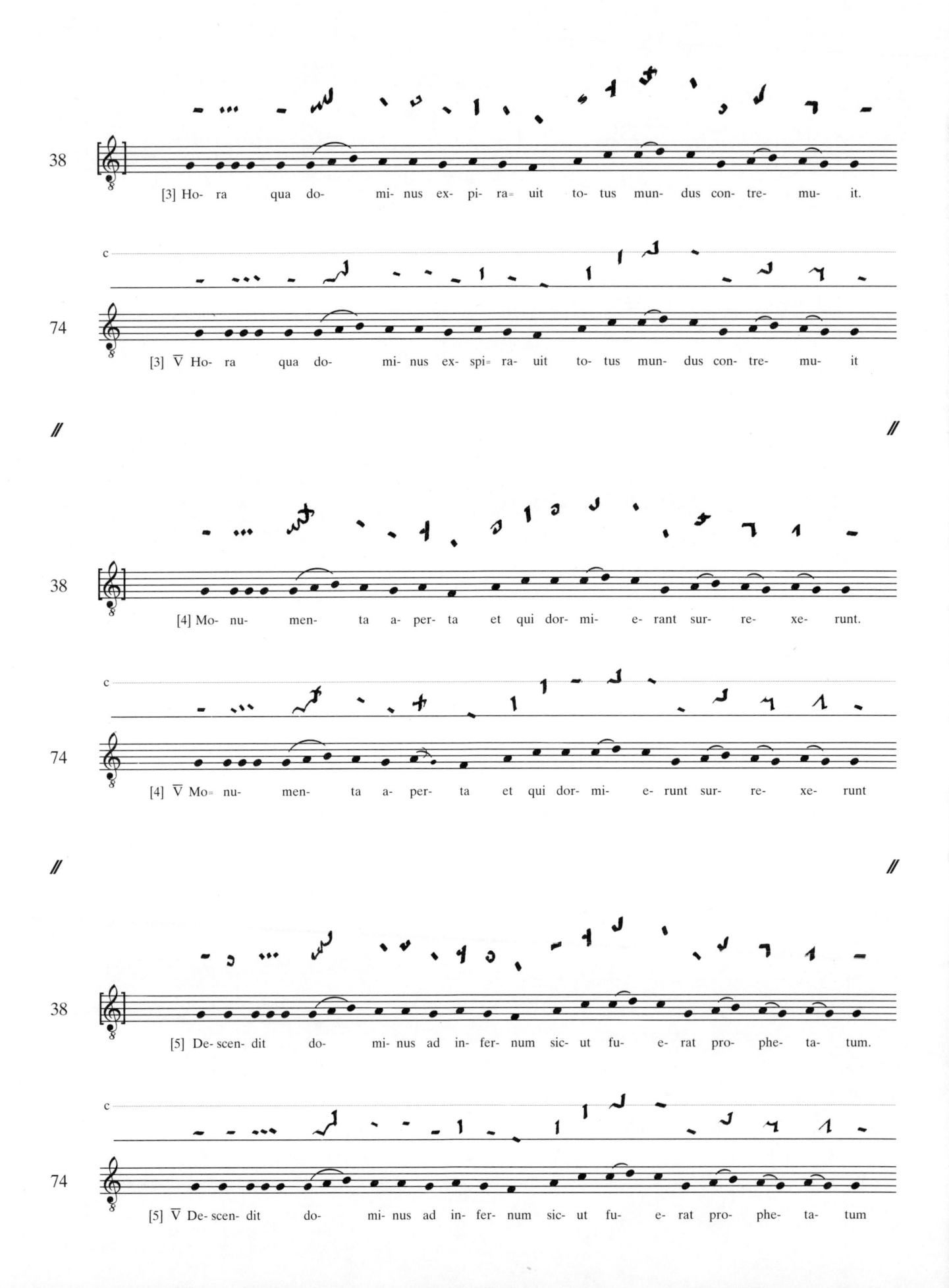

38 [3] Ho- ra qua do- mi- nus ex- pi= ra- uit to- tus mun- dus con- tre- mu- it.

74 [3] ̄V Ho- ra qua do- mi- nus ex- spi= ra- uit to- tus mun- dus con- tre- mu- it

38 [4] Mo- nu- men- ta a- per- ta et qui dor- mi- e- rant sur- re- xe- runt.

74 [4] ̄V Mo= nu- men- ta a- per- ta et qui dor- mi- e- runt sur- re- xe- runt

38 [5] De- scen- dit do- mi- nus ad in- fer- num sic- ut fu- e- rat pro- phe- ta- tum.

74 [5] ̄V De- scen- dit do- mi- nus ad in- fer- num sic- ut fu- e- rat pro- phe- ta- tum

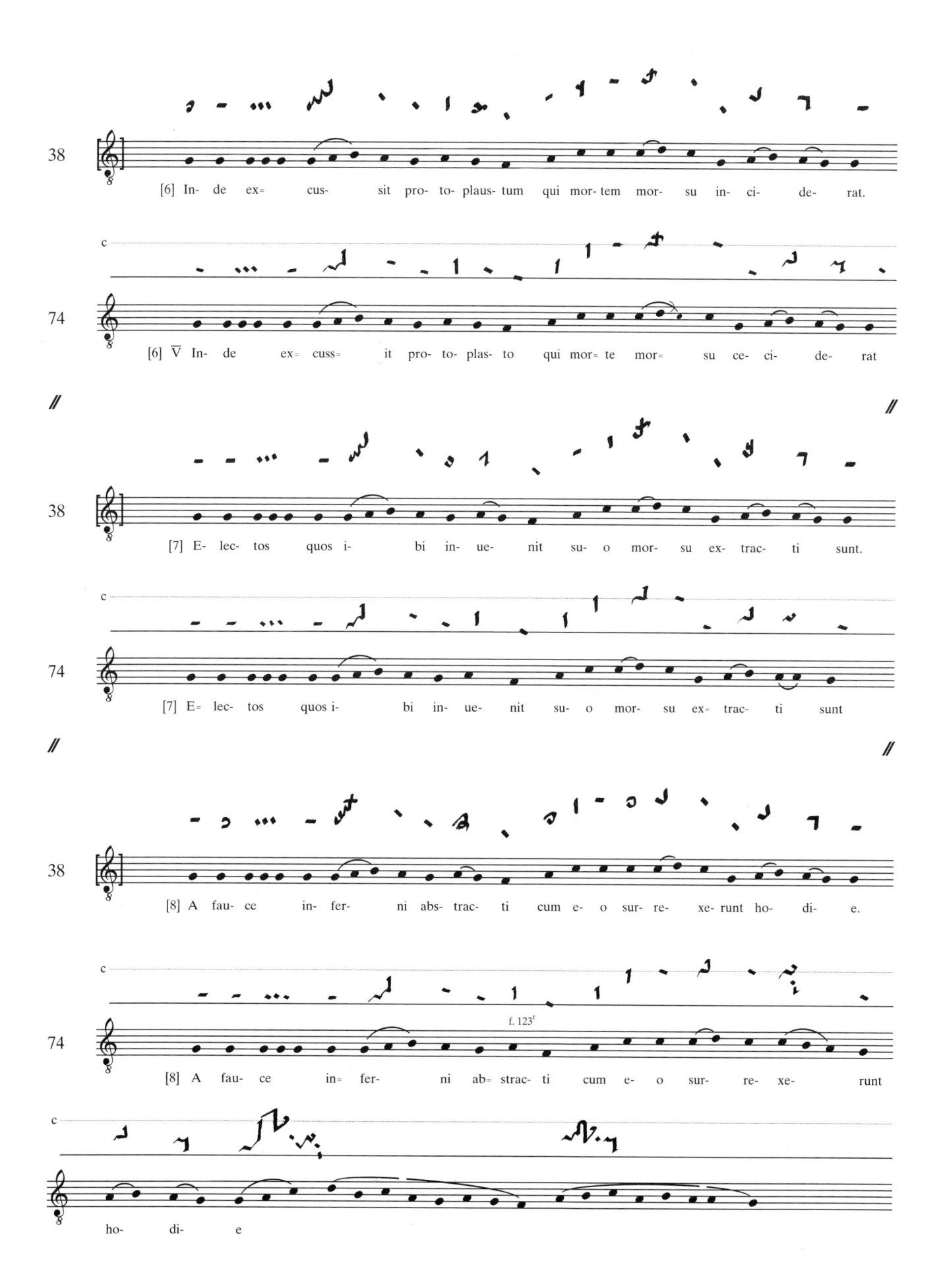

38 [6] In- de ex=cus- sit pro- to- plaus- tum qui mor- tem mor- su in- ci- de- rat.

74 [6] V̄ In- de ex= cuss- it pro- to- plas- to qui mor= te mor= su ce- ci- de- rat

38 [7] E- lec- tos quos i- bi in- ue- nit su- o mor- su ex- trac- ti sunt.

74 [7] E= lec- tos quos i- bi in- ue- nit su- o mor- su ex= trac- ti sunt

38 [8] A fau- ce in- fer- ni abs- trac- ti cum e- o sur- re- xe- runt ho- di- e.

74 [8] A fau- ce in= fer- ni ab= strac- ti cum e- o sur- re- xe- runt

ho- di- e

Index of Chants by Thannabaur Numbers

Sanctus melodies in BTC II/3 that were included in Thannabaur's catalogue (*Das einstimmige Sanctus der römischen Messe in der handschriftlichen Überlieferung des 11. bis 16. Jahrhunderts* [Munich, 1962]) are listed below in order of their index numbers, together with the text incipits of their tropes and pros(ul)as, if any. Smaller page numbers to the left of the commas refer to individual commentaries; larger page numbers, to the right, refer to the main text. (See the Contents list at the beginning of the volume for references to three additional melodies not included in Thannabaur's index.)

T. 32		114,	111
T. 41, Variation		116,	114
T. 45	*Antra modicis deserti*	61,	22
T. 46, Var. 2	*Immortalis et uerus*	74,	46
T. 49	*Perpetuo numine (lumine)*	93,	83
T. 56	*Summe pater de quo*		
	[*Hosanna*] **Omnes tua gratia**	110,	106
T. 60 (? = 66, 67)	*Pax in caelo*		
	(=*Laudatur trina maiestas*)	90,	76
T. 62	*Quam pulchra est*	96,	90
T. 63	*Quem cherubim atque seraphim*		
	+*Cui pueri Hebraeorum*		
	Hebraeorum pueri ramos	98,	93
T. ?64 (cf. 60, 66, 67)	V̄ *Hodie Dominus Iesus Christus resurrexit a mortuis*		
	Inuisibiliter penetrauit rex		
	Hosanna cuncta procedens	77,	48
(T. 66, 67: see T. 64)			
T. 74	*Admirabilis splendor*		
	Indefessas uoces	53,	3
T. 80		119,	117
T. 81		119,	118
T. 86	*Quem cuncti angeli*	103,	102
T. 92	*Altissime creator = Altissimeque rector*		
	Conditor alme Domine	55,	12
T. 109		120,	120
T. 111, Variation		121,	121
T. 128	*Pater Deus qui caret initio*	87,	72
T. 152 (= 154)	*Corona iustitiae*		
	Gloria Christe omnes resurgamus	65,	29
T. 154 (= 152)	*Deus fortis* (cue: **Qui uenisti**)	68,	32
	Deus pater ingenitus		
	Qui uenisti carnem sumens	71,	38
T. 178	**Ante thronum Domini**	60,	20

134

T. 197	*Caelestia sidera*		
	Hosanna[1] Plasmatum populum		
	Hosanna[2] Dulcis est cantica	63,	24
T. 213, Variation	**Laudes Deo ore pio**	79,	57
T. 216, Variation		121,	122
T. 223	*Mundi fabricator*		
	Quem cherubim et seraphim non cessant		
	Pie Christe descendisti	82,	64
T. 226, Variation	**Saluifica tuum plasma, Hosanna**	104,	104